Urheberschaft und reflexives Verständnis
Untersuchungen zur Grundlage einer strafrechtlichen Beteiligungslehre

AF774660

Europäische Hochschulschriften
Publications Universitaires Européennes
European University Studies

Reihe II

Rechtswissenschaft

Série II Series II

Droit

Law

Bd./Vol. 1668

PETER LANG
Frankfurt am Main · Berlin · Bern · New York · Paris · Wien

Michael Bolowich

Urheberschaft und reflexives Verständnis

Untersuchungen zur Grundlage einer strafrechtlichen Beteiligungslehre

PETER LANG
Europäischer Verlag der Wissenschaften

Die Deutsche Bibliothek - CIP-Einheitsaufnahme

Bolowich, Michael:

Urheberschaft und reflexives Verständnis : Untersuchungen zur Grundlage einer strafrechtlichen Beteiligungslehre / Michael Bolowich. - Frankfurt am Main ; Berlin ; Bern ; New York ; Paris ; Wien : Lang, 1995
(Europäische Hochschulschriften : Reihe 2, Rechtswissenschaft ; Bd. 1668)
Zugl.: Frankfurt am Main, Univ., Diss., 1995
ISBN 3-631-47994-8

NE: Europäische Hochschulschriften / 02

D 30
ISBN 3-631-47994-8
ISSN 0531-7312

© Peter Lang GmbH
Europäischer Verlag der Wissenschaften
Frankfurt am Main 1995
Alle Rechte vorbehalten.

Das Werk einschließlich aller seiner Teile ist urheberrechtlich geschützt. Jede Verwertung außerhalb der engen Grenzen des Urheberrechtsgesetzes ist ohne Zustimmung des Verlages unzulässig und strafbar. Das gilt insbesondere für Vervielfältigungen, Übersetzungen, Mikroverfilmungen und die Einspeicherung und Verarbeitung in elektronischen Systemen.

Printed in Germany 1 2 3 4 6 7

Meiner Frau

und meinen Eltern

Vorwort

Die Arbeit hat im Wintersemester 1993/94 dem Fachbereich Rechtswissenschaft der Johann Wolfgang Goethe-Universität Frankfurt am Main als Dissertation vorgelegen.

Mein ganz besonderer Dank gilt meinem verehrten Lehrer und Doktorvater Prof. Dr. Ernst Amadeus Wolff. Er hat mich zu dieser Arbeit ermutigt, ihr Thema angeregt, und sie fürsorglichst betreut. Mit vielen wertvollen Gesprächen und Seminaren hat er wesentlich zu ihrem Inhalt beigetragen.
Überhaupt hat er meine Freude an der juristischen Wissenschaft geweckt und diese auf meinem Weg durch das Studium aufrechterhalten und gesteigert.

Mein Dank gilt auch Herrn Prof. Dr. Klaus Lüderssen, der das Zweitgutachten erstellte und immer großes Vertrauen in mich setzte.

Herrn Dr. Michael Kahlo danke ich für wissenschaftliche und freundschaftliche Hilfe; letztere besonders auch in schwierigen Phasen.

Auch Frau Gerlinde Hoffmann, die das Sekreteriat von Herrn Prof. Dr. E. A. Wolff führte, danke ich für viele aufmunternde Worte.

Dank schulde ich zudem auch Herrn Dipl. Ing. (FH) Kai Grunenberg für die Hilfe bei Problemen mit der Textverarbeitung.

Karben, im August 1994 — Michael Bolowich

Inhaltsverzeichnis

Literaturverzeichnis

<u>Kommentare und Wörterbücher:</u>

- Bis 1870

Boehmer, Johannes Samuel Friedrich v.:	Meditationes in Constitutionem Criminalem Carolinam, Halle Magdeburg, 1774
Breidenbach, Moritz Wilhelm August:	Commentar über das Großherzöglich Hessische Strafgesetzbuch, Band I 2, Darmstadt, 1844

- Ab 1871

Dorsch, Friedrich:	Psychologisches Wörterbuch, 10.Aufl., Berlin Stuttgart Wien, 1982
Dreher, Eduard; Tröndle, Herbert:	Strafgesetzbuch, 44.Aufl., München, 1988 (zitiert: DT)
Eisler, Rudolph; Roretz, Karl:	Wörterbuch der philosophischen Begriffe, 2.Band, 4.Aufl., Berlin, 1929
Frank, Reinhard:	Das Strafgesetzbuch für das Deutsche Reich, 15.Aufl., Tübingen, 1924
Frank, Reinhard:	Das Strafgesetzbuch für das Deutsche Reich, 18.Aufl., Tübingen, 1931. (In den Fußnoten extra angezeigt.)
Glockner, Hermann:	Hegel-Lexikon, Band 2, 2.Aufl., Stuttgart, 1957
Herrman Theo; Hofstätter, Peter R.; Huber, Helmuth P.; Weinert Franz E.:	Handbuch psychologischer Grundbegriffe, München, 1977
Horn, Eckhard; Rudolphie,Hans-Joachim; Samson, Erich:	Systematischer Kommentar zum Strafgesetzbuch, Allgemeiner Teil, 6.Aufl., Frankfurt a.M., Stand 1993 (zitiert: SK (Verfasser))
Horn, Eckard; Rudolphie,Hans-Joachim; Samson, Erich:	Systematischer Kommentar zum Strafgesetzbuch, Besonderer Teil, 4.Aufl., Frankfurt a.M., Stand 1991 (zitiert: SK (Verfasser))

Kohlrausch, Eduard; Lange, Richard:	Strafgesetzbuch mit Erläuterungen, 43.Aufl., Berlin, 1961
Lackner, Karl:	Strafgesetzbuch mit Erläuterungen, 18.Aufl., München, 1989
Leipziger Kommentar:	Strafgesetzbuch, 1.Band, 10.Aufl., Berlin New York, 1985 (zitiert: LK (Verfasser))
Leipziger Kommentar:	Strafgesetzbuch, 1.Band, 8. Aufl., Berlin, 1957 (zitiert: LK (Verfasser)) (In den Fußnoten extra angezeigt.)
Leipziger Kommentar:	Strafgesetzbuch, 5.Band, 10.Aufl., Berlin New York, 1989 (zitiert: LK (Verfasser))
Olshausen, Justus:	Kommentar zum Strafgesetzbuch für das Deutsche Reich, 1.Band, 8.Aufl., Berlin, 1909
Ritter, Joachim; Gründer, Karlfried:	Historisches Wörterbuch der Philosophie, Basel, 1992
Schönke, Adolf; Schröder, Horst:	Strafgesetzbuch, Kommentar, 24.Aufl., München, 1991
Schönke, Adolf; Schröder, Horst:	Strafgesetzbuch, Kommentar, 17.Aufl., München 1974 (In den Fußnoten extra angezeigt.)

<u>Lehrbücher:</u>

- Bis 1870

Aristoteles:	Die Nikomachische Ethik, Ausgabe: München, 1985
Abegg, Julius Friedrich Heinrich:	Lehrbuch der Strafrechts-Wissenschaft, Neustadt a.d. Orla, 1836
Abegg, Julius Friedrich Heinrich:	System der Criminal-Rechts-Wissenschaft, Königsberg, 1826
Bauer, Anton:	Lehrbuch der Strafrechtswissenschaft, Göttingen, 1827
Berner, Albert Friedrich:	Lehrbuch des deutschen Strafrechts, 1.Aufl., Leipzig, 1857

Feuerbach, Paul Johann Anselm:	Lehrbuch des gemeinen in Deutschland gültigen Peinlichen Rechts, 14.Aufl., Gießen, 1847
Feuerbach, Paul Johann Anselm:	Revision der Grundsätze und Grundbegriffe des positiven peinlichen Rechts, Band 1, 2, Erfurt, 1799. (In den Fußnoten extra angezeigt.)
Fichte, Johann Gottlieb:	Grundlage des Naturrechts nach den Prinzipien der Wissenschaftslehre (1796) in: Fichtes Werke, Band III, Berlin, 1971
Geib, Gustav:	Lehrbuch des Deutschen Strafrechts, 2.Band, Leipzig, 1862
Häberlin, Carl Friedrich:	Grundsätze des Criminalrechts nach den neuen Strafgesetzbüchern, Band I, Leipzig, 1845
Hälschner, Hugo:	System des Preußischen Strafrechts, 1. oder allgemeiner Theil des Systems, Bonn, 1858
Hegel, Georg Wilhelm Friedrich:	Enzyklopädie der philosophischen Wissenschaften im Grundrisse (1830), Ausgabe: Frankfurt, 1986
Hegel, Georg Wilhelm Friedrich:	Grundlinien der Philosophie des Rechts, Ausgabe: Frankfurt, 1986
Kant, Immanuel:	Grundlegung zur Metaphysik der Sitten, Ausgabe: 3. Aufl., Hamburg, 1965
Kant, Immanuel:	Kritik der praktischen Vernunft, Akademie - Textausgabe, Berlin, 1968
Kant, Immanuel:	Kritik der reinen Vernunft, Ausgabe: 3.Aufl., Hamburg, 1990
Köstlin, Christian Reinhold:	Neue Revision der Grundbegriffe des Kriminalrechts, Tübingen, 1845. (In den Fußnoten extra angezeigt.)
Köstlin, Christian Reinhold:	System des deutschen Strafrechts, Allgemeiner Teil, Tübingen, 1855

Köstlin, Christian Reinhold:	System des deutschen Strafrechts II: Abhandlungen aus dem Strafrechte, Tübingen, 1858 (In den Fußnoten extra angezeigt.)
Luden, Heinrich:	Handbuch des teutschen gemeinen und particularen Strafrechts, 1.Band, Jena, 1847
Marezoll, Theodor:	Das gemeine deutsche Criminalrecht, Leipzig, 1856
Pufendorf, Samuel:	De jure naturae et gentium, Frankfurt Leipzig, 1759
Stübel, Christoph Carl:	System des allgemeinen peinlichen Rechts, Leipzig, 1795
Temme, Jodokus Deodatus Hubertus:	Lehrbuch des Preußischen Strafrechts, Berlin, 1853
Wächter, Karl Georg v.:	Lehrbuch des römisch-teutschen Strafrechts, Band I, Stuttgart, 1825

- Ab 1871

Baumann, Jürgen; Weber, Ulrich:	Strafrecht, Allgemeiner Teil, 9.Aufl., Bielefeld, 1985
Binding, Karl:	Grundriß des deutschen Strafrechts, Allgemeiner Teil, 6.Aufl., Leipzig, 1902
Binding, Karl:	Grundriß des deutschen Strafrechts, Allgemeiner Teil, 8.Aufl., Leipzig, 1913
Blei, Hermann:	Strafrecht II, Besonderer Teil, 12.Aufl., München, 1983
Bockelmann, Paul; Volk, Klaus:	Strafrecht, Allgemeiner Teil, 4.Aufl., München, 1987
Finger, August:	Lehrbuch des Deutschen Strafrechts, Erster Band, Berlin, 1904
Forgas, Joseph P.:	Sozialpsychologie, (aus dem Englischen übertragen), München Weinheim, 1987
Gerland, Heinrich:	Deutsches Reichsstrafrecht, 2. Aufl., Berlin Leipzig, 1932
Hälschner, Hugo:	Das gemeine deutsche Strafrecht, 1.Band, Bonn, 1881
Hippel, Robert v.:	Deutsches Strafrecht, Band 2, Berlin, 1930

Hippel, Robert v.:	Lehrbuch des Strafrechts, Berlin, 1932
Jakobs, Günther:	Strafrecht, Allgemeiner Teil, Berlin New York, 1983
Jescheck, Hans-Heinrich:	Lehrbuch des Strafrechts, Allgemeiner Teil, 4. Aufl., Berlin, 1988
Jescheck, Hans-Heinrich:	Lehrbuch des Strafrechts, Allgemeiner Teil, 3.Aufl., Berlin, 1978
Jescheck, Hans-Heinrich:	Lehrbuch des Strafrechts, Allgemeiner Teil, 2. Aufl., Berlin, 1972
Liszt, Franz v.:	Lehrbuch des Deutschen Strafrechts, 9.Aufl., Berlin, 1899
Liszt, Franz v.; Schmidt, Eberhard:	Lehrbuch des Deutschen Strafrechts, Erster Band, 26.Aufl., Berlin Leipzig, 1932
Mann, Leon:	Sozialpsychologie, (aus dem Englischen übertragen), 9.Aufl., München, 1991
Maurach, Reinhard; Gössel, Karl Heinz; Zipf, Heinz:	Strafrecht, Allgemeiner Teil, Teilband 2, 7. Aufl., Heidelberg, 1989
Maurach, Reinhard; Zipf, Heinz:	Strafrecht, Allgemeiner Teil, Teilband 1, 7. Aufl., Heidelberg, 1987
Mayer, Hellmuth:	Strafrecht, Allgemeiner Teil, Stuttgart Köln, 1953
Mayer, Hellmuth:	Strafrecht, Allgemeiner Teil, Studienbuch, Stuttgart Berlin, 1967
Mayer, Max Ernst:	Der allgemeine Teil des deutschen Strafrechts, 2.Aufl., Heidelberg, 1923
Mezger, Edmund:	Strafrecht I, Allgemeiner Teil, 9.Aufl., München Berlin, 1960
Nauke, Wolfgang:	Strafrecht. Eine Einführung, 6.Aufl., Neuwied Kriftel Berlin, 1991
Nowakowski, Friedrich:	Das östereichische Strafrecht in seinen Grundzügen, Graz Wien Köln, 1955

Schmidhäuser, Eberhard:	Strafrecht, Allgemeiner Teil, Studienbuch, 2.Aufl., Tübingen, 1984
Schmidt, Richard:	Grundriss des Deutschen Strafrechts, Leipzig, 1925
Stratenwerth, Günter:	Strafrecht, Allgemeiner Teil, 7.Aufl., Köln, 1981
Welzel, Hans:	Das deutsche Strafrecht, 11.Aufl., Berlin, 1969
Wessels, Johannes:	Strafrecht, Allgemeiner Teil, 20.Aufl., Heidelberg, 1990
Wessels, Johannes:	Strafrecht, Besonderer Teil 1, 9.Aufl., Heidelberg, 1985

Aufsätze und Monographien:

- Bis 1870

Abegg, Julius Friedrich Heinrich:	"Beiträge zur Lehre von dem Verhältnis des intellektuellen Urhebers eines Verbrechens zu dem physischen Urheber", in: Archiv des Criminalrechts, Neue Folge, S.379ff, Halle, 1841
Abegg, Julius Friedrich Heinrich:	"Praktische Bemerkungen", in: Neues Archiv des Criminalrechts, 14.Band, S.448ff, Halle, 1833
Buri, Maximilian v.:	Zur Lehre von der Teilnahme an den Verbrechen und der Begünstigung, Gießen, 1860
Locke, John:	"Essay concerning human understanding", in: The works of John Locke, Volume I, London, 1823
Luden, Heinrich:	Abhandlungen aus dem gemeinen teutschen Strafrechte, 2.Band, Göttingen, 1840
Platon:	Sämtliche Werke, Band 1, Ausgabe: Hamburg, 1957
Stübel, Christoph Carl:	Ueber den Thatbestand der Verbrechen, die Urheber derselben, Wittenberg, 1805
Stübel, Christoph Carl:	Ueber die Theilnahme mehrerer Personen an einem Verbrechen, Dresden, 1828

Westphal, Ernst Christian:	Dissertatio de consortibus et adiutoribus criminum, Halle, 1760

- Ab 1871

Baumann, Jürgen:	"Täterschaft und Teilnahme", JuS 63, 125ff
Baumgarten, Anton:	"Bemerkungen zu Bindings Normen", ZStW 37 (1916), 517ff
Binding, Karl:	"Die drei Grundformen des verbrecherischen Subjekts", in: Strafrechtliche und strafprozessuale Abhandlungen, erster Band, München Leipzig, 1915
Birkmeyer, Karl:	Die Lehre von der Teilnahme und die Rechtsprechung des Deutschen Reichs-gerichts, Berlin, 1890
Birkmeyer, Karl:	"Teilnahme am Verbrechen", in: Vergleichende Darstellung des deutschen und ausländischen Strafrechts, Allgemeiner Teil, Band 2, Berlin, 1908
Bloy, Rene:	Die Beteiligungsform als Zurechnungstypus im Strafrecht, Berlin, 1985
Bockelmann, Paul:	"Die methodische Entwicklung der Begriffe Täterschaft und Teilnahme", in: Strafrechtliche Untersuchungen, Göttingen, 1957
Bockelmann, Paul:	"Nochmals über das Verhältnis von Täterschaft und Teilnahme", GA 54, 193ff
Bockelmann, Paul:	"Über das Verhältnis von Täterschaft und Teilnahme", in: Strafrechtliche Untersuchungen, Göttingen, 1957
Bockelmann, Paul:	"Zur Problematik der Beteiligung an vermeindlich vorsätzlich rechtswidrigen Taten", in: Gallas-Festschrift, S.261ff, Berlin New York, 1973
Buri, Maximilian v.:	Die Causalität und ihre strafrechtlichen Beziehungen, Stuttgart, 1885
Buri, Maximilian v.:	"Über Kausalität und Teilnahme", ZStW 2 (1882), 232ff
Cramer, Peter:	"Gedanken zur Abgrenzung von Täterschaft und Teilnahme", in: Bockelmann-Festschrift S.389ff, München, 1978

Dahm, Georg:	"Anmerkungen zu OLG Stuttgart MDR 59, 508", MDR 59, 508ff
Dahm, Georg:	Täterschaft und Teilnahme im Amtlichen Entwurf eines Allgemeinen Deutschen Strafgesetzbuches, Breslau, 1927
Dreher, Eduard:	Die Willensfreiheit, München, 1987
Engisch, Karl:	"Der finale Handlungsbegriff", in: Kohlrausch-Festschrift, S.141ff, Berlin, 1944
Engisch, Karl:	"Zur "Natur des Sache" im Strafrecht", in: Eb.Schmidt-Festschrift, S.90ff, Göttingen, 1961
Fuchs, C.:	"Kritische Erörterungen von Entscheidungen des Reichsgerichts in Strafsachen", GA 29 (1881), 169ff
Gallas, Wilhelm:	"Täterschaft und Teilnahme", in: Materialien zur Strafrechtsreform, 1.Band, Bonn, 1954
Goetz, Georg:	Grenzziehung zwischen Mittäterschaft und Beihilfe, Breslau, 1910
Goffman, Erving:	Wir alle spielen Theater, (aus dem Amerikanischen übertragen) 7.Aufl., München Zürich, 1991
Hardwig, Werner:	Die Zurechnung, Hamburg, 1957
Hegler, August:	"Die Merkmale des Verbrechens", ZStW 36 (1915), 19ff
Hegler, August:	"Zum Wesen der mittelbaren Täterschaft", in: Die Reichsgerichtspraxis im deutschen Rechtsleben, S.305ff, Berlin Leipzig, 1929
Heimberger, Joseph:	Die Teilnahme am Verbrechen in Gesetzgebung und Litteratur von Schwarzenberg bis Feuerbach, Freiburg Leipzig, 1896
Henrich, Dieter:	"Fichtes >Ich<", in: Selbstverhältnisse, S.57ff, Stuttgart, 1982
Herzberg, Rolf Dietrich:	"Täterschaft, Mittäterschaft und Akzessorietät der Teilnahme", in: ZStW 99 (1987), 59ff
Hirsch, Hans Joachim:	"Der Streit um Handlungs- und Unrechtslehre insbesondere im Spiegel der ZStW", ZStW 93 (1981), 831

Horn, Arnold:	"Causalitäts- und Wirkensbegriff, dessen empirische Feststellung und criminalrechtliche Bedeutung", in: Der Gerichtssaal,Band 54 (1897), S.321ff
Kahlo, Michael:	Das Problem des Pflichtwidrigkeitszusammenhangs bei den unechten Unterlassungsdelikten, Berlin, 1990
Kaufmann, Arthur:	Das Schuldprinzip, 2.Aufl., Heidelberg, 1976
Kaufmann, Arthur:	"Die ontologische Struktur der Handlung", in: Hellmuth Mayer-Festschrift, S.79ff,Berlin, 1966
Lampe, Ernst Joachim:	"Über den Begriff und die Formen der Teilnahme am Verbrechen", ZStW 77 (1965), 262
Lange, Richard:	"Ist Schuld möglich?", in: Bockelmann-Festschrift, S.261ff, München, 1979
Lange, Richard:	"Zur Teilnahme an unvorsätzlicher Haupttat", JZ 59, 560ff
Liepmann, Karl:	Einleitung in das Strafrecht, Berlin 1900
Lüderssen, Klaus:	Zum Strafgrund der Teilnahme, Frankfurt a.M., 1966
Luf, Gerhard:	Freiheit und Gleichheit, Wien New York, 1978
Maihofer, Werner:	"Der soziale Handlungsbegriff", in: Eb. Schmidt-Festschrift, S.156ff, Göttingen, 1961
Mayer, Hellmuth:	"Täterschaft, Teilnahme, Urheberschaft", in: Rittler-Festschrift, S.243ff, Aalen, 1957
Naucke, Wolfgang:	Kant und die psychologische Zwangstheorie Feuerbachs, Hamburg, 1962
Neumann, Ulfried:	"Die Strafbarkeit der Suizidbeteiligung als Problem der Eigenverantwortlichkeit des Opfers", in: JA 87, 244ff
Nowakowski, Friedrich:	"Tatherrschaft und Täterwille", in: JZ 56, 545
Roxin, Claus:	"Die Sterbehilfe im Spannungsfeld von Suizidteilnahme, erlaubtem Behandlungsabbruch und Tötung auf Verlangen", in: NStZ 87, 345ff
Roxin, Claus:	Täterschaft und Tatherrschaft, 5.Aufl., Berlin, New York, 1990 (zitiert: TuT)

Rudolphie, Hans-Joachim:	"Zur Tatbestandsbezogenheit des Tatherrschaftsbegriffs bei der Mittäterschaft", in: Bockelmann-Festschrift, S.369ff,München, 1979
Schaffstein, Friedrich:	Die allgemeinen Lehren vom Verbrechen, Berlin, 1930
Scheidt, Friedrich:	Grundfragen der Erkenntnisphilosophie -Historische Perspektiven, München Basel, 1986
Schmidt, Eberhard:	Besprechung zu: Maurach, Deutsches Strafrecht, JZ 56, 188ff
Schmidt, Eberhard:	"Die mittelbare Täterschaft", in: Frank-Festgabe II, S.106ff, Tübingen, 1930
Schulz, Walter:	Ich und Welt, Pfullingen, 1979
Watzlawick, Paul (Hrsg.):	Die erfundene Wirklichkeit, 1.Aufl., München Zürich, 1991
Welzel, Hans:	"Kausalität und Handlung", in: Abhandlungen zum Strafrecht und zur Rechtsphilosophie, Berlin, New York, 1975
Welzel, Hans:	"Studien zum System des Strafrechts", in: Abhandlungen zum System des Strafrechts und zur Rechtsphilosophie, Berlin, New York, 1975
Welzel, Hans:	"Über Wertungen im Strafrecht", in: Der Gerichtssaal 103 (1933), 340ff
Welzel, Hans:	"Zur Kritik der subjektiven Teilnahmelehre", in: SJZ 47, Spalten 645ff
Wolff, Ernst Amadeus:	Der Handlungsbegriff in der Lehre vom Verbrechen, Heidelberg, 1964
Wolff, Ernst Amadeus:	"Die Abgrenzung von Kriminalunrecht zu anderen Unrechtsformen", in: Strafrechtspolitik (Hassemer/Hrsg.), Frankfurt Bern New York, 1987
Wuttig, Ernst:	Fahrlässige Teilnahme am Verbrechen, Breslau, 1902
Zaczyk, Rainer:	Strafrechtliches Unrecht und Selbstverantwortung des Verletzten, Heidelberg, 1993

Abkürzungsverzeichnis

a.A. .... andere Ansicht
a.a.O. .... am angegebenen Ort
Alt. .... Alternative
AT .... Allgemeiner Teil
BGH .... Bundesgerichtshof
BGHSt .... Entscheidungen des Bundesgerichtshofs in Strafsachen
bzw. .... beziehungsweise
ders. .... derselbe
d.h. .... das heißt
f .... folgende (Seite)
ff .... folgende (Seiten)
Fn .... Fußnote
GA .... Goltdammer`s Archiv für Strafrecht
h.M. .... herrschende Meinung
hrsg. .... herausgegeben
inkl. .... inklusive
JR .... Juristische Rundschau
JuS .... Juristische Schulung
JZ .... Juristenzeitung
MDR .... Monatsschrift für deutsches Recht
m.E. .... meines Erachtens
m.w.Nachw. .... mit weiteren Nachweisen
NJW .... Neue Juristische Wochenschrift
NStZ .... Neue Zeitschrift für Strafrecht
RG .... Reichsgericht
RGSt .... Entscheidungen des Reichsgerichts in Strafsachen
Rn. .... Randnummer
RStGB .... Reichsstrafgesetzbuch

S. .... Seite
SJZ .... Süddeutsche Juristenzeitung
s.o. .... siehe oben
StGB .... Strafgesetzbuch
StV .... Strafverteidiger
u.a. .... unter anderem
vgl. .... vergleiche
z.B. .... zum Beispiel
z.T. .... zum Teil
ZStW .... Zeitschrift für die gesamte Strafrechtswissenschaft

Vorerinnerung

Und nun sollen seine Geister

Auch nach meinem Willen leben.

(Goethe, "Der Zauberlehrling")

A) Einleitung
Gegenstand, Problematik und Intention der Arbeit

I. Grundanliegen

Auf die Frage hin, nach welchen Kriterien die strafrechtlichen Beteiligungsformen der Täterschaft von denen der Teilnahme abzugrenzen sind, herrschen als Antworten heute im wesentlichen zwei Theorien vor: die die Rechtsprechung bestimmende subjektive Theorie mit ihrer Begriffsgegenüberstellung von animus auctoris und animus socii und die in der Literatur dominierende Lehre von der Tatherrschaft. Beide Auffassungen stehen sich seit Jahren mehr oder minder unvermittelt gegenüber. Dies kann ein Indiz für mangelnde begriffliche Erfassung der Beteiligungsstrukturen sein. In neuerer Zeit auftretende Annäherungs- und Kombinierungstendenzen sind zudem weitgehend nur vom Rechtsgefühl getragen; ein Zeichen mangelnder substantieller Begründung.
Während die subjektive Theorie den Einzelnen nur im Verhältnis zu sich, die Tatherrschaftslehre den Einzelnen nur in seiner funktionalen Beziehung zur Außenwelt betrachtet, so muß eine zureichend begründete Beteiligungslehre jedoch auch klären, wie bei einem Geschehen, an dem mehrere beteiligt sind, überhaupt das Verhältnis zwischen den Beteiligten zu denken ist. Gerade dieses gilt es begrifflich zu erfassen. Es ist - wie in der Arbeit gezeigt werden soll - das Moment des reflexiven (Selbst-) Verständnisses des handelnden Subjekts seiner selbst im Verhältnis zu anderen Beteiligten, welches hierfür entscheidende Bedeutung erlangt, in den heutigen Beteiligungslehren aber nicht oder nur unzureichend enthalten ist.

Nun sind der reflexive Wille des Einzelnen als Vermittlung zur Außenwelt und zu anderen Beteiligten und das darin enthaltene reflexive Verständnis des Einzelnen von sich in Beziehung zu anderen aber Komponenten, die in den Beteiligungslehren einiger Autoren des gemeinrechtlichen Zeitausschnitts von 1800 - 1871 auftraten und sodann wesentliche Bedeutung erlangten. Eine Lehre, die auf einem solchen reflexiven Verständnis basiert, könnte - macht man sie für die heutige Dogmatik nutzbar - als wissenschaftlich begründete Vermittlung zwischen den zur Zeit vorherrschenden Auffassungen dienen.

Damit ist der sachlogische Faden für die vorliegende Arbeit gefunden: Wir gehen zurück zum Gemeinen Recht des 19.Jahrhunderts und überprüfen von da ab die Entwicklung der Beteiligungslehren auf das Element des reflexiven Verständnisses hin. Es ist hierbei zu untersuchen, wie sich dieses Element herauskristallisierte, welche Bedeutung es im einzelnen erlangte, ob - und wenn ja, warum - es durch die am Ende des 19.Jahrhunderts beginnende Verobjektivierung der Beteiligungsdogmatik verloren ging und es im 20.Jahrhundert nie mehr aufgenommen wurde. Bestätigt sich all dieses, und erweist sich das Element des Verständnisses aber als erforderlich zur Lösung der beteiligungsdogmatischen Probleme, so wären sowohl die bezüglich der heute vorherrschenden Meinungen oben aufgestellten kritischen Thesen begründet und untermauert, als auch tatsächlich in dem Element des reflexiven Verständnisses ein wichtiger Bestandteil einer vollständigen begrifflichen Erfassung der Beteiligungsmaterie gefunden.

II. Grundsätzliche Begriffsbestimmung: Die der in der Arbeit dem Begriff des reflexiven Verständnisses zugrunde gelegte Bedeutung von Reflexivität und ihr Verhältnis zu der des in der Philosophie verwendeten Begriffs der Reflexion

Der Begriff der Reflexion, welcher ein wesentliches Moment menschlichen Daseins bezeichnet, ist in der Strafrechtswissenschaft nicht sehr gebräuchlich. Er scheint vielmehr durch Begriffe wie "Finalität" und "bewußte Zwecksetzung" verdrängt. Während letztere in erster Linie die objektive Verwirklichung des Willens betrachten, kommt in ersterem aber noch das Verständnis der Person von sich und dieser Leistung hinzu.

In der Philosophie besitzt der Begriff der Reflexion seit langem entscheidende Bedeutung:[1)] Seine Grundlage findet er, welcher allgemein als das Nachdenken über das denkende und erlebende Ich zu definieren ist, schon in den Formulierungen Platons und Aristoteles' vom "Erkennen des Erkennens"[2)] und dem "wahrnehmen, daß wir wahrnehmen, und denken, daß wir denken."[3)] Seinen eigentlichen Einzug in die Philosophie hielt der Begriff der Reflexion

1) Für eine erste Übersicht vgl. Ritter-Gründer: a.a.O., Spalten 396ff.
2) Platon: a.a.O., Dialog Charmides, S.145 (Stephanus-Ausgabe: 171c)
3) Aristoteles: a.a.O., IX. 9. 1170a) 32.

aber erst mit Locke: Reflexion sei die Kenntnis des Geistes von seinen eigenen Tätigkeiten ("perception of the operations of our own mind within us"), sei Selbstwahrnehmung.[4]
Eine nähere Konkretisierung erfährt er sodann in der Philosophie Kants: Reflexion (Überlegung, reflexio) sei der "Zustand des Gemüts, in welchem wir uns zuerst dazu anschicken, um die subjektiven Bedingungen ausfindig zu machen, unter denen wir zu Begriffen gelangen können. Sie ist das Bewußtsein des Verhältnisses gegebener Vorstellungen zu unseren verschiedenen Erkenntnisquellen, durch welches allein ihr Verhältnis untereinander richtig bestimmt werden kann."[5]
Kants Verständnis von Reflexion aber kann insgesamt auf folgende Weise noch umfassender zusammengefaßt werden: Das Subjekt wendet sich im Denken auf sich selbst und verhält sich dabei zu sich selbst, indem das Subjekt sich zu seinem eigenen Objekt macht. Es kommt damit zu einem Bewußtsein von sich selbst. Hat der Mensch Selbstbewußtsein, weiß er sich also als ein mit sich selbst identisches Wesen, so kann er zudem andere Objekte, andere Menschen - eben als nicht mit sich selbst identisch - identifizieren.[6]

Wenden wir uns nun noch dem Begriff der Reflexion bei Hegel zu:
Für ihn ist Reflexion der "Akt, durch den das Ich, nachdem es seine Natürlichkeit abgestreift hat und in sich selbst zurückgekehrt ist, sich seiner Subjektivität an der gegenübergesetzten Objektivität bewußt wird und sich von ihr mit Feststellung dieser Beziehung unterscheidet."[7][8] Hierbei gibt es für Hegel drei Stufen der Reflexion, die sodann mit den (Entwicklungs-)Stufen des menschlichen Bewußtseins korrespondieren:[9] Bewußtsein als solches, Selbstbewußtsein und Einheit beider in der Vernunft.[10] Die Stufe des Selbstbewußtseins impliziert dabei u.a. die Ebenen des den anderen anerkennenden und des allgemeinen[11] Selbstbewußtseins.[12]

---

4) Locke: a.a.O., II 1 §4.
5) Kant: Kritik der reinen Vernunft, a.a.O., S.309 (1.Originalauflage (1781), S.261, 2.Originalauflage (1787), S.316).
6) Vgl. hierzu Henrich: a.a.O., S.61f.
7) Hegel: zitert nach Eisler-Roretz: a.a.O., S.659.
8) Es soll sich hier auf diese eine Definition beschränkt werden. Zu der Vielzahl weiterer Hegelscher Beschreibungen siehe Glockner: a.a.O., S.1991ff.
9) Hegel: Enzyklopädie (1830), a.a.O., §§413, 417.
10) Hegel: Enzyklopädie (1830), a.a.O., §§417ff
11) "Das *allgemeine Selbstbewußtsein* ist das (...) Wissen seiner selbst im anderen Selbst". (Hegel: Enzyklopädie (1830), a.a.O., §436).
12) Hegel: Enzyklopädie (1830), a.a.O., §§430ff

Selbstbewußtsein im Hegelschen Sinne kann also nur erreicht werden, wenn Person und Wesen des anderen in das eigene Denken miteingeschlossen werden: Das Selbstbewußtsein bezieht sich auf sich, indem es sich auf ein anderes Selbstbewußtsein bezieht.
Nur über den anderen kann somit Selbstbewußtsein - und damit Bewußtsein als ganzes - erreicht werden.

In den bisher genannten Begriffsbestimmungen der Reflexion[13]) finden sich nun die Anknüpfungspunkte für den der Arbeit zugrunde gelegten Begriff der Reflexivität im Sinne eines reflexiven Verständnisses:
Erstens ergab sich, daß Reflexion als Begründungselement des Selbstbewußtseins betrachtet werden kann. Ferner - und das ergibt sich z.T. aus den zu Kant gemachten Ausführungen, besonders aber aus der Hegelschen Stufe seines Begriffs vom Selbstbewußtsein - muß Reflexion aber auch immer den anderen miteinbeziehen: Nur so ist vollständiges Selbstbewußtsein möglich.

Ein solches, den anderen miteinschließendes Selbstbewußtsein, ist nun zugleich auch ein Bewußtsein von der eigenen Stellung gegenüber dem anderen. Dies gilt sowohl hinsichtlich der *allgemeinen* Stellung eines Subjekts dem anderen gegenüber, als auch hinsichtlich jeder konkreten; so z.B. auch bezüglich der Verletzung des Rechtsguts eines Dritten.

Diese Begriffsbestimmung - also das konkrete Selbstbewußtsein, d.h. das Verständnis von der eigenen Stellung im Verhältnis zu anderen - ist die Basis, auf welcher die Verwendung des Begriffs des reflexiven Verständnisses im weiteren Verlauf der Arbeit beruht.

Ein reflexives, ein zurückbezogenes, ein selbstbezügliches, ist das Verständnis also aus zwei Gründen: erstens, weil das einzelne Subjekt sich selbst zum Gegenstand hat; und zweitens, weil das Subjekt nur über den anderen seine eigene Stellung bestimmen kann, und die Bestimmung der Stellung des anderen auf die eigene zurückwirkt. Eine Rückbeziehung liegt somit sowohl im

---

13) Die genannten Begriffsbestimmungen stellen zwar nur einen kleinen, gleichwohl den entscheidenden Ausschnitt aus der historischen Begriffsentwicklung der begründenden Reflexion dar. Eine nähere Exemplikation des Begriffes erfolgt im Text dann von der Seite der Rechtswissenschaft aus und knüpft an die Erfordernisse der strafrechtlichen Institute an.

Denkvorgang als solchem mit Bezug auf seinen Gegenstand als auch in der Art der konkret inhaltlichen Erzielung des Denkergebnisses, also des konkreten Einordnungsvorgangs.

In einem solchen Sinne soll der Begriff des reflexiven Verständnisses im weiteren Verlaufe der Arbeit gebraucht werden. Seine nähere Darstellung und Konkretisierung wird sich aus den weiteren diesbezüglichen Ausführungen ergeben; sein konkreter Inhalt soll im Laufe der Arbeit entwickelt werden.

III. Das Senklot

Wenn wir die geschichtliche Entwicklung der Beteiligungsdogmatik nach dem Element des selbstbezüglichen Verständnisses ausloten wollen, so bedarf es dazu eines Senklotes, das wir hinunterlassen. Es ist dies der Begriff der Urheberschaft:

Im Gemeinen Deutschen Strafrecht des 19.Jahrhunderts bis 1871 ist Urheberschaft der zentrale Begriff der Beteiligungsdogmatik: Man unterschied nicht zwischen den heute in den §§26, 27, 28 gesetzlich vorgegebenen Täterschafts- und Teilnahmeformen. Vielmehr wurden - wie zu zeigen sein wird - die heutigen Begriffe der Alleintäterschaft, Mittäterschaft, mittelbaren Täterschaft sowie der Anstiftung von dem der Urheberschaft erfaßt. Abgegrenzt wurde lediglich zur Beihilfe. Wenn Urheberschaft der zentrale Begriff der Beteiligungslehren des 19.Jahrhunderts war, und in diesen Lehren tatsächlich dem Element des reflexiven Verständnisses entscheidende Bedeutung zukam, so ist es naheliegend, den Begriff der Urheberschaft auch sachlich mit diesem Element in Verbindung zu bringen, es in ihm erfaßt zu sehen - wie auch immer dies gestaltet sein mag.

Auf der anderen Seite eignet sich dieser Begriff als Senklot deshalb, weil ihm noch heute teilweise eine Funktion zugewiesen wird; eine Funktion, die sich allerdings auf die Kennzeichnung einer ganz kleinen und zudem gesetzlich nicht als strafbar erachteten Beteiligungsfallgruppe beschränkt. Dadurch aber, daß es den Begriff noch heute gibt, ist denkbar, daß hierbei der Inhalt des heutigen Urheberbegriffs auf Erkenntnisse der frühen Beteiligungslehre - wir nennen sie Urheberlehre - zurückgreift. Diese Erkenntnisse könnten sich also in ihm konserviert haben.

Am Gang der Entwicklung des Urheberbegriffs entlang müßte folglich Aufschluß über die Rolle gewonnen werden, die dem Element des reflexiven, selbstbezüglichen Verständnisses in der Entwicklung der Beteiligungsdogmatik zukommt. Ein sich zumindest von der Wortidentität her anbietender Weg. Ob er sich dann tatächlich durchhalten läßt, oder aber der Begriff im Laufe der Zeit jegliche Bedeutungsidentität verlor, wird sich zeigen.

IV. Inhalt des Urheberbegriffs

Die leitende Vorgehensweise der vorliegenden Arbeit ist also die Betrachtung der geschichtlichen Entwicklung des Urheberbegriffs. Da die Bedeutungsvielfalt dieses Begriffes eine kurze Vororientierung als sinnvoll erscheinen läßt, soll zunächst deutlich gemacht werden, welche Bedeutung ihm heute zugewiesen wird sowie kurz in seinen inhaltlichen Wandel eingeführt werden.

1. Die Fundstelle

Sucht man in der heutigen strafrechtlichen Literatur nach dem Begriff der Urheberschaft, so findet man ihn im Zusammenhang mit den Antworten auf die Frage, ob Teilnahme an vorsatzloser Haupttat möglich sei. Letzteres war vor allem früher in Rechtsprechung und besonders Literatur heftig umstritten. Zwar stellen seit dem am 1.1.1975 in Kraft getretenen neuen StGB die §§26, 27 klar, daß Teilnahme nur an einer vorsätzlichen rechtswidrigen Haupttat möglich ist. Gesetzliche (positivrechtliche) Regelungen lösen jedoch nicht immer die ihnen zugrunde liegenden sachlogischen Probleme: Die Wissenschaft bleibt aufgefordert, die Lösungen des Gesetzgebers zu überprüfen. Und so wird der bis 1975 ungeklärt geführte Streit unter der Oberfläche des Gesetzes weiter ausgetragen.

Während der Bundesgerichtshof die Frage nach Teilnahme an vorsatzloser Haupttat früher bejahte, vertrat er seit BGHSt 9, 370 den entgegengesetzten Standpunkt. Er schloß sich damit einer stark vertretenen Literaturmeinung an, welche ebenfalls eine vorsätzliche Haupttat verlangte, auf die sich Anstiftung

oder Beihilfe zu beziehen habe[14] (1). Ebenfalls stark vertreten wurde in der Literatur jedoch auch die Auffassung, im Sinne der früheren Rechtsprechung eine unvorsätzliche Haupttat genügen zu lassen, wobei von echter Teilnahme allerdings nicht mehr gesprochen werden könnte (2).
Eine weitere Literaturmeinung hingegen vertrat folgende Ansicht:
Grundsätzlich sei Teilnahme an vorsatzloser Haupttat nicht denkbar. Vielmehr handele es sich hierbei um Fälle der mittelbaren Täterschaft. Sollte nun aber sodann aufgrund des Fehlens begründender Tätereigenschaften eine Bestrafung wegen mittelbarer Täterschaft ausscheiden, hätten die Teilnahmevorschriften ersatzweise die Funktion eines fehlenden, diese strafwürdigen Fälle erfassenden Tatbestandes zu übernehmen. Es läge somit zwar keine echte Teilnahme mehr vor, dafür aber sogenannte Urheberschaft (3).

2. Die Definitionen des Urheberbegriffs heute

Die dargestellten Antworten auf die Frage nach Teilnahme an vorsätzlicher Haupttat führten zu Begriffen der Urheberschaft hin.[15]

a) Die eben vorgenommene Darstellung ergab unter (3), daß unter dem Begriff der Urheberschaft die Konstellation verstanden werden kann, in der sowohl die Unvorsätzlichkeit der Haupttat eine echte Teilnahme, als auch fehlende begründende Tätereigenschaften eine mittelbare Täterschaft entfallen lassen; Konstellationen also, die heute straflos bleiben. Wir nennen sie Urheberschaft im engeren Sinne.

b) Man kann nun jedoch noch einen Schritt weitergehen und unabhängig von der Frage der Vorsätzlichkeit der Haupttat den Begriff der Urheberschaft überall dort verwenden, wo echte Teilnahme nicht möglich ist, und mittelbare Täterschaft an den begründenden Tätereigenschaften scheitert. Wir nennen dies Urheberschaft im weiteren Sinne.[16]

---

14) Zu dieser Auffassung findet sich auch die Variante, Teilnahme an unvorsätzlicher Haupttat dann zu bejahen, wenn der Hintermann irrtümlich vom Vorsatz des Haupttäters ausging.

15) Im folgenden werden in der Literatur auftretende Definitionen vorgestellt. Zu den Nachweisen ihrer Verwendung s. unten E) I. 1..

16) Die Urheberschaft im engeren Sinne wird hier um die Fälle des tatbestandslosen oder rechtmäßig handelnden Vordermannes ergänzt.

c) Außer diesen beiden Definitionen besteht die dritte Möglichkeit, generell die Beteiligung an unvorsätzlicher Haupttat (vgl. 1. (2)) als Urheberschaft zu bezeichnen, unabhängig vom Nichtvorliegen begründender Tätereigenschaften. Wir nennen dies Urheberschaft im erweiterten Sinne.

Zwar wird der Urheberschaftsbegriff allgemein bei nicht in Betracht kommender Teilnahme - d.h. Anstiftung und Beihilfe - aufgrund unzureichender Haupttat angewendet. Doch sei schon vorab bemerkt, daß diese Problematik in Lehrbüchern und Kommentaren nie bezüglich der Beihilfe auftaucht, so daß es sich eher nur um Fälle "unechter" Anstiftung zu handeln scheint. Folglich werden sich die Ausführungen der Arbeit auch nur auf die Problematik scheiternder Anstiftung beschränken, um die Begrifflichkeit nicht noch mehr zu verwirren.

3. Der Urheberbegriff in der Entwicklung der Beteiligungsdogmatik

Die Ausführungen zu 2. haben gezeigt, daß der Urheberschaftsbegriff - gleich in welcher Definition - heute die Funktion eines Lückenfüllers hat; Lückenfüller für gesetzlich nicht erfaßte, vom Rechtsgefühl jedoch teilweise als strafbar erachtete Fallkonstellationen; Konstellationen, die irgendwo zwischen Anstiftung und mittelbarer Täterschaft liegen.
Früher aber war das anders. Im Gemeinen Deutschen Strafrecht der ersten Hälfte des 19.Jahrhunderts war Urheberschaft der zentrale Begriff der Beteiligungssystematik: Abgesehen von der Beihilfe wurden alle heutigen Beteiligungsformen von ihm erfaßt. Die Urheberschaft ihrerseits teilte sich in physische und intellektuelle Urheberschaft auf: Wer die Handlung des Verbrechens selbst begeht (unmittelbare Ursache), ist physischer Urheber, wer sie durch einen anderen begehen läßt, d.h. einen anderen zu dem Verbrechen bestimmt (mittelbare Ursache), ist intellektueller Urheber.

Erst die auch durch die Gesetzgebung gelenkte Entwicklung der Beteiligungsdogmatik führte zu einer Aufspaltung der Urheberschaft und der heutigen Verstümmelung.
Diese Entwicklung des Wesens des Urheberschaftsbegriffs und sein Verhältnis zu den anderen strafrechtlichen Beteiligungsformen - besonders zu mittelbarer Täterschaft und Anstiftung - wurden dabei von einer in Rechtsprechung und Literatur kontrovers geführten Diskussion vorangetrieben.

V. Intention und Vorgehensweise

Intention der Arbeit ist es zunächst, neue, ordnende Einsichten über das Wesen der Urheberschaft und ihre Behandlung in Gesetzgebung, Rechtsprechung und Literatur zu finden.
Hierbei soll außerdem untersucht werden, ob die heutigen Urheberbegriffe auf Erkenntnisse der Urheberlehre der ersten Hälfte des 19. Jahrhunderts zurückgehen. Anders ausgedrückt: Welches waren die Erkenntnisse der frühen Urheberlehre und sind diese in den heutigen Urheberbegriffen enthalten?
Die über die Urheberschaft gewonnenen Einsichten sollen aber auch sogleich in einen übergeordneten Zusammenhang eingebettet werden; in eine übergeordnete Problematik, die den tieferen Grund der Arbeit darstellt: Sind die Erkenntnisse der frühen Urheberlehre nicht sogar besser als die der heutigen Beteiligungsdogmatik, bzw. wie ließen sie sich weiterentwickeln, um Mängel der heutigen Beteiligungsdogmatik zu beseitigen? Konkret gefragt: Ist durch die mit der Einführung der uns bekannten Beteiligungsformen beginnende Verobjektivierung der Beteiligungsdogmatik, d.h. konkret der Abgrenzung der Beteiligungsformen, ein vorher existentes Element der Subjektivität - nämlich die Beachtung des reflexiven Verständnisses des Einzelnen als für die Wesensbestimmung der Beteiligungsformen mitentscheidend - verlorengegangen, dessen Vorhandensein es zur sinnvollen Lösung der beteiligungsdogmatischen Probleme jedoch sehr bedarf (vgl. I.)? Wir nennen dies - und hierbei besonders die Berücksichtigung des Aspektes eventueller Erforderlichkeit der Beachtung des reflexiven Verständnisses - die Grundfrage der Arbeit. Eine kritische Betrachtung der Konsequenzen dieser Verobjektivierung soll am Beispiel der Erkenntnisse über die Urheberschaft vorgenommen werden.

Die Erörterung der Entwicklung des Urheberbegriffs soll sich an folgenden Fragen orientieren, welche auf die jeweilige faktische Verwendung dieses Begriffs ausgerichtet sind:
- Welche besondere Tatbestandsverwirklichung ist mit dem Begriff der Urheberschaft gemeint?
- Wie ist das Verhältnis zu Täterschaft und Teilnahme?
- Was macht es aus, Täter, Teilnehmer oder Urheber zu sein?

Wir nennen dies die Leitfragen der Arbeit.

Wesen und Entwicklung des Urheberbegriffs sollen kritisch betrachtet, und die Urheberschaft in die Systematik der anderen Beteiligungsformen eingeordnet werden, wobei besonders die durch den Gesetzgeber hervorgerufene Änderung der Beteiligungsdogmatik beachtet wird. Dies alles hat in ständiger Berücksichtigung der Problematik einer Verobjektivierung der Beteiligungsdogmatik zu geschehen.

Kurz zusammengefaßt ergibt sich damit folgende Vorgehensweise:
Anhand der Leitfragen (s.o.) ist eine kritische Betrachtung der Entwicklung des Urheberbegriffs vorzunehmen, die auf die Grundfrage[17] hin ausgelegt ist. Die Beantwortung der Grundfrage ist das übergeordnete Ziel.

Sollte sich tatsächlich herausstellen, daß durch die Verobjektivierung der Beteiligungsdogmatik ein Verlust bestimmter Elemente der Subjektivität herbeigeführt wurde, und sich diese Elemente als für eine sinnvolle Beteiligungsdogmatik erforderlich erweisen, so bedarf es einer Lösung, die den erlittenen Verlust wieder ausgleicht.
Die Arbeit ist sich bewußt, eine solche Lösung nur unter Beschränkungen leisten zu können, wäre doch sonst intensivste Auseinandersetzung mit 200 Jahren Beteiligungsdogmatik und die Ausarbeitung einer neuen Beteiligungslehre nötig. So kann und soll sie lediglich einen Ansatz erarbeiten, der für die Dogmatik hinsichtlich einer dann umfassend ausgearbeiteten Theorie fruchtbar sein mag.
Dieser Ansatz selbst stellt eine Verbindung von bereits in der Strafrechtswissenschaft erkannten Elementen dar, welche sich nach einer kritischen Betrachtung der bisherigen Lehren als für die Erfassung von Beteiligungsstrukturen wichtig erweisen werden.

---

17) (Verkürzte Form:) Ist im Laufe der Entwicklung der Beteiligungsdogmatik das erforderliche Element des reflexiven Verständnisses verlorengegangen?

B) Urheberbegriff und reflexives Verständnis in den Beteiligungslehren des 19. und 20. Jahrhunderts - ausgenommen der subjektiven Theorie der Rechtsprechung und der Tatherrschaftslehre

Das StGB in seiner heutigen Fassung teilt in den §§25, 26, 27 die mögliche Beteiligung an einer Straftat in folgende Formen auf: Alleintäterschaft (§25 I 1.Alt.), mittelbare Täterschaft (§25 I 2.Alt.), Mittäterschaft (§25 II), Anstiftung (§26) und Beihilfe (§27). Die ersten drei sind Täterschafts-, Anstiftung und Beihilfe dagegen Teilnahmeformen. Eine solche Aufteilung in Täterschaft, Anstiftung und Beihilfe ist dem deutschen Strafrecht erst seit dem Reichsstrafgesetzbuch von 1871 allgemeingültig zugrunde gelegt. Ihre vorbereitende Einführung fand sie in dem jedoch nur partikular geltenden preußischen StGB von 1851, welches die Aufteilung aus dem französischen code penal übernahm.

I. Der Urheberbegriff und die Beteiligungsproblematik im Gemeinen Deutschen Strafrecht

Bevor auf die Beteiligungsdogmatik des 19.Jahrhunderts eingegangen wird, soll zunächst noch ein kurzer vorbereitender Überblick über die bis dahin erfolgte Entwicklung im Gemeinen Deutschen Strafrecht gegeben werden.

1. Beteiligungsdogmatische Grundlagen: Von der Peinlichen Gerichtsordnung bis J.S.P.Böhmer

Wenn auch auf ganz andere Weise als heute, so war doch eine Differenzierung zwischen verschiedenen Beteiligungsformen schon dem frühen Gemeinen Deutschen Recht bekannt: Es war hier die Beteiligungstheorie der italienischen Strafrechtswissenschaftler des ausgehenden Mittelalters, die über die Peinliche

Gerichtsordnung Kaiser Karls V. von 1532 (Constitutio Criminalis Carolina) Eingang in das gemeine deutsche Recht fand.[18]

Die italienische Beteiligungslehre des 16.Jahrhunderts unterschied neben der Täterschaft verschiedene Formen der Teilnahme,[19] war jedoch aufgrund fehlender Konturierung und uneinheitlichen Gebrauchs der Begriffe völlig unausgegoren.[20] Sie ging jedoch über die Peinliche Gerichtsordnung Kaiser Karls V. von 1532 (PGO) in das Gemeine Deutsche Recht ein.
Die Beteiligungsregelungen der PGO (Art.107,[21] 148[22] und 177[23] sind leider nur fragmentarisch und enthalten zudem keine scharfen Begriffstrennungen bzw. Abgrenzungskriterien.
Der deutschen gemeinrechtlichen Wissenschaft, welche ebenfalls die Beteiligungsformen der italienischen Juristen übernahm,[24] gelang es zunächst nicht, die Beteiligungsformen scharf zu konturieren, sie sauber voneinander abzugrenzen.[25] Zudem existierte noch kein die Teilnahme zusammenfassender Oberbegriff.

Auch die neben der PGO bestehende Partikulargesetzgebung[26] besaß keine begriffliche Schärfe, geschweige denn Einheitlichkeit[27] hinsichtlich der Beteiligungsproblematik.

Erst S.Pufendorf (1632-1694) und vorallendingen J.S.F.Böhmer (1704-1772) gelang es, die Beteiligungslehre zu konkretisieren, Oberbegriffe zu bilden und damit auch eine objektive Differenzierung zwischen Täterschaft und Teilnahme

---

18) Zum germanischen Recht siehe Hälschner: System, a.a.O., S.301ff. m.w.Nw.; H. Mayer: Strafrecht, a.a.O., S.301, m.w.Nw.. Zum deutschen mittelalterlichen Recht siehe v.Liszt/Schmidt: a.a.O., S.323; Schaffstein: a.a.O., S.169f.

19) Auxilium, consilium, ratihabitio und receptatio, Nichthinderung von Verbrechen und Mitwisserschaft waren die Grundarten der Teilnahme, welche wieder weitere Untereinteilungen erfuhren (vgl. Schaffstein: a.a.O.., S.170, 182).

20) Siehe zum Inhalt dieser Lehre im einzelnen Schaffstein: a.a.O., S.169ff.

21) Anstiftung zum Meineid: "Wer solch falsch schwerer... darzu anrichtet,... ."

22) Mordkomplott und Schlägerei: "...einander in morden schlahen und rumoren ... beistandt thun."

23) Beihilfe:"Item so jemand einem missthäter zu übung eynet missthat ... hilf, beystand oder fürderung, wie das alles namen hat, thut, ..."

24) Siehe hierzu im einzelnen Schaffstein: a.a.O., S.174ff.

25) Vgl. v.Liszt/Schmidt: a.a.O., S.323.

26) Zur Charakterisierung der PGO siehe v.Liszt/Schmidt: a.a.O., S.51f.

27) Hälschner: System, a.a.O., S.306; v.Liszt/Schmidt: a.a.O., S.323.

zu finden:[28] Teilnahme ist der concursus ad delictum alterius, das Mitwirken am Delikt eines anderen.[29]

Die Entwicklung in der Wissenschaft zur Zeit Böhmers insgesamt betrachtend läßt sich sodann sagen, daß sich der Oberbegriff der Teilnahme als concursus ad delictum alterius und seine scharfe Trennung von der Täterschaft durchsetzten. Die Teilnahmelehre der italienischen Wissenschaft war überwunden.

Das bisher Gesagte hat um eines knappen Überblickes willen den Eindruck einer einheitlichen Entwicklung erweckt. Dem ist aber nicht so. Sichtet man bezüglich der Beteiligungsproblematik die Literatur bis zur Zeit Feuerbachs und erst recht die sich mit der Entwicklung bis dahin befassende kompilatorische Literatur, so bricht eine ungeahnte Vielzahl von Begriffen, Formen, Definitionen und Vorstellungen über einen herein.[30] Zwar werden von den einzelnen Autoren teilweise subtile Begriffsunterscheidungen vorgenommen; Begriffe, aus denen auch unsere heutigen Unterscheidungen der Beteiligungsformen hervorgegangen sind.[31] Dennoch trennen sich die Begriffe nicht durch scharfe Konturen. Die Lösungsvorschläge sind daher eher verwirrend. Hinzu kommt, daß unter den Autoren keine Einheitlichkeit in der Begriffsbestimmung herrschte.

Zwar zeigten die Erörterungen über Böhmer, daß sich festere Begriffe und Konturen bildeten, dennoch ist eine einheitliche wissenschaftliche Ordnung auch über Böhmers Zeit hinaus nicht zu erkennen. Es handelt sich vielmehr um

---

28) Ausgangspunkt Pufendorfs ist die Betrachtung aller Beteiligungsformen im Hinblick auf ihre kausale Bedeutung für den Verbrechenserfolg. Sodann faßt Pufendorf die Teilnahmeformen als ursächliche Mitwirkung am Erfolg fremder Tat, als Haftung für fremde Tat zusammen. Täterschaft hingegen ist Haftung für eigene Tat (zitiert nach Schaffstein: a.a.O., S.190). Wann eine eigene, wann eine fremde Tat vorliegt, sagt Pufendorf aber nicht. Eine inhaltliche Abgrenzung von Täterschft und Teilnahme ist somit noch nicht gegeben. Dennoch war ein die Teilnahmeformen zusammenfassender und damit von der Täterschaft abgrenzender Oberbegriff gefunden.
Nach Böhmer ist Täter, wer eine causa physica setzt, d.h. wer durch eine körperliche Tat unmittelbar das Verbrechen ausführt, wer die Ausführungshandlung selbst unmittelbar vornimmt (Böhmer: a.a.O., §2, Ziff.1 zu Art.177). Der Teilnehmer dagegen setzt nur eine causa moralis, wird also lediglich unterstützend tätig (Böhmer: a.a.O., §2, Ziff.1 zu Art.177).

29) Böhmer: zitiert nach Schaffstein: a.a.O., S.193.

30) Vgl. nur die Darstellungen bei Hälschner: System, a.a.O., S.301ff; Heimberger: a.a.O., S.1ff; Feuerbach: a.a.O., §44 Fn 2; Schaffstein: a.a.O., S.169ff.

31) So z.B. principalis bzw. auctor (Täter), auxilium (Hilfeleistung) und mandatum (Anstiftung), welches eine Sonderform der Täterschaft darstellte.

einen beteiligungsdogmatischen Urnebel. Dieser ist zum großen Teil auch dadurch bedingt, daß es aufgrund der Zersplitterung Deutschlands in verschiedenste Teilstaaten keine einheitliche Gesetzgebung, geschweige denn Rechtsprechung gab.

2. Die erste Hälfte des 19. Jahrhunderts - Auftreten des Urheberbegriffs

P.J.A. Feuerbach (1775-1834) erst entwickelte eine Beteiligungssystematik in strengerer wissenschaftlicher Form, und brachte damit die Entwicklung des 18. Jahrhunderts zu einem gewissen ordnenden Abschluß. Seine sodann vom Grundsatz her herrschend[32] gewordenen Erkenntnisse waren Grundlage für die weitere wissenschaftliche Entwicklung. Die Beteiligungslehre Feuerbachs ist somit der geeignete Einstiegspunkt einer Betrachtung des Urheberbegriffs innerhalb der Beteiligungsproblematik. Dies zudem auch aus einem anderen Grund: Urheberschaft ist der zentrale Begriff seiner Beteiligungslehre.[33]

a) Die Beteiligungslehre Feuerbachs[34]

aa) Die Lehre als solche

Feuerbach nennt als Grundlage seiner Beteiligungslehre die "Verschiedenartigkeit der Causalität des Handelnden für den gesetzwidrigen Erfolg."[35] Die Beteiligungsarten werden nach seinem Verständnis objektiv im Hinblick auf die Kausalitätsbeziehung bestimmt und unterschieden. Alleine die Bedeutung der Beteiligten als "Ursache" für den Erfolg sei entscheidend. Je mehr "Gründe zur Wirklichwerdung des Verbrechens"[36] in der Handlung eines

---

32) Vgl. nur Hälschner: System, a.a.O., S.308 m.w.Nw.

33) Wann der Begriff des Urhebers in der Strafrechtswissenschaft überhaupt zum ersten Mal in dieser oder ähnlicher Bedeutung auftrat, ist schwer festzustellen. Mit dem Begriff des auctors aus früheren in Latein verfaßten Schriften ist er aufgrund der Definitionsvielfalt und der Wandlungen jedoch keinesfalls gleichzusetzen.

34) Als Quelle dient hier die von Mittermaier herausgegebene 14.Auflage aus dem Jahre 1847. Mittermaier hat die Darlegungen Feuerbachs lediglich mit gekennzeichneten Zusätzen und Anmerkungen versehen, sodaß die Worte Feuerbachs selbst unangetastet blieben. Als übereinstimmend mit der letzten Auflage zu Lebzeiten Feuerbachs stellt sie den letzten Stand der Feuerbachschen Lehre dar.

35) Feuerbach: a.a.O., S. 80, Überschrift der Beteiligungsparagraphen §§44-53.

36) Feuerbach: a.a.O., §104

Beteiligten lägen, desto größer sei seine Strafbarkeit.[37] Feuerbach leitet also die jeweiligen Formen der am Verbrechen Beteiligten aus der Verschiedenartigkeit ihrer Kausalitätsbeziehung zum Erfolg ab. Daß Feuerbach dabei einen ganz anderen Kausalitätsbegriff verwendet als die Teilnahmelehre heute wird alsbald klar werden.

Auf der eben dargestellten Grundlage kommt Feuerbach zu folgender Unterscheidung zwischen den an einem Delikt mitwirkenden Personen:
"Die Person, in deren Willen und Handlung die hinreichende Ursache enthalten ist, welche das Verbrechen als seine Wirkung hervorbrachte, heißt Urheber."[38] Dieser Urheberbegriff wird sodann aufgespalten: Die Person kann entweder unmittelbare oder mittelbare Ursache des Verbrechens sein. Unmittelbare Ursache: die Person hat "die Handlung, welche den Begriff des Verbrechens ausmacht, selbst begangen"[39]; diese Person nennt Feuerbach den physischen Urheber. Mittelbare Ursache: "das Verbrechen eines anderen" ist "in ihrer [der Person] ... Thätigkeit als Ursache gegründet".[40] Mittelbare Ursache selbst kann die Person dabei wiederum auf zweierlei Arten sein: Erstens "durch absichtliche Bestimmung des Willens eines anderen zur Begehung des Verbrechens"[41]; die Person ist hier direkter, mittelbarer Urheber, intellektueller Urheber. Zweitens "durch absichtliche Hinwegräumung von Hindernissen ohne welche [das Verbrechen] dem zur Tat schon bestimmten Willen eines anderen ... unmöglich gewesen wäre."[42] Diese Person nennt Feuerbach indirekter, mittelbarer Urheber, Hauptgehilfe.

Wirken mehrere Urheber zusammen - seien es mehrere physische oder physische und intellektuelle -, so liege Miturheberschaft vor.[43]

Lassen wir den Hauptgehilfen außer acht, da er für die weiteren Erörterungen nicht entscheidend ist,[44] differenziert Feuerbach also zwischen physischem

---

37) Durch das Abstellen auf die kausale (Mit-)Wirkung der Beteiligten bleibt Feuerbach in der von Pufendorf ausgegangenen Tradition, dessen Ausgangspunkt die Betrachtung aller Beteiligungsformen im Hinblick auf ihre kausale Bedeutung für den Verbrechenserfolg ist.
38) Feuerbach: a.a.O., §44
39) Feuerbach: a.a.O., §44
40) Feuerbach: a.a.O., §44
41) Feuerbach: a.a.O., §44
42) Feuerbach: a.a.O., §44
43) Feuerbach: a.a.O., §46

Urheber (unmittelbare Ursache) und intellektuellem Urheber (mittelbare Ursache). Physischer Urheber ist, wer die Tat eigenhändig durchführt ("die Handlung ... selbst begangen"). Wer dagegen den Willen eines anderen zur Begehung des Verbrechens bestimmt, ist intellektueller (auch: moralischer) Urheber.

Physischer und intellektueller Urheber werden von Feuerbach durch die einheitliche Bezeichnung als Urheber jedoch letzten Endes gleichgesetzt.

Scharf vom Begriff des Urhebers trennt Feuerbach den des Gehilfen. Während der Urheber die hinreichende Ursache zum Erfolg setze, sei der Gehilfe die Person, die "absichtlich" "an der Übertretung des Urhebers ... durch solche Handlungen Theil" nehme, "welche zwar für sich betrachtet, das Verbrechen nicht hervorbringen, aber durch Beförderung der Wirksamkeit des Urhebers zu dessen Entstehung mit beitragen."[45] Der Gehilfe setzt also lediglich eine Nebenursache[46] zum Erfolg.[47]
Während der Urheber das Delikt in vollem Umfang zu verantworten habe, da er ja durch sein Verhalten die hinreichende Ursache (Hauptursache) setze, träfe den Gehilfen nur eine beschränkte Verantwortung.

Für Feuerbach gibt es also lediglich eine Trennung zwischen Urheberschaft und Beihife.[48] Allein hierfür war es sodann wichtig, ein Abgrenzungskriterium zu finden. Es liegt in der Verschiedenheit der Kausalität der Beteiligten für den Erfolg: Der Urheber setzt eine hinreichende Ursache (Hauptursache); der Gehilfe befördert lediglich die Wirksamkeit des Urhebers, setzt somit nur eine Nebenursache, eine Bedingung.

---

44) Ob der Hauptgehilfe wirklich als Urheber zu bezeichnen ist, mag zudem fraglich sein (entgegen Feuerbach: Mittermaier in Feuerbach: a.a.O., Note IV zu §44; Heimberger: a.a.O., S.248).

45) Feuerbach: a.a.O., §45

46) Feuerbach: a.a.O., §45

47) Worin die Mitwirkung des Gehilfen liegt, welche Gehilfenhandlungen und welche Beihilfearten möglich sind, erläutert Feuerbach in den §§48-52.

48) Die Einordnung der Beteiligungsform des Komplotts (vgl. Feuerbach: a.a.O., §47) und die früher als Beteiligungsform betrachtete Begünstigung (Feuerbach: a.a.O., §53) können außeracht gelassen werden. Überhaupt kann in der Arbeit die Behandlung dieser beiden Problemfelder - besonders der Frage des Komplotts wurde früher viel Beachtung geschenkt - verzichtet werden.

D.h. somit zusammenfassend:
Eine Person ist dann Beteiligter eines Verbrechens, wenn sie eine Ursache zu diesem setzt. Die Bestimmung der jeweiligen Beteiligungsform richte sich sodann nach der Qualität der Ursache, also nach der Qualität der Kausalbeziehung zum Erfolg. Hieraus folgt die Unterscheidung zwischen (physischer und intellektueller) Urheberschaft, Beihilfe oder Straflosigkeit.

bb) Der Wille in der Feuerbachschen Beteiligungslehre[49])

Feuerbach setzt den intellektuellen Urheber mit dem physischen *als Urheber* gleich. In beider "Willen und Handlung [sei] die hinreichende Ursache enthalten [...], welche das Verbrechen als [...] Wirkung hervorbrachte".[50])
Feuerbach betrachtet dies als eine Gleichartigkeit der beiden Beteiligungsformen hinsichtlich der Kausalitätsbeziehung des Beteiligten zum Erfolg. Für die heute gesetzlich vorgegeben Beteiligungsformen würde dies eine Gleichsetzung der Täterschaft mit der Anstiftung bedeuten, da diese insgesamt von den Definitionen der beiden Urheberschaftsarten erfaßt werden.[51])
Eine solche Gleichstellung von physischem und intellektuellen Urheber ist aber nach dem heutigen Verständnis von Kausalität - oder besser: von Handlungszusammenhang - nicht denkbar. Denn, ob die den Erfolg unmittelbar herbeiführende Handlung vom Beteiligten selbst begangen wurde, oder ob der Beteiligte erst noch den freien Willen eines anderen zur Begehung der unmittelbaren Handlung bestimmen mußte: Dies stellt nach objektiver, äußerlicher Betrachtung einen erheblichen Unterschied in der Art der Tatbegehung dar.

Eine Vereinigung beider Beteiligungsformen unter einem Oberbegriff (Urheberschaft) ist hingegen nur möglich, wenn man ihr inhaltlich die Art des Willens, die Art des Verständnisses der Beteiligten zugrunde legt:
Der Urheber - sei er physischer oder intellektueller - setzt den Erfolg aus seinen Gedanken heraus in Gang; die Existenz des Erfolges liegt in seinem Denken, in

---

49) Über Wesen und Bedeutung des Willens in der gesamten Feuerbachschen Strafrechtslehre siehe Hardwig: a.a.O., S.46ff. Siehe auch die detaillierten Ausführungen Feuerbachs in der "Revision" (Feuerbach: Revision I, a.a.O., Kap.1, 3 und Revision II, a.a.O., Kap.6,7,9), wenngleich in den späteren, im folgenden der Arbeit zugrunde gelegten Ausführungen des Lehrbuchs dem Willen eine etwas stärkere Bedeutung zukommt.

50) Feuerbach: a.a.O., §44

51) Die Anstiftung wäre grundsätzlich ein Fall der intellektuellen Urheberschaft.

seinem Willen begründet. Genau hierin unterscheidet er sich vom Gehilfen. Wenn Feuerbach also denjenigen als Urheber bezeichnet, in dessen Willen und Handlung die hinreichende Ursache für das Verbrechen liegt, kann unter einer solchen hinreichenden Ursache nur verstanden werden, daß der Gedanke des Urhebers das Verbrechen als inhaltlich in Gang setzen will.

Über die Tatsache der Gleichsetzung von intellektueller und physischer Urheberschaft zeigt sich also, daß im Feuerbachschen Urheberbegriff das Denken, das Verständnis, der Wille des Beteiligten enthalten ist. Diese Erkenntnis wird auch dadurch unterstützt, daß Feuerbach im Rahmen seiner Ausführungen zur strafrechtlichen Zurechnung von der Willensbestimmung als der Ursache für eine Tat,[52] als dem inneren Grund der Handlung[53] spricht. Feuerbach bekennt sich in seiner Beteiligungslehre jedoch nicht zur eben entdeckten, wahren Bedeutung der Subjektivität. Auch läßt er außer acht, daß diese allgemein die Abgrenzung seiner Beteiligungsformen tragen könnte. Vielmehr betrachtet er letztere allein als unterschiedliche Arten von Kausalität.[54] Das verborgen in der Feuerbachschen Lehre liegende subjektive Element findet damit eine objektive Vertypung.

b) Die Beteiligungslehre J.F.H. Abeggs

Ebenfalls einer objektiven Abgrenzung folgend, aber den Willen als das subjektive Moment stärker betonend und dessen Bedeutung entfaltend, entwikkelte J.F.H. Abegg[55] seine in der Nachfolge Feuerbachs stehende Beteiligungslehre. Wärend Feuerbach für die vorliegende Arbeit den Einstieg in die Erörterung des Urheberbegriffs bildete, ist es nun die Beteiligungslehre Abeggs, die wir - nach kurzer Darstellung - genauer betrachten wollen, um zu grundlegenderen Einsichten zu gelangen. Denn mit der verstärkten Beachtung der subjektiven Tatseite kommt bei Abegg sodann viel deutlicher zum Vorschein, was in der Feuerbachschen Beteiligungslehre nur ganz versteckt und

52) Feuerbach: a.a.O., §§84f
53) Feuerbach: a.a.O., §§84f i.V.m. §41
54) Hieran ändert sich auch dadurch nichts, daß die Kategorisierung der Beteiligungsformen für Feuerbach auch immer der Berücksichtigung des subjektiven Tatbestandes bedarf: So findet sich in der Definition des Urhebers dessen Wille (Feuerbach: a.a.O., §44) und in der des Gehilfen dessen Absicht (Feuerbach: a.a.O., §45).
55) Julius Friedrich Heinrich Abegg (1796-1868)

ansatzweise aufzufinden war, und diesem Autor damit mit Blick auf die Grundfrage der vorliegenden Arbeit einen besonderen Stellenwert gibt: Gerade an der Beteiligungslehre Abeggs läßt sich zeigen, wie der reflexive Wille (inkl. des darin enthaltenen Verständnisses) als Vermittlung zwischen Ich und Außenwelt zwar nicht unbedingt ausdrücklich, aber doch unterschwellig mitgedacht, eine herausragende Bedeutung enthält.

aa) Die Lehre als solche

Auch Abegg trennt zwischen Urheber und Gehilfe. Urheber ist derjenige, "durch dessen Handlung ... die Veränderung bewirkt wird, welche die Übertretung des Strafgesetzes enthält".[56] Gehilfe ist "derjenige, welcher absichtlich die auf Ausführung gerichtete Thätigkeit eines Anderen unterstützt und dessen Wirksamkeit befördert."[57] [58]

Innerhalb der Urheberschaft unterscheidet Abegg ebenfalls zwischen physischem und intellektuellem[59] Urheber. Physische oder unmittelbare Urheberschaft liegt vor, wenn die Handlung unmittelbar den Erfolg herbeiführt.[60] Intellektueller Urheber dagegen ist derjenige, "welcher durch absichtliche Einwirkung auf den dadurch zu bestimmenden Willen eines Anderen diesen in unmittelbare Thätigkeit zur Hervorbringung des Verbrechens versetzt".[61] Die Handlung des intellektuellen Urhebers bewirkt den Verbrechenserfolg somit nur mittelbar.[62] [63]

---

56) Abegg: Lehrbuch, a.a.O., S.112

57) Abegg: Lehrbuch, a.a.O., S.117

58) Ebenso wie Feuerbach zählte auch Abegg den Hauptgehilfen zu den Urhebern (Abegg: Lehrbuch, a.a.O., S.115, 118).

59) Abegg spricht von "intellektualem" Urheber. Wir verwenden jedoch die allgemein gebrauchte Bezeichnung "intellektuell".

60) Abegg: Lehrbuch, a.a.O., S.112

61) Abegg: Lehrbuch, a.a.O., S.112

62) Abegg: Lehrbuch, a.a.O., S.112

63) In seinem "System der Criminal-Rechts-Wissenschaft" setzt Abegg "physisch" noch nicht mit "unmittelbar" gleich. Er differenziert nämlich neben der intellektuellen Urheberschaft zwischen der unmittelbar physischen und der mittelbar physischen Urheberschaft (Abegg: System, a.a.O., S.40). Was die einzelnen Begriffe und damit auch den des mittelbar physischen Urhebers ausmacht, sagt Abegg aber nicht. Auch ließen sich hinsichtlich einer Auslegung nur verschiedene, nicht durch den Text belegbare Vermutungen anstellen. Die Ausführungen im Lehrbuch (Abegg: Lehrbuch, a.a.O., S.112ff., bes. S.115 unten) ergeben jedoch aufgrund der jeweiligen Gleichsetzungen bzw. Gegenüberstellungen der Begriffe "physisch, intellektuell,

Bewirkt lediglich *eine* Person den Verbrechenserfolg, liegt immer nur physische Urheberschaft vor. Sind *mehrere* (schuldhaft) am Verbrechen beteiligt (Miturheber)[64], kommt für die einzelnen sowohl physische als auch intellektuelle Urheberschaft in Betracht. Physische und intellektuelle Urheberschaft können getrennt auf die einzelnen Beteiligten verteilt sein, oder aber auch in den Personen zusammentreffen. Bloße intellektuelle Urheberschaft des einen erfordert jedoch immer, daß bei einem anderen physische Urheberschaft vorliegt.[65]

Trotz der dargestellten rein objektiven Abgrenzungsweise rückt Abegg aber nun die subjektive Seite näher in den Blickpunkt. Dies geschieht über den Handlungsbegriff:
Die Art der Handlung in Beziehung auf den Erfolg bestimmte bei Abegg die Beteiligungsformen. An das Wesen einer Handlung (Tun oder Unterlassen)[66], welche Grundvoraussetzung für ein zurechenbares Verhalten sei,[67] stellt Abegg jedoch zwei Forderungen: eine innere und eine äußere. Die innere: das sich verhaltende Subjekt muß Wissen und Wollen besitzen.[68] Die äußere: "daß dieses Innere durch ein Thun [,] ein bestimmtes, auf den gewollten Zweck berechnetes Benehmen auch in die Außenwelt, in die Erscheinung übergehe."[69] Das Wissen und Wollen ist es, was das äußere Verhalten bestimmt, ihm seine Bedeutung gibt.[70] Handlung ist also Wille und dadurch bestimmtes Verhalten;[71] "Wille und Äußerung durch Thätigkeit (animus und corpus)"[72]. Die Tat ist Äußerung des Willens.[73] Nur wenn Wille und dadurch bestimmtes Verhalten in einer Person zusammen vorliegen, darf von einer

---

unmittelbar, mittelbar", daß "physisch" mit "unmittelbar" und "intellektuell" mit "mittelbar" gleichgesetzt wird. Da das Lehrbuch den neueren Stand der Abeggschen Lehre darstellt, und im "System" zu den Begriffen keine Erläuterungen gegeben werden, soll sich hier auch nur am Lehrbuch orientiert werden.

64) Abegg: Lehrbuch, a.a.O., S.114
65) Abegg: Lehrbuch: a.a.O., S.111, 114f. Abegg begründet dies jedoch nicht näher.
66) Abegg: Lehrbuch, a.a.O., S.112
67) Abegg: Lehrbuch, a.a.O., S.107f, 122.
68) Abegg: Lehrbuch, a.a.O., S.107, 123.
69) Abegg: Lehrbuch, a.a.O., S.123
70) Abegg: Lehrbuch, a.a.O., S.107, 112, 123.
71) Abegg: Lehrbuch, a.a.O., S.112, Beiträge, a.a.O., 397.
72) Abegg: Beiträge, a.a.O., S.396
73) Abegg: Bemerkungen, a.a.O., S.455

Handlung gesprochen werden,[74] welche bei Mißachtung des Strafgesetzes durch den Willen und seine Äußerung ein Verbrechen sein kann.[75]

Betrachtet man unter diesem Gesichtspunkt die einzelnen Beteiligungsformen, so ergibt sich folgendes:
Sowohl bei der physischen als auch bei der intellektuellen Urheberschaft müssen animus und corpus in einer Person vorhanden sein. Nur dann ist eine Handlung gegeben, nur dann Verantwortung möglich. Der physische oder unmittelbare Urheber hat dabei den Willen, das Verbrechen hervorzubringen[76], und letzterer äußert sich in der unmittelbaren Ausführung der Tat. Ist am Verbrechen ein intellektueller Urheber beteiligt, so fallen auch bei diesem animus und corpus zusammen: Der Wille, daß der Erfolg hervorgebracht werde, und die Äußerung dieses Willens, welcher als Tat, als Einwirkung auf den Entschluß eines anderen zur unmittelbaren Ausführung in äußere Erscheinung tritt.[77]
Die zur intellektuellen Urheberschaft des einen notwendige physische Urheberschaft eines anderen erfordert - um bei dem zur unmittelbaren Ausführung bestimmten eine physische Urheberschaft zu bejahen - sodann ebenfalls animus und corpus: Auch die Tat des Bestimmten gründet in der Regel in seinem eigenen Willen; daß der Entschluß erst von einem anderen geweckt wurde, bevor der Bestimmte ihn zu seinem eigenen machte, ist unerheblich.[78]

Auch das Verhalten des Gehilfen muß - soll es eine Handlung darstellen - Wille und Äußerung durch Tätigkeit sein: Der Wille ist darauf gerichtet, "die Erreichung der fremden Absicht [zu] befördern und [zu] erleichtern."[79] Die Tätigkeit, in der sich dann der Wille ausdrückt, ist die Unterstützung und Beförderung der Wirksamkeit des Verbrechens des anderen.

Der Unterschied zwischen Urheberschaft und Beihilfe, so sagt sodann Abegg, läge zwar auch in der Art der Tätigkeit, der Mitwirkung am Erfolg: Die

---

74) Abegg: Lehrbuch, a.a.O., S.123
75) Abegg: Lehrbuch, a.a.O., S.107f
76) Hiermit ist nur der Fall der vorsätzlichen Tatbegehung angesprochen. Physische Urheberschaft ist jedoch auch durch Fahrlässigkeit möglich, denn auch hier liegt ein Wille vor. Dieser ist allerdings auf etwas anderes als auf den strafbaren Erfolg gerichtet (Abegg: Lehrbuch: a.a.O., S.112f, 131).
77) Abegg: Bemerkungen, a.a.O., S.454f, Beiträge, a.a.O., S.397.
78) Abegg: Beiträge, a.a.O., S.397f
79) Abegg: Lehrbuch, a.a.O., S.118

Handlung des Gehilfen ist als bloß unterstützende ein Weniger als die das Verbrechen begründende des Urhebers. Entscheidend sei jedoch letzten Endes die Willensrichtung des Handelnden, da diese ja auch begründend und bestimmend für das jeweilige Verhalten ist: Während der Wille des Urhebers selbständig auf die Hervorbringung des Verbrechens gerichtet sei, wolle der Gehilfe lediglich die Erreichung der fremden Absicht befördern und erleichtern.

Abegg nimmt also als Vertreter der objektiven Theorie zwar die Abgrenzung zunächst nach äußerlichen Kriterien vor, führt jedoch dann die äußerlichen Verhaltensmerkmale auf den sie bestimmenden inneren Willen zurück. Das äußerlich erkennbare Verhalten ist also (nur) die Manifestation des hier entscheidenden Willens. D.h.: Über die äußere Seite der Handlung - an der vordergründig die Unterscheidung zwischen Urheberschaft und Beihilfe festgemacht wird - wirkt der Wille in das Wesen der Beteiligungsformen.

Das zuletzt Gesagte gilt aber auch für die Abgrenzung zwischen physischem und intellektuellem Urheber:
Ausschlaggebend ist wieder der Wille, der sich dann in dem von ihm bestimmten Verhalten manifestiert[80]): Der physische Urheber will das Verbrechen selbst unmittelbar begehen; der intellektuelle Urheber will einen anderen zur unmittelbaren Begehung bestimmen.
Wiederum ist die äußerlich erkennbare Tat dann nur die Manifestation des letztlich entscheidenden und den Unterschied begründenden Willens, denn die Tat wird durch den Willen bewirkt.

Für alle Beteiligungsformen bedeutet dies somit zusammenfassend:
Wenn anhand der äußerlich erkennbaren Verhaltensweisen die Beteiligungsformen abgegrenzt, die äußerlich erkennbaren Verhaltensweisen aber durch den Willen bestimmt werden, ist es genaugenommen die Art des Willens, welche das Wesen der Beteiligungsformen bestimmt.

Worin liegt somit nun das Wesen der einzelnen Beteiligungsformen?
- Urheberschaft:
Es liegt ein selbständig auf die Hervorbringung eines Verbrechens gerichteter Wille vor, der sich dahingehend äußert, daß er sich in einem Verhalten

---

80) Abegg: Lehrbuch, a.a.O., S.114

manifestiert, welches die das Strafgesetz übertretende Veränderung bewirkt. Der Wille bestimmt das Verhalten einmal dahingehend, daß das Verbrechen durch das Verhalten unmittelbar bewirkt wird (physische Urheberschaft). Ein andermal dahingehend, daß das Verhalten ein Einwirken auf den Willen eines anderen ist, das Verbrechen seinerseits unmittelbar zu begehen; das Verhalten bewirkt hier also nur mittelbar den Erfolg (intellektuelle Urheberschaft). Trotz des Davorschaltens eines anderen bleibt auch bei der intellektuellen Urheberschaft der Wille selbständig auf Hervorbringung eines Verbrechens gerichtet.

- Beihilfe:
Es liegt ein auf Beförderung und Erleichterung der Erreichung einer fremden Absicht gerichteter Wille vor, der sich dahingehend äußert, daß er sich in einem Verhalten manifestiert, welches eine fremde auf die Ausführung eines Verbrechens gerichtete Tätigkeit befördert.

bb) Die Einordnung heutiger Beteiligungsformen

Während wir hinsichtlich Feuerbach darauf verzichteten, die Einordnung der heutigen Beteiligungsformen Anstiftung, mittelbare Täterschaft und Urheberschaft in den damaligen Urheberbegriff genauer zu untersuchen, soll dies nun bezüglich Abegg geschehen.

(1) Anstiftung

Nach der Abeggschen Definition der intellektuellen Urheberschaft erscheint es zunächst als eindeutig, daß unsere heutige Form der Anstiftung von ihr erfaßt wird; Abegg bezeichnet den intellektuellen Urheber ja selbst auch als Anstifter.[81]) Daß unsere heutige Form der Anstiftung tatsächlich erfaßt wird, gilt unproblematisch dann, wenn der Bestimmte vorsätzlich, rechtswidrig und schuldhaft handelt. Was aber ist, wenn der Bestimmte den Erfolg schuldlos hervorruft, d.h. Schuldausschließungs- oder Entschuldigungsgründe vorliegen?

---

81) Abegg: Lehrbuch, a.a.O., S.112

Wer schuldlos den Erfolg hervorruft - also ihn weder vorsätzlich noch fahrlässig verursacht - dem wird nach Abegg die Tat nicht zugerechnet,[82] weil ein Zustand vorläge, "welcher die Freiheit des Handelns nach den beiden Momenten des Wissens und Wollens und der darauf beruhenden Selbstbestimmung aufhebt".[83] Hier fehle es nämlich entweder schon an dem für eine Handlung erforderlichen Willen eines konkret vernünftig Denkenden, oder aber die Handlung würde nicht als verbrecherische zugerechnet, "weil sie nicht in einer freien Entgegensetzung des Willens gegen die Objektivität des Strafgesetzes ihren Grund hat".[84] [85]

Welche Konsequenzen dies für den vermeintlich physischen und damit auch den vermeintlich intellektuellen (mittelbaren) Urheber hat, sagt Abegg nicht ausdrücklich. Bei fehlender Zurechnung sei jedoch Urheberschaft nicht möglich.[86] Zudem liegt für Abegg physische Urheberschaft immer dann vor, wenn nur eine Person den Erfolg zurechenbar bewirkt.[87] Daraus ist sodann zu schließen, daß der vermeintlich intellektuelle Urheber aufgrund des wegen fehlender Zurechnung ausscheidenden vermeintlich physischen Urhebers selbst zum physischen (unmittelbaren) Urheber wird. Anstiftung zur schuldlosen Tat wäre somit keine intellektuelle sondern physische Urheberschaft.[88]

(2) Mittelbare Täterschaft

Fraglich ist somit noch, ob auch unsere Form der mittelbaren Täterschaft grundsätzlich unter die intellektuelle Urheberschaft fällt. Konkret: Kann ich durch absichtliche Einwirkung auf den Willen eines anderen diesen zur unmittelbaren Begehung des Verbrechens bringen, wobei er (objektiv) tatbestandslos, vorsatzlos, rechtmäßig oder schuldlos handelt?

---

82) Abegg: Lehrbuch, a.a.O., S.142f
83) Abegg: Lehrbuch, a.a.O., S.142
84) Abegg: Lehrbuch, a.a.O., S.142
85) An welchem dieser beiden Punkte die Zurechnung dann scheitert, sei eine genau am Einzelfall festzustellende Entscheidung (Abegg: Lehrbuch, a.a.O., S.143ff).
86) Abegg: Lehrbuch, a.a.O., S.114
87) Abegg: Lehrbuch, a.a.O., S.111
88) In der Konstellation des schuldlosen Vordermannes liegt die ursprünglich von Abegg aufgestellte Form der mittelbar physischen Urheberschaft (vgl. Abegg: System, a.a.O., S.40), da intellektuelle Urberschaft nicht möglich ist, bei der Tat aber dennoch ein anderer als Mittel eingesetzt wurde.

Für Abegg ist intellektuelle Urheberschaft im Verhältnis zur physischen Urheberschaft Miturheberschaft,[89] oder genauer: mittelbare Urheberschaft;[90] der intellektuelle Urheber setzt eine mittelbare Ursache. Auch der mittelbare Täter setzt für das Verbrechen eine mittelbare Ursache. Zudem ist der Wille des mittelbaren Täters selbständig auf die Hervorbringung des Verbrechens gerichtet.
Nach dieser Überlegung werden Fälle des objektiv tatbestandslos, fahrlässig oder rechtmäßig handelnden Vordermannes somit von der intellektuellen Urheberschaft erfaßt, da hier trotz der eventuellen Straflosigkeit des Vordermannes der Erfolg im Sinne Abeggs von ihm zurechenbar bewirkt wurde. Für den Fall des fahrlässig handelnden Vordermannes[91] wird dies sogar ausdrücklich gesagt: Durch absichtliche Erweckung oder Unterhaltung des Irrtums eines anderen wird intellektuelle Urheberschaft begründet.[92] [93] Mittelbare Täterschaft aufgrund schuldlosen Verhaltens des Vordermannes ist hingegen nachdem diesbezüglich zur Anstiftung Gesagten selbst physische Urheberschaft.

Für Abegg läßt sich somit hierzu zusammenfassend folgendes festhalten:
Unsere heutigen Fälle der mittelbaren Täterschaft und der Anstiftung sind grundsätzlich Fälle intellektueller Urheberschaft. Eine Ausnahme bildet nur die Konstellation des sich schuldlos verhaltenden jeweiligen Vordermannes: Hier ist der vermeintlich mittelbar Verursachende unmittelbarer, d.h. physischer Urheber. Anstiftung und mittelbare Täterschaft sind jedoch - und das gilt für alle Konstellationen - nicht voneinander zu trennen. Bedenkt man aber, daß Anstiftung bei schuldhaftem Vordermann vorliegt, während ein schuldloser Vordermann in der Regel mittelbare Täterschaft bewirkt, so liegt dennoch eine Differenzierung vor.

---

89) Abegg: Lehrbuch, a.a.O., S.114f
90) Abegg: Lehrbuch, a.a.O., S.112
91) Dies gilt auch, wenn das Delikt des Vordermannes fahrlässig begangen gar nicht strafbar ist.
92) Abegg: Lehrbuch, a.a.O., S.113. Abegg sagt hier, daß dies nur unter Umständen gelte. Die damit angedeutete Ausnahme ergibt sich aus Abegg: Lehrbuch, a.a.O., S.145: Der aufgrund unüberwindlicher Nichtkenntnis entschuldigte Rechtsirrtum.
Für den hier (im Text) entscheidenden Tatbestandsirrtums des Vordermannes ist dagegen intellektuelle Urheberschaft unzweifelhaft gegeben.
93) Für den Fall des rechtmäßig handelnden Vordermannes findet sich auch eine Stütze in Abegg: Lehrbuch, a.a.O., S.165: Der seine Befugnis überschreitende Befehlsgeber wird als mittelbarer, d.h. intellektueller Urheber bestraft.

Zu der Einordnung heutiger in damalige Beteiligungsformen bleibt anzumerken, daß ein exakter Vergleich kaum möglich ist, da keine Einheitlichkeit hinsichtlich der Kategorien der Verbrechensmerkmale besteht. Wichtig ist jedoch, daß Alleintäterschaft, mittelbare Täterschaft, Mittäterschaft und Anstiftung als Urheberschaft gleichgesetzt sind, und sich von der Beihilfe unterscheiden.

(3) Heutige Urheberschaft

Bleibt zu überprüfen, was nach Abegg das Wesen unseres heutigen Urheberschaftsbegriffs ausmacht, und ob dies nach Abeggschen Grundsätzen strafbar ist. Die Antwort darauf stellt nämlich die Weichen für die Erörterung, ob der heutige Urheberbegriff auf Erkenntnisse der damaligen Urheberlehre zurückgeht: Ist der heutige Urheberbegriff nicht im damaligen enthalten, und steht diese Verneinung im Zusammenhang mit dem Wesen des damaligen Urheberbegriffs, so wird es schwer, eine Erkenntnisverweisung zu bejahen.

(1 1) Urheberschaft im erweiterten Sinne

Das Wesen der Anstiftung zu vorsatzloser Haupttat ergibt sich aus dem Wesen der intellektuellen Urheberschaft. Die Besonderheit liegt sodann darin, daß derjenige, auf dessen Willen eingewirkt wird - also der physische Urheber - die Tat fahrlässig begeht. Da - bereits gezeigt - intellektuelle Urheberschaft des Hintermannes für Abegg auch vorliegt, wenn der unmittelbar Handelnde den Erfolg fahrlässig bewirkt, wird die Urheberschaft im erweiterten Sinne nach der Abeggschen Lehre grundsätzlich als intellektuelle Urheberschaft erfaßt.

Es stellt sich jedoch noch die Frage, ob für Abegg im Falle eines begründende Tätereigenschaften erfordernden Delikts diese auch beim intellektuellen Urheber vorliegen müssen.

alpha) Wir betrachten zuerst die Sonderdelikte:

Eine konkrete Aussage diesbezüglich findet sich bei Abegg nicht. Hinsichtlich der Amtsdelikte, an deren Beispiel diese Deliktsgruppe untersucht werden soll, sagt Abegg jedoch, daß nichtbeamtete Beteiligte nach den "gewöhnlichen

Grundsätzen beurtheilt"[94] werden. Was die gewöhnlichen Grundsätze sind, und welche Konsequenzen diese für den Extraneus haben, wird von Abegg jedoch nicht beantwortet.

Er stellt jedoch für den Amtsträger spezielle Rechtsgrundsätze auf: Begeht ein Amtsträger ein nicht die Amtsträgereigenschaft erforderndes Verbrechen, ist er zwar nach diesen zu bestrafen, die Amtsträgereigenschaft nimmt jedoch Einfluß auf die zu bildende Strafe.[95] Begeht der Amtsträger ein Amtsdelikt, so wird er nach diesem bestraft. Insgesamt gilt also der spezielle Grundsatz: Ein Amtsträger wird grundsätzlich anders bestraft als ein Extraneus. Als Umkehrschluß ergibt sich für den Extraneus als gewöhnlicher Grundsatz: Er erfährt eine normale Strafe und damit auch nur nach dem Delikt, das er als Extraneus begangen hat, und auch begangen haben kann. Die Konsequenz wäre, daß ein Extraneus nicht als Urheber oder Gehilfe eines echten Amtsdelikts zu bestrafen ist.[96]

Zu einer Bestimmung der gewöhnlichen Grundsätze könnte aber auch folgende Überlegung führen:
Für Abegg gibt es allgemeine und besondere Teilnehmer, wobei dies aber nicht auf den Gehilfen beschränkt bleibt.[97] Abegg verwendet den Begriff Teilnehmer nämlich in dem jede Beteiligungsform erfassenden Sinne.[98] Bezüglich der Begriffe allgemeiner und besonderer Teilnehmer sagt er, daß sich eine allgemeine Regel hinsichtlich der Begriffsbestimmung und der -behandlung nicht aufstellen ließe.[99] Die Strafbarkeit richte sich vielmehr nach der Eigenart des Einzelfalls. Dabei spielten auch die persönlichen Verhältnisse des Teilnehmers eine Rolle;[100] hierzu ist m.E. - da Abegg diesen Begriff nicht näher erläutert - auch eine vorhandene bzw. nicht vorhandene Amtsträgereigenschaft hinzuzuzählen.
Dies alles bedeutet, daß die Strafbarkeit des einen unabhängig von der des anderen ist. Fraglich bleibt aber, ob hiervon auch das "Ob" der Strafbarkeit des Extraneus oder nur das "Wie" berührt wird. Es spricht für das bloße "Wie", daß Abegg dort, wo er von den persönlichen Verhältnissen als Faktor der Straf-

---

94) Abegg: Lehrbuch: a.a.O., S.615
95) Abegg: Lehrbuch: a.a.O., S.614f
96) Zu dieser Interpretation gelangt auch Hälschner: System, a.a.O., S.366 i.V.m. Fn 8.
97) Abegg: Lehrbuch, a.a.O., S.112
98) Abegg: Lehrbuch, a.a.O., S.110ff.
99) Abegg: Lehrbuch, a.a.O., S.112, 118
100) Abegg: Lehrbuch, a.a.O., S.114

barkeitsbestimmung redet, er unabhängig von diesen Faktoren generell Verschulden bejahen kann.[101] Die Frage der allgemeinen oder besonderen Teilnahme würde somit nur das genaue Maß des Verschuldens[102] und damit das "Wie" der Strafbarkeit bestimmen. Dies würde bedeuten, daß grundsätzlich auch ein Extraneus Teilnehmer und damit intellektueller Urheber eines Amtsdelikts sein kann. Für das "Ob" der Strafbarkeit des intellektuellen Urhebers wären begründende Tätereigenschaften somit nicht erforderlich.

Daß es sich bei der Amtsträgereigenschaft wohl um ein Unterscheidungskriterium hinsichtlich allgemeiner und besonderer Teilnahme handelt, und Abegg bezüglich dieser Teilnahmeformen Grundsätze aufstellt, spricht dafür, in den "gewöhnlichen Grundsätzen" für die Behandlung des Extraneus die bezüglich allgemeiner und spezieller Teilnahme zu sehen. Doch fehlt jegliche Konkretisierung hinsichtlich Begriffsbestimmung und -behandlung. Auch, daß die Amtsträgereigenschaft nur ein Faktor zur Bestimmung des Grades der Strafbarkeit ist, kann im Sinne Abeggs nicht sicher belegt werden.
Um nur relativ sichere Behauptungen bezüglich Abeggs Beteiligungslehre aufzustellen, muß somit offenbleiben, ob für Abegg im Falle eines Sonderdelikts die Sondereigenschaft auch beim intellektuellen Urheber vorliegen muß. Daß Sondereigenschaften für intellektuelle Urheberschaft nicht erforderlich sind, kann jedoch wiederum nicht ausgeschlossen werden.
Rein vom Wesen der intellektuellen Urheberschaft nach Abeggscher Definition aus betrachtet, müßte jedoch der die erforderlichen begründenden Tätereigenschaften nicht besitzende Hintermann von der Urheberschaft erfaßt werden: Der Wille des auf einen Amtsträger intellektuell einwirkenden Extraneus kann nämlich selbständig auf die Hervorbringung des Verbrechens gerichtet sein.

(beta) Fraglich bleibt, wie es mit der Tätereigenschaft der Eigenhändigkeit bei eigenhändigen Delikten aussieht.
Bei Abegg finden sich keine generellen Aussagen über eine Deliktsgruppe eigenhändiger Delikte. Untersuchen wir deshalb seine jeweiligen Einzelausführungen bezüglich der Delikte, die heute allgemein als eigenhändige anerkannt sind. Hier bleiben nach Abzug der heute streitigen und der damals

101) Abegg: Lehrbuch, a.a.O., S.114
102) Abegg: Lehrbuch, a.a.O., S.110

nicht gekannten Tatbestände grundsätzlich nur Meineid (§154) und Beischlaf zwischen Verwandten (§173).

Hinsichtlich der Teilnahme am Inzest gälten die allgemeinen Grundsätze.[103] Der Nichtverwandte wäre somit wohl als allgemeiner Teilnehmer und damit vergleichbar dem am Amtsdelikt beteiligten Extraneus zu bestrafen. Es ergeben sich dann die gleichen Probleme, wie diesbezüglich zu den Amtsdelikten aufgezeigt. Eine Lösung könnte sich jedoch über das Sonderdelikt der Kuppelei ergeben. Abegg erscheint nämlich der Täter der Kuppelei (Beförderung von Unzuchtsverbrechen) nicht nur als Gehilfe, sondern oft auch als Anstifter (und damit intellektueller Urheber.[104][105] Zwar bleibt fraglich, ob das bloße Hervorrufen des Tatentschlusses das für den Tatbestand der Kuppelei erforderliche Befördern[106] darstellt, oder ob Abegg unter Anstiftung hier nicht mehr versteht. Doch kann nicht ausgeschlossen werden, daß vermeintliche intellektuelle Urheberschaft zum Inzest als Kuppelei strafbar wäre.
Beim Meineid im Sinne von §154, welcher bei Abegg unter den Meineid im engeren Sinne bzw. unter den Eidesbruch fällt,[107] sei intellektuelle Urheberschaft des nicht unter Eid Stehenden möglich.[108] Eine materielle Begründung jedoch fehlt.

Es läßt sich somit festhalten, daß Anstiftung zu vorsatzloser Haupttat für Abegg grundsätzlich von der intellektuellen Urheberschaft erfaßt wird. Eine Ausnahme könnte sich allenfalls bei fehlenden, aber erforderlichen begründenden Tätereigenschaften ergeben, was jedoch nicht rein vom Wesen der intellektuellen Urheberschaft gedeckt wäre. Intellektuelle Urheberschaft zum Meineid ist auf jeden Fall möglich, intellektuelle Urheberschaft zum Inzest eventuell als Kuppelei denkbar.[109]

---

103) Abegg: Lehrbuch, a.a.O., S.689
104) Vgl. Abegg: Lehrbuch, a.a.O., S.112.
105) Abegg: Lehrbuch, a.a.O., S.689
106) Abegg: Lehrbuch, a.a.O., S.692
107) Abegg: Lehrbuch, a.a.O., S.715f.
108) Abegg: Lehrbuch, a.a.O., S.720. Auch Abegg bezieht sich auf Art.107 a.E. CCC.
109) Ob auch hier der "Vordermann" vorsätzlich handeln muß, um die Strafbarkeit des Hintermannes als Kuppelei zu begründen, sagt Abegg nicht. Die hervorgehobene Stellung dieser Beteiligungsform als ein Extradelikt macht dies jedoch nicht wahrscheinlich.

(2 2) Urheberschaft im engeren Sinne

Das Wesen der Urheberschaft im engeren Sinne liegt in dem der Urheberschaft im erweiterten Sinne bei fehlender Tätereigenschaft. Ob dieses als intellektuelle Urheberschaft für Abegg strafbar ist, kann nach dem bezüglich begründender Tätereigenschaften zuvor Gesagten grundsätzlich nicht mit Bestimmtheit beantwortet werden, ist aber wahrscheinlich. Intellektuelle Urheberschaft zum Meineid ist jedoch sicher möglich, intellektuelle Urheberschaft zum Inzest eventuell als Kuppelei denkbar.

(3 3) Urheberschaft im weiteren Sinne

Das Wesen der Urheberschaft im weiteren Sinne ergibt sich grundsätzlich aus dem der intellektuellen Urheberschaft, wobei der unmittelbar Handelnde sich objektiv tatbestandslos, fahrlässig oder rechtmäßig verhält, und dem mittelbar Handelnden die begründenden Tätereigenschaften fehlen. Eine Ausnahme bildet nur der Fall des schuldlosen Vordermannes: hier ergibt sich das Wesen aus der physischen Urheberschaft bei Fehlen der begründenden Tätereigenschaften.

Unsere mittelbare Täterschaft wird - wie oben gesehen - von der intellektuellen bzw. physischen Urheberschaft erfaßt. Da jedoch nicht mit Sicherheit festgestellt werden konnte, ob begründende Tätereigenschaften für den intellektuellen Urheber nicht erforderlich sind, muß auch hier offen bleiben, ob die Urheberschaft im weiteren Sinne von der intellektuellen und erst recht von der physischen Urheberschaft erfaßt wird.[110]

Somit ist bezüglich des heutigen Urheberbegriffs insgesamt festzuhalten:

Es kann nicht eindeutig geklärt werden, ob für Abegg unsere heutigen Urheberschaftsdefinitionen von der Urheberschaft erfaßt werden. Bei der Anstiftung zu einer vorsatzlosen Haupttat, welche kein begründende Tätereigenschaften erforderndes Delikt ist, ist intellektuelle Urheberschaft aber auf jeden Fall zu bejahen. Ebenso wenn die Haupttat unserer Urheberbegriffe Meineid oder Inzest ist.

Vom Wesen der Abeggschen Urheberschaft müßte die Urheberschaft im engeren, erweiterten und weiteren Sinne aber vollständig in ersterer enthalten

---

110) Beachte die Ausnahmen hinsichtlich Meineid und Inzest.

sein. Auch der Wille des Extraneus kann selbständig auf die Hervorbringung des tatbestandlichen Erfolges gerichtet sein.

cc) Überlegungen zum reflexiven Verständnis als Element der Abeggschen Beteiligungslehre

Es wurde unter aa) die besondere Bedeutung des Willens für die Beteiligunglehre Abeggs herausgearbeitet: Der Wille ist Ausgangspunkt und prägendes Element einer jeden Handlung.

Welche konkreten Rückschlüsse lassen sich nun von der Existenz eines Willens auf das handelnde und damit einen solchen Willen besitzende Subjekt ziehen? Der Wille, so wie er in den Beteiligungsdefinitionen beschrieben ist, setze ein denkendes Individuum voraus. Eine Handlung vornehmen könne demnach nur, wer "sich als vernünftig denkender in seiner Thätigkeit verhält."[111] Handlung ist also das Verhalten eines hier konkret als vernünftig anwesenden, denkenden Wesens.
Was aber bedeutet es für den Willen, wenn das handelnde Subjekt konkret als vernünftiges, denkendes Wesen anwesend sein muß, und was hat dies für Konsequenzen für die Handlung und damit letztenendes auch für die Beteiligungsformen? Abegg geht hierauf nicht näher ein. Wir werden es folglich selbst untersuchen müssen und das Ergebnis an den Abeggschen Ausführungen überprüfen.

(1) Das reflexive Verständnis

Der Wille, eine Tat auf bestimmte Art und Weise zu begehen, und sich dabei selbst als ein Mittel auf eine konkrete Art einzusetzen, erfordert das Denken des Individuums. Denn ich kann nicht einen Willen haben, eine Tat auf bestimmte Art und Weise zu begehen, ohne vorher den Gesamtzusammenhang, in den auch ich eingebettet bin, durchdacht, mir ein Bild von ihm gemacht zu haben. Was bedeutet das genau?
Ich nehme die in meinem Aktionsraum vorfindlichen Faktoren, d.h. Gegenstände, Personen und sonstigen äußeren Umstände (bewußt) wahr und damit zugleich auch in mein Denken auf. Indem ich die Dinge denke, über sie nachdenke, sie betrachte, setze ich sie in Beziehung zueinander und bestimme

---

111) Abegg: Lehrbuch, a.a.O., S.112

zudem *mein* Verhältnis zu ihnen: Ich bilde aus allem einen Gesamtzusammenhang, in den auch ich eingebettet bin. Dies wird getragen von der verständigen Einsicht in das Verhältnis der Dinge zueinander. Ich habe ein Verständnis vom Gesamtzusammenhang, in den auch ich eingebettet bin.
Ein solches Denken, ein solches Bilden des Gesamtzusammenhangs ist nun aber Reflexion. Wir nennen es für die weiteren Überlegungen "Grundreflexion". Sowohl ihre Beschreibung als auch das folgende, inhaltlich zu Reflexion und Verständnis Gesagte konkretisieren die unter A) II. vorgenommene Darstellung des Reflexionsbegriffes.

Nun treten in mir Triebfedern auf. Triebfedern, einen bestimmten Erfolg, eine bestimmte Wirkung zu erreichen. Überlege ich sodann, wie die Wirkung hervorzurufen ist, so geschieht dabei folgendes:
Zunächst greife ich auf den von meinem Denken geordneten Gesamtzusammenhang der Grundreflexion zurück. Sodann beziehe ich dort die von mir erstrebte Wirkung mit ein: Der zuvor gedachte Gesamtzusammenhang erfährt die Erweiterung um mein Ziel und damit zugleich die Ausrichtung auf dieses hin. Ich betrachte die konkret vorfindlichen äußeren Umstände, den Gegenstand oder die Person, an der die Veränderung eintreten soll, eventuell weitere Beteiligte, mich und meine möglichen Verhaltensweisen. Dabei setze ich mich und meine möglichen, eine Wirkung in der Außenwelt hervorrufenden Verhaltensweisen erneut in Beziehung zu den genannten Faktoren - jetzt auf mein Ziel hin ausgerichtet. Wieder bilde ich einen solchen Gesamtzusammenhang. Durch die zielorientierte Ausrichtung wird meine Reflexion um die Finalität erweitert (Finalreflexion).

Dabei habe ich nun auch mein Verhältnis zu den anderen, eventuell auch an der Erfolgsherbeiführung beteiligten Personen neu überdacht, so wie es meinem Verständnis entspricht. Ich habe mich ihnen gegenüber in ein Verhältnis gesetzt, jedem - auch mir - bezüglich der Tat im Hinblick auf den Erfolg eine Funktion, eine Rolle zugewiesen. Indem ich jedem eine Rolle zuweise, teile ich dabei zudem jedem Verantwortung zu; Verantwortung jeweils gegenüber dem anderen.[112]
Hierbei muß das reflektierende Subjekt aber auch berücksichtigen, daß die von ihm in seinem "Plan" eingesetzten Personen - im Gegensatz zu rein gegen-

112) Auf die Frage der Verantwortung wird nachher nochmals eingegangen.

ständlichen Objekten - selbst einen freien Willen besitzen und keiner reinen Kausalgesetzlichkeit unterliegen. Auch besitzen sie ihrerseits die Fähigkeit der Rollen- und Verantwortungszuteilung.

Das Subjekt reflektiert also den Gesamtzusammenhang. Der Wille, eine Tat auf konkrete Art und Weise zu begehen, basiert sodann auf dieser Reflexion,[113)] d.h. der Wille besteht aus den Komponenten des reflektierten Gesamtzusammenhanges. In dem Willen ist die Reflexion, das Verständnis des Subjekts vom Gesamtzusammenhang enthalten. Das bedeutet somit: Der Wille richtet sich nach dem Verständnis von dem Gesamtzusammenhang.

Eine Handlung sodann, deren äußerliche Seite wiederum durch den Willen bestimmt wird, ist folglich Ausdruck des Verständnisses des Subjekts von sich in der konkreten Konstellation des Gesamtzusammenhanges. Das Subjekt reflektiert den Gesamtzusammenhang, bildet sich einen Willen, welcher den reflektierten Gesamtzusammenhang miteinbezieht, und verhält sich entsprechend des Willens. Somit richtet sich auch die Handlung nach dem Verständnis. Das Subjekt hat genau deshalb so gehandelt, weil es ein bestimmtes Verständnis von den in seinem Aktionsraum vorfindlichen Faktoren und dem durch sie mit ihm (Subjekt) gebildeten Zusammenhang (einfacher gesagt: seiner Welt) hat, und ein bestimmtes Verständnis davon, wie es sein jeweilig erstrebtes Ziel in diesem Zusammenhang erreichen kann. In der Handlung zeigt sich somit das Verständnis vom Verhältnis zu den weiteren Beteiligten und dem Opfer. In der Handlung ist immer auch die Beziehung zum anderen mitgedacht.
Was der Einzelne bewirkt, wird also von seinem Verständnis bewirkt. Die Handlung ist Teil der Verwirklichung des Inneren.

Daß die Handlung ein Teil der Verwirklichung des Inneren ist, und die Reflexion eines vernünftigen Wesens sie trägt, begründet sich bei Abegg auch über seinen Begriff der Zurechnung. Zurechnung einer Tat zu einem Subjekt ist für Abegg dann gegeben, wenn die Tat auf dem Willen des Subjekts gründet, die Tat also eine Handlung ist[114)]. Der Begriff der Zurechnung ist also in dem

---

113) Natürlich auch auf den weiterhin wirkenden Triebfedern, wobei die Triebfedern allerdings ganz oder zum Teil auch erst nach der verständigen Würdigung des Gesamtzusammenhanges auftreten.

114) Abegg: Lehrbuch, a.a.O., S.124

der Handlung enthalten.[115] [116] Er bezieht sich auf die Bestimmung "des Verhältnisses des Willens zum Erfolg und zum Gesetze",[117] auf das Innere der Handlung.[118] Zurechnung bedarf damit als Grundlage - wie die Handlung - der Vernunft, der vernünftigen Einsicht des Menschen[119]. Konkret: Zurechnung bedarf der Einsicht in das Verhältnis von Willen und Tat, in das Verhältnis der Tat zum Erfolg und in das Verhältnis der (Willen und Tat zusammenfassenden) Handlung zu der Aufgabe des Menschen, nämlich der "sittlichen Bestimmung zum Allgemeinen"[120] - letzteres in Form des Gesetzes. Die Einsicht in diese drei von Abegg genannten Punkte impliziert das Verständnis des Subjekts bezüglich seines Verhaltens, das weiterer Beteiligter, des Erfolges sowie überhaupt der Verantwortung anderen Menschen gegenüber. Bedingen sich also Handlungsbegriff und Zurechnung gegenseitig,[121] so zeigt sich auch auf diese Weise, daß das Verständnis des Subjekts im Handlungsbegriff mitgedacht ist.

Bestimmt nun bei Abegg die Art des Willens über die Handlung das Wesen der Beteiligungsformen, so ist in dieser Wesensbestimmung immer auch das Verständnis des Beteiligten von der Gesamtsituation mitenthalten. Die jeweiligen Beteiligungsformen sind die jeweiligen Verwirklichungen des Inneren und damit auch des Verständnisses: Entsprechend meinem Verständnis setze ich mich in Beziehung zu den anderen und verwirkliche so - je nach Art des In-Beziehung-Setzens - die jeweilige Beteiligungsform. Die jeweiligen Beteiligungsformen (also die beiden Urheberschaftsbegriffe und der Gehilfenbegriff) erfassen den Einzelnen somit nicht nur in seinem faktischen Verhalten, sondern auch in seinem Verständnis von sich in dem ihm vorfindlichen Gesamtzusammenhang; damit auch von der Beziehung zu anderen Beteiligten, zum Erfolg und zu seiner Verantwortung gegenüber anderen.

---

115) Abegg: Lehrbuch, a.a.O., S.124
116) Im Laufe seiner Ausführungen ergänzt Abegg den Begriff der Zurechnung dahingehend, daß es zu der Handlung noch der freien Entgegensetzung des Willens gegen das Gesetz bedürfe (Abegg: Lehrbuch, a.a.O., S.142).
117) Abegg: Lehrbuch, a.a.O., S.124
118) Abegg: Lehrbuch, a.a.O., S.124
119) Abegg: Lehrbuch, a.a.O., S.125
120) Abegg: Lehrbuch, a.a.O., S.126
121) So Abegg: Lehrbuch, a.a.O., S.123f.

Es ergibt sich nun aber noch ein weiterer, nicht final geprägter Aspekt der Reflexion:
Das Verständnis des handelnden Subjekts bezieht sich - wie gesehen - auf die Erfassung des Gesamtzusammenhanges. Nachdem die Gesamtlage erfaßt und reflektiert ist, bildet sich der Wille, das Verbrechen auf bestimmte Art zu begehen. Reflexion findet aber nicht nur vor der Willensbildung, sondern auch während und nach der Willensbildung statt. Auch während und nach der Willensbildung reflektiert das Subjekt den Gesamtzusammenhang.
Gerade in dieser auch zur Handlung gleichzeitigen bzw. nachfolgenden Reflexion geschieht, was schon bezüglich der die Handlung vorbereitenden erörtert wurde: Das Subjekt weist sich und den anderen Beteiligten eine Funktion, eine Rolle mit dazugehörender Verantwortung zu; hier nun aber dergestalt, daß es sein Verhalten und das der anderen in der Konstellation des Verbrechensgeschehens auch *beurteilt*. Es beurteilt die Gewichtigkeit der zugewiesenen Rollen im Hinblick auf die Erfolgsherbeiführung; es ordnet sie. Dies ist zugleich eine Selbsteinordnung der eigenen Handlung und damit auch des eigenen Selbst. Der Einzelne hat ein beurteilendes Verständnis von Ordnung und seiner damit verbundenen eigenen Selbsteinordnung. Er hat ein Verständnis davon, ob er im Verhältnis zu den anderen im Hinblick auf den Erfolg eine über-, gleich- oder untergeordnete Stellung einnimmt.
Von dieser Selbsteinordnung, besser: diesem Verständnis von Selbsteinordnung wird erfaßt, ob man sich selbst den Grund für den Erfolg zuschreibt, auf wen die Handlung zurückgeht.
Die Reflexion nimmt also auch eine Beurteilung des eigenen Verhaltens, der eigenen Tat im Gesamtzusammenhang vor,[122)] getragen von der verständigen Einsicht in das Verhältnis der Dinge und der anderen beteiligten Personen (beurteilende Reflexion).

Die Reflexion (Akt), das Verständnis (Ergebnis), ist also sowohl (willens- und handlungs-)begründend als auch (das handelnde Subjekt) beurteilend. Die Reflexion, welche sich in der Handlung ausdrückt, gibt mir zugleich meine Stellung im Gesamtzusammenhang an. Die Beurteilung erfaßt, ob ich mir den Erfolg zuschreibe und damit die Handlung auf mich zurückgeht. Ich habe ein entsprechendes Verständnis.

---

122) Es stellt sich so die Frage, was man erfassen muß, um sich selbst den Grund für den Erfolg zuzuschreiben. Dieser für die Abgrenzung entscheidende Punkt kann hier jedoch noch offengelassen werden.

Das Verständnis von der Einordnung ist dabei zwar eine auf das begründende Verständnis aufgesetzte Ebene, nämlich die der Beurteilung: "Du hast dich (z.B.) übergeordnet". Doch basiert das Ergebnis dieses Urteils auf den Elementen des begründenden Verständnisses. Es kommt lediglich noch der gewählte Einordnungsmaßstab hinzu, damit ein Ergebnis im Sinne einer Über- oder Unterordnung zustandekommt. Insgesamt ist aber - auch aufgrund dieser Elementsübereinstimmung - überhaupt nur von *einem* Verständnis zu sprechen, nur eben mit zwei verschiedenen Seiten. Dieses Verständnis ist - wie sich aus dem oben Gesagten ergibt - ein selbstbezügliches: Es kann als reflexives Verständnis bezeichnet werden.

Zur Verdeutlichung sei jetzt noch einmal klargestellt:
Die Reflexion (Akt) äußert sich (u.a.) zum einen im Bilden des Gesamtzusammenhangs, zum anderen in der Beurteilung der eigenen Stellung. Das Ergebnis dieses Aktes ist dann zum einen das (willens- und handlungs-) begründende Verständnis vom Gesamtzusammenhang, zum anderen das beurteilende reflexive Verständnis von der Selbsteinordnung. Da aber auch das begründende Verständnis genaugenommen ein reflexives ist, bzw. ja überhaupt nur *ein* Verständnis mit zwei Seiten besteht, kann insgesamt von einem reflexiven Verständnis gesprochen werden. Für den weiteren Verlauf der Arbeit gelten somit folgende Begriffsbestimmungen:
"Reflexives (selbstbezügliches) Verständnis" steht für das Verständnis - von den Beziehungen zu anderen Beteiligten - als Ganzes, *inklusive* der die Einordnung und die damit verbundenen Konsequenzen beurteilende Seite des Verständnisses. "Reflexives (selbstbezügliches) Verständnis von der Einordnung" bezeichnet hingegen speziell diese beurteilende Seite. "Begründendes reflexives (selbstbezügliches) Verständnis" bezeichnet nur die begründende Seite.

(2) Überprüfung an Abeggschen Aussagen

In der Einleitung wurde unter I. die These aufgestellt, daß in einigen Beteiligungslehren des gemeinrechtlichen Zeitabschnitts von 1800-1870 das reflexive Verständnis des Einzelnen von sich in Beziehung zu anderen enthalten sei. Es gilt nun zu überprüfen, ob Abegg mit seiner Formulierung, beim Urheber sei der Wille selbständig auf die Hervorbringung des Verbrechens gerichtet, auch wirklich nach einem Verständnis von Selbsteinordnung fragt, er also die Selbständigkeit/Unselbständigkeit hierüber ermitteln will; und wenn ja, wie er dieses reflexive Verständnis dann zu erfassen gedenkt.

(2 1) Das reflexive Verständnis des Abeggschen Urhebers

Um dies beantworten zu können, muß als Vorfrage geklärt werden, wie das reflexive Verständnis beim Urheber grundsätzlich gestaltet ist, um von Selbständigkeit des Willens im Hinblick auf die Erfolgsherbeiführung sprechen zu können.

Laut Abegg liegt bei der den Erfolg bewirkenden Handlung ein Wille vor, der selbständig auf die Hervorbringung des Verbrechens gerichtet ist,[123] sich keines anderen selbständigen Willens bewußt ist, den er bloß im Hinblick auf die durch diesen fremden Willen hervorgebrachte Tätigkeit unterstützt.[124] Der Erfolg muß also in dem Willen des Beteiligten gründen.

Einem so gearteten Willen liegt nun das (begründende) Verständnis zugrunde, daß man - wenn man nicht als Alleintäter handelt - andere Personen zur Erreichung des Erfolges auf bestimmte Art und Weise einsetzt, anstatt sich einsetzen, sich in die Absicht eines anderen einspannen zu lassen: Man ist sich dessen "bewußt".[125] Die Selbständigkeit gründet dabei gerade auf diesem Bewußtsein, auf dem entsprechenden Verständnis.

Dadurch nimmt man zugleich aber auch eine Einordnung vor: Man hat ein Verständnis davon, daß eine - zumindest geistig - direkte Beziehung zum Erfolg besteht und andere mit in diese Beziehung hineingezogen sind. Man weiß dabei, daß man sich nicht dem Willen eines anderen, der Beziehung eines anderen zum Erfolg unterordnet. Man hat ein beurteilendes Verständnis davon, daß man hinsichtlich der Beziehung zum Erfolg und der damit verbundenen Verantwortung keinem anderen untergeordnet ist, daß der Erfolg damit auf einen selbst zurückgeht.

Ein solches reflexives Verständnis von Einordnung läßt sich somit aus der Formulierung der Selbständigkeit des Willens ableiten. Hat man ein solches,

---

123) Abegg: Lehrbuch, a.a.O., S.118
124) Abegg: Lehrbuch, a.a.O., S.117
125) Vgl. Abegg: Lehrbuch, a.a.O., S.117f.

dann liegt also auch immer ein Wille vor, der selbständig auf den Erfolg gerichtet ist.

(2 2) Das jeweilige reflexive Verständnis als inhaltliche Bestimmung für die Selbständigkeit/Unselbständigkeit des Willens

Die Vorfrage ist geklärt. Fragt Abegg mit dem Kriterium Selbständigkeit/Unselbständigkeit nun aber auch gerade nach diesem reflexiven Verständnis von Einordnung, oder will er die Selbständigkeit/Unselbständigkeit auf andere Weise ermittelt wissen?[126]
Hierfür muß untersucht werden, ob das entsprechende reflexive Verständnis aufs Engste mit dem Wesen der Selbständigkeit/Unselbständigkeit verknüpft ist, und somit in diesem Kriterium mitgedacht wird.

Was also macht die Selbständigkeit des Willens gerade aus? Die Antwort lautet: Selbständig ist der Wille, wenn ihm ein Bewußtsein und damit ein Verständnis davon zugrunde liegt, daß kein anderer selbständiger Wille existiert, der im Hinblick auf die durch ihn hervorgebrachte Tätigkeit nur unterstützt werden soll.[127] Man weiß, daß man sich nicht in die Absicht eines anderen einspannt. Nur bei einem solchen begründenden[128] Verständnis kann von Selbständigkeit des Willens gesprochen werden.[129]
In dem Kriterium Selbständigkeit/Unselbständigkeit des Willens ist also immer ein solches begründendes Verständnis mitgedacht - basiert doch die Selbständigkeit/Unselbständigkeit, die Ausrichtung des Willens, auf dem entsprechenden Verständnis.
Ist nun das begründende Verständnis aufs Engste mit dem Verständnis von Einordnung verbunden, so ist in dem genannten Kriterium immer auch das beurteilende Verständnis von Einordnung enthalten. So kann z.B. nur bei einem Verständnis von fehlender Unterordnung hinsichtlich der Willensbeziehung zum Erfolg von Selbständigkeit des Willens gesprochen werden; hängt doch dieses beurteilende Verständnis vom entsprechenden begründenden Verständnis

---

126) Diese Frage geht insofern über die Vorfrage hinaus, als letztere nur darauf gerichtet ist, herauszufinden, welche Art von Verständnis die Selbständigkeit des Willens erfordert.

127) Vgl. Abegg: Lehrbuch, a.a.O., S.117f

128) "Begründend" wird hier im Sinne obiger Ausführungen verstanden: willens- und handlungsbegründend, ohne Bewertung der Selbsteinordnung.

129) Da es sich bei der Beteiligungsproblematik um eine vorsatztatenspezifische handelt, kann bei dem begründenden Verständnis auch von seiner Korrektheit ausgegangen werden.

ab, welches die Selbständigkeit ausmacht. Die Selbständigkeit des Willens ist daher über das Verständnis von Einordnung zu bestimmen.

Daß es gerade das Verständnis ist, was die Willensrichtung ausmacht, liegt also daran, daß dieses ja die Keimzelle des Willens - und damit auch der Handlung und der Beteiligungsform - ist. Daß dabei dann auf das beurteilende, reflexive Verständnis von Einordnung abgestellt wird, ist wiederum damit zu begründen, daß es bei der Frage nach Selbständigkeit/Unselbständigkeit des Willens allgemein um Beurteilung, und bei der Frage nach Täterschaft oder Teilnahme auch (nur) um beurteilende Einordnung von Personen im Hinblick auf eine Erfolgsherbeiführung geht.

(2 3) Das reflexive Verständnis als das eines Vernünftigen

Wie aber gedenkt nun Abegg, das Verständnis zu erfassen?
Fragt er nun nach der Einordnung, wie sie der Beteiligte verständigerweise vorgenommen hat bzw. hätte vornehmen sollen, oder ist auf die konkrete subjektive Einordnung abzustellen, die auch eventuellen Fehleinschätzungen unterliegen kann?
Es scheint sich für Abegg diese Problematik aber gar nicht zu stellen. Für ihn ist der Beteiligte ein vernünftig denkendes Wesen.[130] Folglich deckt sich dessen subjektive Einordnung unzweifelhaft mit der eines jeden anderen Vernünftigen; er kann die wirklich vorgenommene Einordnung verständig erkennen. Für Abegg ist die Selbständigkeit des Willens und damit das entsprechende Verständnis nicht nach dem eventuell mit Fehleinschätzungen behafteten reflexiven Verständnis des Beteiligten, sondern nach dem reflexiven Verständnis des Beteiligten, das eine der tatsächlichen Lage verständigerweise entsprechende Einordnung vornimmt, zu beurteilen.

Damit ist insgesamt gezeigt: Die Frage nach dem Kriterium Selbständigkeit/Unselbständigkeit will Abegg über das reflexive Verständnis des Beteiligten von dessen Einordnung beantwortet wissen. Hierbei handelt es sich dann um das reflexive Verständnis von Einordnung, wie es der Beteiligte bei verständiger Würdigung der Lage als ein Vernünftiger besaß.

---

130) Abegg: Lehrbuch, a.a.O., S.112

D.h.: Wenn der Beteiligte z.B. ein reflexives Verständnis von fehlender Unterordnung seines Willens besitzt, dann kann von Selbständigkeit des Willens gesprochen werden.

(3) Zusammenfassung

Fassen wir zum besseren Überblick der Systematik der vorangegangenen Überlegungen diese noch einmal kurz zusammen:
Das Verständnis des Beteiligten bewirkt über die Handlung die Art der Beteiligungsform. In den Beteiligungsformen ist somit immer das entsprechende begründende Verständnis mitgedacht. Von der durch das Verständnis begründeten Einordnung hat der Beteiligte selbst wiederum ein Verständnis. Auch dieses ist als die beurteilende Seite folglich in den Beteiligungsformen immer mitgedacht.

Als das charakteristische Unterscheidungsmerkmal zwischen Urheberschaft und Beihilfe nennt Abegg die Selbständigkeit/Unselbständigkeit des Willens. Bei beidem läßt sich ein jeweilig unterschiedliches Verständnis des Beteiligten erkennen. Wird nach Selbständigkeit/Unselbständigkeit gefragt, so richtet sich die Antwort nach der jeweiligen Art des Verständnisses; ist es doch die Keimzelle des Willens. Hierbei ist sodann die beurteilende Seite des reflexiven Verständnisses des Beteilgten entscheidend, also das Verständnis von der Einordnung; geht es bei der Frage der Einordnung doch um Beurteilung. Dabei kommt es auf das Verständnis des Beteiligten an, das eine der tatsächlichen Lage verständigerweise entsprechende Einordnung vornimmt.

Über die Selbständigkeit/Unselbständigkeit gibt also das reflexive Verständnis des Beteiligten Auskunft. Der Wille ist selbständig auf die Hervorbringung des Erfolges gerichtet, wenn folgendes Verständnis besteht: Es existiert eine direkte Beziehung zwischen Willen und Erfolg, der Erfolg gründet im Willen; der Wille ist also nicht dem eines anderen im Hinblick auf den Erfolg untergeordnet. Zwar wird ein solches Verständnis von Einordnung bei Abegg nicht ausdrücklich genannt, doch ist es als die entscheidende Bestimmung aus der Abeggschen Beteiligungslehre herauszulesen.

Es läßt sich somit insgesamt festhalten:

Das reflexive Verständnis des Beteiligten von sich in der Konstellation der Gesamtlage ist wesentlicher - wenngleich nicht ausdrücklich genannter - Bestandteil einer solchen Beteiligungslehre.
Die Beteiligungsformen erfassen nach Abegg den Beteiligten nicht nur in seinem faktischen Verhalten, sondern auch in seinem reflexiven Verständnis.
Trotz einer vordergründig objektiven Lehre ist es gerade dieses subjektive Element, dem über den Willen und die durch letzteren bestimmte Handlung entscheidende Bedeutung zukommt.

c) Die Beteiligungslehre C.R. Köstlins

Was sich bei Abegg als wesentlich herauskristallisierte, wird bei den subjektiven Abgrenzungstheorien zum alleinentscheidenden Kriterium: Der Unterschied zwischen Urheberschaft und Beihilfe liege im subjektiven Tatbestand. Auf die subjektive Denkweise soll nun darstellend und betrachtend am Beispiel der Beteiligungslehre C.R. Köstlins[131]) eingegangen werden, welcher als erster schon vorhandene subjektive Ansätze[132]) zu einer wissenschaftlich begründeten Theorie ausbaute.[133]) Köstlins Lehre enthält nämlich Wesentliches zum im Willen existenten Verständnis des Subjekts vom Verhältnis zu anderen Beteiligten.
Zuvor seien zur besseren verständigen Einordnung die Grundzüge der subjektiven Beteiligungslehren dargestellt.

aa) Grundsätze subjektiver Beteiligungslehren

Während zur Zeit Feuerbachs noch eindeutig die objektive Theorie dominierte, gewann in der Folgeentwicklung die subjektive Abgrenzungsweise in der Wissenschaft immer mehr an Boden:
Alle Ursachen eines Erfolges seien als gleichwertig zu betrachten; keine könne entfallen, ohne nicht zumindest die konkrete Gestalt des Erfolges zu verändern bzw. ihn sogar zu verhindern.[134]) Wenn es überhaupt objektive Unterschiede zwischen den verschiedenen Ursachen eines Erfolges gäbe, so böten sie

---

131) Christian Reinhold Köstlin (1813)-(1856)
132) Eine subjektive Abgrenzung findet sich zuerst bei Westphal: a.a.O., §9ff, 17f.
133) Köstlin: Neue Revision, a.a.O., S.447ff; System, a.a.O., S.255ff.
134) Siehe besonders v.Buri: Teilnahme, a.a.O., S.1-10.

dennoch nicht genügend Tragkraft, die Unterscheidung zwischen Urheber und Gehilfe zu sichern. Der Unterschied könne folglich allein im subjektiven Bereich liegen. Man kann auf subjektiver Seite das Kriterium sodann entweder in der Verschiedenartigkeit des dolus, d.h. der Schuld[135] sehen, oder in der des Zweckes, des Interesses des Beteiligten an der Tat.

Auch die subjektiven Theorien unterscheiden zwischen Urheber und Gehilfe. Für die Dolustheorien liegt der Unterschied hierbei in der Verschiedenartigkeit der Absicht, der Willensrichtung[136]: Der Urheber beabsichtigt das Verbrechen selbst, der Gehilfe will das Verbrechen fördern, das ein anderer beabsichtigt.[137] Die Absicht des Urhebers ist selbständig auf den Erfolg gerichtet.[138] [139] Diese Unterscheidung läßt sich auch dahingehend formulieren, daß der Urheber die Tat als die seinige will, der Gehilfe sie hingegen nur als fremde zu unterstützen beabsichtigt.[140] Teilweise wird hierbei ausdrücklich betont, daß diese Differenzierung unabhängig vom Interesse des Beteiligten an der Tat zu geschehen habe.[141] Andererseits bietet aber die Formulierung "als die seinige" die Möglichkeit, das Interesse des Beteiligten mit einzubeziehen. Es ist somit nicht verwunderlich, wenn bei manchen Vertretern der subjektiven Theorie eine Trennung zwischen den Kriterien dolus und Interesse kaum zu erkennen ist.[142]
Dieses Interesse an der Tat aber ist es, worauf die Vertreter der Interessentheorie als einziges Abgrenzungskriterium abstellen: Urheber sei, wer die Tat als eigene Angelegenheit, im eigenen Interesse begehe.[143] Wer

135) Prämisse hierfür ist, daß der subjektive Tatbestand dem Verbrechensmerkmal "Schuld" zugeordnet wird.
136) Vgl. die Ausführungen und Nachweise bei Birkmeyer: Vergleichende Darstellung, a.a.O., S.24f; Geib: a.a.O., S.318.
137) So z.B. Bauer: a.a.O., §68.
138) Vgl. Geib: a.a.O., S.318.
139) Aufgrund dieser nahezu gleichlautenden Formulierung zeigt sich, wie weit Abeggs Lehre doch im Bereich subjektiver Kriterien liegt. Der Unterschied besteht lediglich darin, daß die subjektiven Theorien grundsätzlich jegliche Beachtung objektiver Abgrenzungskriterien verneinen; hingegen Abegg anhand des objektiv erkennbaren Verhaltens als Manifestation des Willens abgrenzte.
140) Breidenbach: a.a.O., S.354f; Wächter: a.a.O., S.147.
141) So z.B. Breidenbach: a.a.O., S.354f.
142) Vgl. Birkmeyer: Vergleichende Darstellung, a.a.O., S.24ff. Siehe auch Geib: a.a.O., S.319, der als Vertreter der Interessentheorie trotzdem Breidenbach zur eigenen Unterstützung aufführt.
143) v.Buri: Teilnahme, a.a.O., S.9ff; Häberlin: a.a.O., S.65.

dagegen die Tat als fremde Angelegenheit betrachte, also die Absicht eines anderen unterstützen wolle, sei lediglich Gehilfe.[144]

bb) Köstlins Lehre als solche

(1) Die allgemeine Abgrenzung

Auch Köstlin unterscheidet vom Grunde her zwischen Urheberschaft und Beihilfe. Den einzeln voneinander abgegrenzten Beteiligungsformen der unmittelbaren Urheberschaft,[145] der intellektuellen Urheberschaft und der Miturheberschaft sei nämlich grundsätzlich gemeinsam, daß der jeweils Handelnde die Absicht als die seinige verwirklichen wolle und somit die Tat als die seinige betrachte.[146] Dies im Gegensatz zur Beihilfe, bei welcher der Handelnde nur die Ausführung der Absicht eines anderen unterstützen wolle.[147] Köstlin betont auch ausdrücklich, daß nicht das Interesse sondern die "formelle Absicht" entscheidend sei[148]. Er ist also Vertreter der Dolustheorie.[149] Daß intellektuelle Urheberschaft, Miturheberschaft und Beihilfe als Teilnahmeformen bezeichnet werden,[150] ändert an der grundsätzlichen Unterscheidung von Urheberschaft und Beihilfe aber nichts.

Die unmittelbare Urheberschaft wird für Köstlin zum einen dadurch gekennzeichnet, "daß die Handlung unmittelbar oder mittelbar aus der freien Selbstbestimmung des Subjekts hervorgehe" und "dasselbe die Absicht eben als die seinige verwirklichen wolle.[151] [152] Hinzu kommt die objektive Komponente, "daß die Summe der den Erfolg bedingenden Momente"[153] und "das Resultat der Handlung im Willen des Subjekts sein bestimmendes Moment habe, d.h. daß die Kausalität des letzteren nicht durch die einer dritten von der

---

144) v.Buri: Teilnahme, a.a.O., S.9ff; Häberlin: a.a.O., S.65.

145) Wenn Köstlin von (bloßer) Urheberschaft spricht, meint er damit unmittelbare Urheberschaft (vgl. Köstlin: a.a.O., S.300 i.V.m. S.257).

146) Köstlin: a.a.O., S.257, 307.

147) Köstlin: a.a.O., S.307

148) Köstlin: a.a.O., S.257f, 307

149) In der zuvor erschienenen "Neuen Revision" war Köstlin noch der Interessentheorie zuzuordnen (vgl. Köstlin: Neue Revision, a.a.O., S.448f).

150) Köstlin: a.a.O., S.256, 335

151) Köstlin: a.a.O., S.257

152) Letzteres gälte nur bei vorsätzlicher Tat.

153) Köstlin: a.a.O., S.259

Handlung unabhängigen Ursache ausgeschlossen sei."[154] Dies sei zugleich das einzig denkbare - da auch sehr weitgefaßte - objektive Kriterium zur Wesensbestimmung der Beteiligungsformen: Eine Differenzierung nach der Notwendigkeit oder Wirksamkeit der Handlung für den Erfolg - wie es die objektiven Theorien vorsehen - führe hingegen zu einem "Progreß ins Unendliche".[155]
Im Unterschied zum (unmittelbaren) Urheber sei intellektueller Urheber, wer zwar auch "als geistiger Schöpfer seiner Handlung auftritt, [aber] behufs deren physischen Vollziehung mithin ein anderes Individuum - sei es als Gehilfe oder Urheber (..) - hinzutreten muß."[156] [157]

Im Gegensatz zu diesen Urheberschaftsformen[158] liege Beihilfe vor bei "bewußte[r] absichtliche[r] Unterstützung der Ausführung der verbrecherischen Absicht eines anderen",[159] ohne daß sich der Gehilfe die Absicht des anderen selbst aneigne.[160]

Für die Abgrenzung zwischen Beihilfe und den Formen der Urheberschaft sei also allein die formale Absicht, die Willensrichtung, der Wille entscheidend: Im Gegensatz zur Beihilfe will der Urheber die Absicht als die seinige verwirklichen und betrachtet somit auch die Tat als die seinige.

(2) Das Kriterium der Art der Selbstbestimmung

Als Kriterium der Wesensbestimmung erscheint das "Die-Absicht-als-die-seinige-zu-verwirklichen" aber dann als ungenügend, wenn eine fahrlässige Handlung vorliegt. Zwar stellt sich hier nicht die Frage der Abgrenzung zwischen Urheberschaft und Beihilfe, da Beihilfe nur vorsätzlich zu begehen sei.[161] Der Einordnung der fahrlässigen Tat als unmittelbare Urheberschaft

---

154) Köstlin: a.a.O., S.257
155) Köstlin: a.a.O., S.277
156) Köstlin: a.a.O., S.299
157) Es sei schon hier angemerkt, daß Köstlin "unmittelbar" nicht mit "physisch" gleichsetzt: Auch durch intellektuelle Einwirkung könne man unmittelbarer Urheber werden (Köstlin: a.a.O., S.260).
158) Inkl. der Miturheberschaft, auf die hier nicht ausdrücklich eingegangen werden soll. Den Begriff der Miturheberschaft verwendet Köstlin nicht im (weiten) Sinne von mehreren Beteiligten an einem Delikt, sondern grundsätzlich unserer Mittäterschaft vergleichbar.
159) Köstlin: a.a.O., S.275
160) Köstlin: a.a.O., S.278
161) Köstlin: a.a.O., S.281f

steht dieses Kriterium jedoch entgegen. Köstlin nimmt es folglich auch nur zur Wesensbestimmung der vorsätzlichen (unmittelbaren) Urheberschaft. Liegt dagegen Fahrlässigkeit vor, so genüge zur Einordnung als unmittelbare Urheberschaft, daß die Handlung aus der freien Selbstbestimmung des Handelnden hervorgegangen sei.[162]

Was Selbstbestimmung ist, sagt Köstlin nicht ausdrücklich. Aus seinen Ausführungen bezüglich Handlung[163] und Zurechnungsfähigkeit[164] läßt sich jedoch folgendes ableiten: Selbstbestimmung bedeutet, seinem Willen einen Inhalt zu geben, was allein aus dem Ich, und durch das Ich als Akt reiner Freiheit geschieht.[165]

Diesem Element der Selbstbestimmung mißt Köstlin sodann noch weitere, über die Wesensbestimmung der unmittelbaren Urheberschaft hinausgehende Bedeutung zu:
"Bestimmen, Bestimmtwerden und Einheit von beidem in der Selbstbestimmung"[166] seien Inhalt des Charakters des Willen.[167] Je nach Ausprägung des Willens hinsichtlich dieses Charakters ergäben sich sodann die verschiedenen Formen der Beteiligung mehrerer an einer Tat:[168]
"Daß ein Subjekt sich dazu bestimmt [(Selbstbestimmung)], die Handlung eines anderen bloß zu unterstützen, mithin ihm die Bestimmung zu überlassen und sich selbst relativ in das Verhältnis des Bestimmtseins zu setzen," sei Beihilfe.[169] Es überwiege hier das passive Moment des Bestimmtwerdens, des Sichbestimmenlassens.[170] Daß ein Subjekt sich bloß als Bestimmendes setzt [(Selbstbestimmung)], mit hin behufs der Ausführung eines anderen von ihm zu bestimmenden Individuums bedarf," sei intellektuelle Urheberschaft.[171] Es überwiege hier das aktive Moment des Bestimmens.[172]

---

162) Köstlin: a.a.O., S.257f
163) Köstlin: a.a.O., S.124, 126.
164) Köstlin: a.a.O., S.133
165) Auf eine nähere Betrachtung der Selbstbestimmung, auch im Hinblick auf das reflexive Verständnis, wird unter cc) eingegangen werden.
166) Köstlin: a.a.O., S.256
167) Köstlin: a.a.O., S.256
168) Köstlin: a.a.O., S.256
169) Köstlin: a.a.O., S.256
170) Köstlin: a.a.O., S.275, 299.
171) Köstlin: a.a.O., S.256
172) Köstlin: a.a.O., S.299

Bei Beihilfe und intellektueller Urheberschaft bediene sich der Handelnde der Willen anderer freier Subjekte, die "zu einer aus eigener Selbstbestimmung hervorgehender Theilnehmung determiniert werden oder sich selbst anschließen können".[173] Bei Beihilfe und intellektueller Urheberschaft seien "das aktive und passive Moment des Willens an die zusammenhandelnden Personen ungleich vertheilt";[174] die jeweilige Selbstbestimmung erscheine als "relativ gebrochen"[175]. In allen Beteiligten wechselseitig gleichwertig gesetzt seien diese beiden Momente sodann aber in der Form der Miturheberschaft.[176]

Hinsichtlich der unmittelbaren Urheberschaft sagt Köstlin nur, daß Grundvoraussetzung das Hervorgehen der Handlung aus der freien Selbstbestimmung sei.[177] Da dies ja auch bei den anderen Beteiligungsformen erforderlich war, muß die nähere Art der Selbstbestimmung hier aufgrund von Umkehrschlüssen zu diesen bestimmt werden. Unmittelbare Urheberschaft liegt folglich für Köstlin dann vor, wenn die Handlung aus freier Selbstbestimmung hervorgegangen ist, das Subjekt sich aber nicht in das Verhältnis des Bestimmens oder Bestimmtseins gegenüber einem anderen freien Willen setzt.

Dies gilt eindeutig für den absoluten Alleintäter, also den Alleintäter, der auch nicht von jemandem zur Tat angestiftet wurde. Hinsichtlich eines zur Tat bestimmten, d.h. angestifteten Alleintäters ergeben sich jedoch Probleme:[178] Einerseits sagt Köstlin, der zur Tat angestiftete Urheber sei Miturheber[179]; also läge die Form der Beteiligung vor, in der die Begriffe intellektueller und unmittelbarer Urheber nach Ansicht Köstlins aufgehoben seien.[180] Dennoch verwendet Köstlin im Falle der Urheberschaft des Angestifteten die Begriffe "intellektueller und unmittelbarer Urheber";[181] also läge dann doch keine Miturheberschaft im eigentlichen Sinne vor, da keine Aufhebung der Begriffe vorliegt.

Untersucht man die Definitionen und Wesensbestimmungen im einzelnen, so bestätigt sich dieses Dilemma:
Beim intellektuellen Urheber überwiege das Moment des Bestimmens. Folglich müßte beim Vordermann irgendein Bestimmtsein vorliegen. Daß sodann dieses

173) Köstlin: a.a.O., S.270
174) Köstlin: a.a.O., S.256
175) Köstlin: a.a.O., S.256
176) Köstlin: a.a.O., S.256, 334f.
177) Köstlin: a.a.O., S.258
178) Zwar handelt es sich um eine ausgesprochene Detailfrage, dennoch ergeben sich hier wichtige Aspekte zur Selbstbestimmung.
179) Köstlin: a.a.O., S.292
179) Köstlin: a.a.O., S.335
181) Köstlin: a.a.O., S.312

Bestimmtsein beim Vordermann entprechend überwiege, kann jedoch nicht sein, da der Vordermann dann Gehilfe sein müßte.[182]
In Betracht käme somit allenfalls Gleichwertigkeit von Bestimmen und Bestimmtsein beim Vordermann, und damit Miturheberschaft. Dies bedeutet aber, daß auch der Angestiftete bestimmen würde; und zwar den Anstifter. Dies erscheint zweifelhaft, da nicht ersichtlich ist, wie ein Angestifteter einen reinen Anstifter zu etwas bestimmen soll. Da Miturheberschaft erfordere, daß in allen Personen der Miturheberschaft die Momente des Bestimmens und Bestimmtseins gleichwertig gesetzt seien,[183] müßte - wenn der Angestiftete Miturheber wäre - auch der Anstifter Miturheber und somit auch bei ihm Bestimmen und Bestimmtsein gleichwertig gesetzt sein. Dies widerspricht aber der Definition des intellektuellen Urhebers (Anstifter), bei dem das Moment des Bestimmens überwiege.

Die Lösung ist m.E. auf folgende Weise zu finden:
Der Anstifter kann also grundsätzlich nicht Miturheber sein, da das Bestimmen überwiegt, der Angestiftete nicht, da er niemanden bestimmt. Der Anstifter ist folglich intellektueller Urheber: Wer einen anderen zur Tat bestimmt, bei dem überwiegt das Moment das Bestimmens (intellektueller Urheber). Der zur Tat Bestimmte hingegen, so er Urheber ist, ist allenfalls grundsätzlich unmittelbarer Urheber - nicht Miturheber. Fraglich bleibt aber, wie sich dann das zur Tat Bestimmtwerden auf ihn auswirkt. Wie gesehen, darf es zu keinem überwiegenden Bestimmtsein kommen; auch kann keine Gleichwertigkeit von Bestimmen und Bestimmtsein vorliegen. Das Bestimmen durch den intellektuellen Urheber muß sich also, wenn es auf den unmittelbaren Urheber trifft, auflösen. Oder besser: Der unmittelbare Urheber muß das Bestimmtwerden absorbieren, d.h. es bewußt oder unbewußt zu seinem eigenen machen: Das Bestimmtsein durch den anderen verschwindet. Es liegt reine Selbstbestimmung vor.
Dies wird auch dadurch bestätigt, daß Köstlin im Falle der unmittelbaren Urheberschaft des Angestifteten von einer Aneignung der selbständigen Absicht durch den Angestifteten spricht. - Damit gilt die oben angegebene Wesensbestimmung der unmittelbaren Urheberschaft auch für den angestifteten (unmittelbaren) Urheber.

Trotzdem können für Köstlin der angestiftete Vordermann und der Anstifter auch ausnahmsweise als Beteiligte eines Komplotts Miturheber sein kann.[184]
Daß der Anstifter Miturheber ist, setzt dabei eine stärkere Bindung, Zusammengehörigkeit des Anstifters mit den anderen Miturhebern voraus, was durch die Miturheberschaftserfordernisse des Gesamtwillens[185], gemeinsamen Plans[186] und Begriffe wie "gemeinschaftliche Ausführung",[187] "vereinigen"[188] und "Verbindung"[189] aufgezeigt wird. In einem solchen Falle ist der Anstifter dann auch durch die anderen (mit-) bestimmt, so daß er auch definitorisch nicht mehr intellektueller Urheber sondern Miturheber ist. Die genannten Erfordernisse und Begriffe deuten sodann zudem daraufhin, daß auch

182) Vgl. Köstlin: a.a.O., S.299, 312.
183) Köstlin: a.a.O., S.335
184) Köstlin: a.a.O., S.334f, 342, 348. Es ist dies eine Ausnahme von dem Grundsatz, bei der Miturheberschaft läge wechselseitige Anstiftung vor.
185) Köstlin: a.a.O., S.342
186) Vgl. Köstlin: a.a.O., S.350.
187) Köstlin: a.a.O., S.339, 342.
188) Köstlin: a.a.O., S.342
189) Köstlin: a.a.O., S.342

wir heute den den Komplott intellektuell Hervorrufenden als Mittäter und nicht als Anstifter im Sinne des §26 bezeichnen würden. Unter den genannten Voraussetzungen kann somit der Anstifter und folglich auch der Vordermann Miturheber sein.

Zusammenfassend läßt sich hierzu somit sagen, daß es für Köstlin zwei Arten der Anstiftung gibt: Grundsätzlich liegt intellektuelle Urheberschaft vor. Folge: Der Vordermann ist unmittelbarer Urheber. Ausnahmsweise kann der Anstifter aber auch Miturheber sein. Folge: Der Vordermann ist auch Miturheber. Der Unterschied liegt in der Art der Bindung zwischen den Beteiligten und damit in der Art der Selbstbestimmung untereinander.

Damit ist insgesamt folgendes festzuhalten:
Die Anordnung der Komponenten Bestimmen und Bestimmtwerden und damit - da freie Selbstbestimmung in allen Köstlinschen Beteiligungsformen vorliegt - die jeweilige Ausprägung der Selbstbestimmung im Hinblick auf diese Komponenten ergibt die Unterscheidung der Beteiligungsformen.
Dies wird durch eine weitere Überlegung bestätigt:
Oben wurde gesagt, daß die formelle Absicht, die Willensrichtung, also der Wille für die Abgrenzung entscheidend sei. Die Art der Willensrichtung ergibt sich aber gerade aus der Art der Selbstbestimmung hinsichtlich Bestimmen und Bestimmtwerden; die Art der Selbstbestimmung charakterisiert den Willen,[190]) gibt ihm seine Richtung. Die Unterscheidung nach der Absicht, der Willensrichtung ist also letzten Endes auf die Art der Selbstbestimmung zurückzuführen. Die Art der Selbstbestimmung ist das entscheidende Kriterium zur Wesensbestimmung.
Was sich bei der fahrlässigen Urheberschaft andeutete, gilt somit auch für alle Beteiligungsformen.

cc) Der Wille in der Beteiligungslehre Köstlins und Überlegungen zum reflexiven Verständnis

Unter bb) (2) wurde gesehen, daß es für Köstlin die Art der Selbstbestimmung hinsichtlich Bestimmen und Bestimmtwerden, und damit die Richtung des Willens ist, welche den Unterschied der Beteiligungsformen ausmacht.
Überhaupt kommt bei Köstlin dem Willen in der Strafrechtlehre eine ganz grundsätzliche Bedeutung zu[191]): Das Verbrechen erfordere "als seine

190) Köstlin: a.a.O., S.256
191) Zum diesbezüglichen Einfluß Hegels, dessen Lehre durch Köstlin umfassend in das Strafrecht eingeführt wurde, siehe Hardwig: a.a.O., S.53ff.

notwendige Form die Handlung, d.h. eine[192] auf den Willen eines Subjekts als Ursache zurückzuführendes Thun".[193] Der Wille sei dabei das "bewegende Prinzip der Handlung"[194], welche ihrerseits die Verwirklichung des Willens sei.[195] Die für den Begriff der Handlung ebenfalls erforderliche äußerliche Tatseite[196] richte sich nach dem Willen. Es zeigt sich also bei Köstlin das gleiche Verständnis vom Handlungsbegriff und der grundsätzlichen Bedeutung des Willens wie bei Abegg.
Versteht man den Willen nun als denkende und wollende Vernunft,[197] so ergibt sich, daß zu einer solchen Handlung nur ein "Denkens- und Willensfähiger Mensch"[198] (Subjekt) fähig sein kann.

Auch über einen anderen Weg gelangt man zu diesem Ergebnis:
Verbrechen setze Zurechnungsfähigkeit voraus.[199] Zurechnungsfähigkeit sei die Möglichkeit "zu handeln, d.h. mit Willkür[200] sich selbst zu bestimmen",[201] ohne also unter dem "Banne einer Naturnotwendigkeit"[202] zu stehen. Die Willkür - als spezifische Form des Willens - gäbe diesem (hinsichtlich der Selbstbestimmung) seinen Inhalt.[203] Wieder kommt also dem Willen entscheidende Bedeutung zu; diesmal über den sich mit dem Handlungsbegriff deckenden[204] Begriff der Zurechnungsfähigkeit. Ist nun für Köstlin zur eigentlichen "kriminalistischen Zurechnungsfähigkeit"[205] noch die Möglichkeit des "Bewußtseins eines objektiv sittlichen, in Gesetzen und äußeren Institutionen fixierten Pflichtenkreises"[206] erforderlich, so zeigt sich

---

192) Druckfehler im Köstlinschen Text; wohl: "ein".
193) Köstlin: a.a.O., S.119
194) Köstlin: a.a.O., S.156
195) Köstlin: a.a.O., S.156
196) Köstlin: a.a.O., S.210f
197) Vgl. Hegel: Grundlinien, a.a.O., §13.
198) Köstlin: a.a.O., S.120
199) Köstlin: a.a.O., S.134
200) Willkür sei der Akt der Freiheit des Subjekts, eine Wahl zwischen verschiedenen Bestimmungsgründen zu treffen. Wie diese Wahl, die Köstlin als energischen Akt bezeichnet, zu stande kommt, wird nicht gesagt; lediglich "irgendwie" (Köstlin: a.a.O., S.126). Im Gegensatz zu Feuerbach vertritt Köstlin die Theorie der Willenfreiheit auch im Strafrecht (vgl. Köstlin: a.a.O., S.123ff; Hardwig: a.a.O., S.53ff).
201) Köstlin: a.a.O., S.133
202) Köstlin: a.a.O., S.154
203) Köstlin: a.a.O., S.126
204) Einerseits sei - wie gesehen - Zurechnungsfähigkeit die Möglichkeit zu handeln; andererseits sei Handlung "der verwirklichte (freie) Wille eines (zurechnungsfähigen) Subjekts" (Köstlin: a.a.O., S.156). Konkret: Köstlin: Neue Revision, a.a.O., S.132.
205) Köstlin: a.a.O., S.134
206) Köstlin: a.a.O., S.133

insgesamt auch hier, daß eine Handlung und damit ein Verbrechen nur ein denkens- und willensfähiger Mensch begehen kann.

(1) Das reflexive Verständnis

Aus der grundsätzlichen Bedeutung des Willens[207]) läßt sich nun folgender Schluß ziehen:

Das Subjekt, das eine Handlung begehen kann, ist also das denkende und wollende Ich.[208]) Dabei sei das Wollen die andere Seite des Denkens:[209]) Indem ich Objekte denke, mache ich sie zu Momenten meines Selbstbewußtseins.[210]) "Indem ich will, ... habe ich ... [sodann] das Streben, meine Gedanken in die Welt der Gegenständlichkeit überzusetzen und ihrer praktisch Herr zu werden, wie ich sie im Denken theoretisch bemeistere."[211]) Der Wille beinhaltet nach Köstlin folglich das Denken, die Reflexion (Akt) und damit auch ein entsprechendes Verständnis (Ergebnis). Selbstbestimmung bedeutet, seinem Willen einen Inhalt zu geben (vgl. bb) (2)). Dies erfordert ein Verständnis von den Dingen, um zu wissen, wie und zu was man seinen Willen ausrichten, welchen Inhalt man ihm geben soll.

Ist die Handlung dann die Verwirklichung des Willens[212]), so impliziert auch der Handlungsbegriff das (begründende) Verständnis.

Dies wird ebenso von bezüglich Fahrlässigkeitstaten gemachten Ausführungen Köstlins bestätigt: Vor einer Handlung finde eine Reflexion aller Bedingungen, Momente und Folgen[213]), also des Gesamtzusammenhanges, in dem sich der Handelnde befindet, statt.

Der Handlungsbegriff Köstlins impliziert also das (begründende) Verständnis des Handelnden. Was generell gilt muß sodann auch für Taten gelten, an denen

---

207) Da nach dem im vorigen Absatz Gesagten Handlung auch als ausgeübte Möglichkeit der Selbstbestimmung mit Willkür im Sinne Köstlins definiert werden kann, zeigt sich, daß Handlung immer Selbstbestimmung des Willens voraussetzt. Daß Selbstbestimmung und freier Wille möglich sind - Selbstbestimmung ist hierbei notwendiges Moment des freien Willens - ergibt sich aus Köstlins Anschauung von der Freiheit des Willens. Ist Handlung Voraussetzung für Verbrechen, so erfordert auch Verbrechen und damit auch jede Beteiligungsform am Verbrechen das Vorliegen der Selbstbestimmung. Dies ist die dogmatische Begründung für die diesbezüglich unter bb) aufgestellte Behauptung.

208) Köstlin: a.a.O., S.124

209) Köstlin: a.a.O., S.124

210) Köstlin: a.a.O., S.124 Fn 1

211) Köstlin: a.a.O., S.124 Fn 1

212) Köstlin: a.a.O., S.156

213) Köstlin: a.a.O., S.164

mehrere beteiligt sind; seien doch Beteiligungsformen Formen der Handlung, und müsse eine Beteiligungslehre auf den Erkenntnissen über den Handlungsbegriff basieren.[214] Hier kommt lediglich hinzu, daß sich das Verständnis auch auf das Verhältnis zu den anderen Beteiligten erstreckt.

Dies findet sich tatsächlich auch bestätigt, wenn man das zu den Beteiligungsformen oben Gesagte weiterentwickelt: Wie der Wille hinsichtlich der Art der Selbstbestimmung angelegt ist, ist entscheidend für die Abgrenzung der Beteiligungsformen. Wenn man sich nun im Hinblick auf andere bestimmt, und Selbstbestimmung bedeutet, seinem Willen einen Inhalt zu geben, so setzt das ein Verständnis von den Dingen und speziell von der eigenen Beziehung zu den anderen voraus. Folglich ist auch die Selbstbestimmung auf dem Verständnis gerade bezüglich des Verhältnisses zu anderen Beteiligten aufgebaut, damit auch die Einteilung der Beteiligungsformen.
Somit erfaßt auch die Beteiligungslehre Köstlins den Einzelnen nicht bloß in seinem faktischen Verhalten, sondern auch in seinem (begründenden) Verständnis von den Beziehungen zu anderen Beteiligten.

Das Verständnis liefert mir auf der anderen Seite aber auch wieder die Beurteilung meines eigenen Verhaltens in der Konstellation des Gesamtgeschehens, die Bewertung der Selbsteinordnung. Ich habe ein Verständnis von Einordnung, von Selbsteinordnung.[215]

Daß dies so ist, findet zudem in Ausführungen Köstlins seine Stütze:
Handlung sei "nur eine solche in der Außenwelt gesetzte Veränderung, welche die Freiheit als ihr Produkt anerkennen darf oder muß."[216] [217] Diesbezüglich fälle das Subjekt ein Urteil.[218] Das Urteil, ob das Subjekt die Veränderung als ihr Produkt anerkennt, ist nun genau die Bewertung, welche das reflexive Verständnis vornimmt. Wenn nach Köstlin das Subjekt beurteilt, ob es die Veränderung als sein Produkt anerkennt, sich also den Erfolg zuschreibt, so trifft es diese Beurteilung auch im Verhältnis zu anderen Beteiligten. Es bewertet sich, indem es sich einordnet, wobei diese Selbsteinordnung auf dem

---

214) Köstlin: Neue Revision, a.a.O., S.152, 449.
215) Vgl. die diesbezüglichen Ausführungen zu Abegg.
216) Köstlin: a.a.O., S.158
217) Das "Muß" gilt vor allem für die Fälle der Fahrlässigkeitstaten (vgl. Köstlin: a.a.O., S.179).
218) Köstlin: a.a.O., S.159

Verständnis der eigenen Tat und dem Verhältnis zu den anderen Beteiligten beruht. Das Subjekt bewertet, ob es sich den Grund für den Erfolg zuschreibt und damit die Handlung auf ihn zurückgeht.

Die Reflexion (Akt), das reflexive Verständnis (Ergebnis), ist also insgesamt sowohl (willens- und handlungs-) begründend als auch (das handelnde Subjekt) beurteilend.

(2) Überprüfung an den Grundaussagen der Köstlinschen Beteiligungslehre

Fassen wir zunächst die Wesensbestimmung von Urheberschaft und Beihilfe zusammen und prüfen daran, ob Köstlin mit seinem Kriterium der Art der Selbstbestimmung auch wirklich nach dem reflexiven Verständnis des Beteiligten von Selbsteinordnung fragt.

Beihilfe ist die verwirklichte Selbstbestimmung zur bloßen Unterstützung eines anderen, und damit zum Bestimmtsein durch den freien Willen eines anderen. Urheberschaft ist - die einzelnen Formen zusammengefaßt - verwirklichte Selbstbestimmung, ohne sich dem freien Willen eines anderen gegenüber in das Verhältnis überwiegenden Bestimmtseins zu setzen.

(2 1) Das reflexive Verständnis des Köstlinschen Urhebers

Um jetzt feststellen zu können, ob Köstlin mit dem Kriterium der Art der Selbstbestimmung nach dem reflexiven Verständnis des Beteiligten fragt, er also die Art der Selbstbestimmung über das reflexive Verständnis des Beteiligten bestimmt wissen will, muß wieder vorab geklärt werden, wie überhaupt das reflexive Verständnis eines Urhebers aussehen muß, damit davon gesprochen werden kann, daß der Beteiligte sich dazu bestimme, sich nicht dem freien Willen eines anderen gegenüber in das Verhältnis überwiegenden Bestimmtseins zu setzen.

Selbstbestimmung bedeutet, frei seinem Willen einen Inhalt zu geben. Dies setzt ein Verständnis von den Dingen, hier: von den Personen, den anderen Beteiligten voraus. Auch tritt die Problematik der Abgrenzung der Beteiligungsformen nur bei vorsätzlichen Taten auf: Es kann also davon ausgegangen werden, daß die hier zu untersuchende Selbstbestimmung immer

auf einem im Grunde korrekten Verständnis der Dinge basiert.[219] Bestimme ich mich nun bewußt[220] dazu, mich im Hinblick auf einen Erfolg nicht anderen gegenüber in das Verhältnis überwiegenden Bestimmtseins zu setzen, so liegt dieser Selbstbestimmung folgendes Verständnis zugrunde: Ich lasse mich nicht von anderen in deren "Den Erfolgerreichen-Wollen" einspannen, einsetzen. Ich gliedere mich nicht in das Denken eines anderen hinsichtlich der Erfolgsherbeiführung, in dessen Plan, ein. Ich kann vielmehr den Erfolg erreichen und dabei - handele ich nicht als Alleintäter - andere auf bestimmte Art und Weise einsetzen. Ich kann Elemente meines Willens, meinen Plan, also quasi mich selbst in sie hineinsetzen.
Sobald ein solches begründendes Verständnis vorliegt, ist ein entsprechender Willensinhalt im Hinblick auf fehlendes überwiegendes Bestimmtsein gegeben, hat mein Wille eine entsprechende Richtung.

Als ein Vernünftiger kann ich sodann auch die auf dem Verhältnis von Bestimmen/Bestimmtsein basierende Einordnung erkennen: Ich habe ein beurteilendes Verständnis davon, daß ich hinsichtlich der Erfolgsherbeiführung nicht unter dem überwiegenden Bestimmtsein durch einen anderen stehe, und daß ich somit niemandem untergeordnet bin. Ich weiß daher, daß der Erfolg eher auf mich, als auf einen anderen zurückgeht. Denn durch das Nichtüberwiegen des Bestimmtseins wird hinsichtlich des Erfolges kein anderer Herr über mich.

Hat man nun ein solches selbstbezügliches Verständnis von Einordnung, dann liegt auch eine Selbstbestimmung dazu vor, sich nicht einem anderen Willen gegenüber in das Verhältnis überwiegenden Bestimmtseins zu setzen. Wenn der Urheber sich nicht in das Verhältnis überwiegenden Bestimmtseins setzt, heißt das, daß er sich hinsichtlich der Hervorbringung des Erfolges keinem anderen unterordnet. Dies heißt wiederum, daß er sich den Erfolg zuschreibt, sich auf der Basis seines reflexiven Verständnisses als den Erfolg hervorbringend bewertet.

---

219) Vgl. hierzu Köstlin, a.a.O., S.158, 164.
220) Köstlin: a.a.O., S.275

(2 2) Das jeweilige reflexive Verständnis als inhaltliche Bestimmung für das Kriterium der Art der Selbstbestimmung

Fragt nun Köstlin aber mit seinem Kriterium der Art der Selbstbestimmung nach dem reflexiven Verständnis des Beteiligten von Einordnung, oder ist die Art der Selbstbestimmung auf andere Weise zu ermitteln?
Auch hier ist wieder herauszufinden, ob das reflexive Verständnis aufs Engste mit dem Wesen der Art der Selbstbestimmung verbunden, und damit in der Art der Selbstbestimmung immer mitgedacht ist.

Es kann nur dann von Selbstbestimmung zu einem "Sich-nicht-in-überwiegendes-Bestimmtsein-Setzen" gesprochen werden, man setzt sich nur dann bewußt nicht in überwiegendes Bestimmtsein, wenn man sich bewußt nicht dem Denken eines anderen hinsichtlich der Erfolgsherbeiführung, dessen Plan eingliedert, wenn man ein solches Verständnis hat. Nur dann gibt das Ich seinem Willen einen solchen Inhalt.
In der Art der Selbstbestimmung ist damit einerseits immer das begründende Verständnis mitgedacht; basiert sie doch auf ihm: Zu was man sich bestimmt, ist nur über das eigene Verständnis herauszufinden.
Korrespondiert aber auch das (beurteilende) Verständnis von Einordnung aufs Engste mit dem begründenden Verständnis, so ist andererseits auch das reflexive Verständnis von Einordnung in der Art der Selbstbestimmung enthalten. Bei Köstlins Definition wird dies besonders deutlich: Sich seinem Willen bewußt einen Inhalt im Hinblick auf Bestimmen/Bestimmtsein, also auf Über-/Unterordnung zu geben, heißt, sich dieser Über-/Unterordnung bewußt zu sein.
Daß gerade das reflexive Verständnis die entscheidende Basis für die Beantwortung der Frage nach der Art der Selbstbestimmung ist, begründet sich - wie bei Abegg - zudem wie folgt: Zum einen ist das Verständnis die Keimzelle von Wille, Handlung und Beteiligungsform. Zum anderen geht es bei der Frage nach der Art der Selbstbestimmung um Beurteilung der Einordnung, und bei der Frage nach Täterschaft oder Teilnahme um Einordnung von Personen im Hinblick auf eine Erfolgsherbeiführung.

Mit dem Kriterium der Art der Selbstbestimmung fragt Köstlin also nach dem Verständnis des Beteiligten von (Selbst-)Einordnung. Das reflexive Verständnis von Einordnung - und damit das diesem zugrunde liegenden Verständnis von

der Art der Selbstbestimmung - gibt Antwort über die Art der Selbstbestimmung, d.h. welcher Inhalt dem Willen gegeben wurde.
Dabei ist das Verhältnis von Bestimmen/Bestimmtsein aber zugleich auch der Maßstab für die Einordnung. Das reflexive Verständnis von Einordnung wird durch das Verständnis von der Art der Selbstbestimmung konkretisiert. Damit man ein reflexives Verständnis von fehlender Unterordnung hat, muß man nach Köstlin somit erfassen, sich nicht in überwiegendes Bestimmtsein gegenüber dem freien Willen eines anderen gesetzt zu haben. Daß ausgerechnet Bestimmen/Bestimmtsein das Kriterium der Einordnung sein soll, liegt daran, daß diese Art der Selbstbestimmung den Charakter des für die Handlung entscheidenden Willens im Hinblick auf die Beteiligungsform ausmacht.[221]

(2 3) Das reflexive Verständnis als das eines Vernünftigen

Bleibt zu prüfen, ob im Sinne Köstlins zur Ermittlung des Verständnisses auf ein sich mit der tatsächlichen Einordnung deckendes Verständnis des Beteiligten von Einordnung oder auf das konkrete, eventuell mit Fehlschlüssen behaftete Verständnis abzustellen ist.
Aber auch für Köstlin gibt es eine solche Differenzierung nicht. Der Mensch, als das denkende und wollende Ich[222], muß alle Bedingungen und Momente seiner Handlung zutreffend reflektiert haben, damit ihm seine Handlung als eine vorsätzliche zugerechnet werden kann.[223] Wenn er aber dazu fähig ist, dann kann er auch die sich daraus ergebende Einordnung zutreffend verständig erkennen. Das reflexive Verständnis von Einordnung eines zurechenbar vorsätzlich Handelnden ist folglich für Köstlin immer gültig.

(3) Zusammenfassung

Mit dem Kriterium der Art der Selbstbestimmung wird nach dem reflexiven Verständnis des Beteiligten von der Einordnung gefragt und zwar dergestalt, wie es der Beteiligte bei verständiger Würdigung der wirklichen Lage besaß.
Selbstbestimmung zu "Sich-nicht-in-überwiegendes-Bestimmtsein-Setzen" ist das Verständnis von fehlender Unterordnung, Selbstbestimmung zu "Sich-in-überwiegendes-Bestimmtsein-Setzen" ist das Verständnis von Unterordnung.

---

221) Köstlin: a.a.O., S.256
222) Köstlin: a.a.O., S.124
223) Köstlin: a.a.O., S.158, 164f.

Es zeigt sich damit insgesamt, daß die Überlegungen zum reflexiven Verständnis mit der Beteiligungslehre Köstlins im Einklang stehen.
Auch bei Köstlin ist das reflexive Verständnis des Beteiligten wesentlicher Bestandteil der Beteiligungslehre. Gegenüber Abegg ist zudem eine Konkretisierung dieses Elementes - und damit eine Erweiterung der Beteiligungslehre - nach der Seite der Selbstbestimmung hin gegeben.

dd) Die Einordnung heutiger Beteiligungsformen

(1) Anstiftung

Handelt der zur Tat Bestimmte vorsätzlich, rechtswidrig und schuldhaft, so wird unsere Form der Anstiftung nach der Köstlinschen Definition vom Begriff der intellektuellen Urheberschaft erfaßt.[224] Liegt beim Vordermann hingegen Schuldlosigkeit vor - sind also Schuldausschließungs- oder Entschuldigungsgründe zu bejahen -, so ergibt sich folgendes:
Unsere heutigen Schuldausschließungs-[225] und Entschuldigungsgründe[226] versetzen den Betroffenen nach Köstlin in einen Zustand, bei dem die Möglichkeit zu freier Selbstbestimmung mit Willkür - also zur Handlung - und das Bewußtsein des objektiv sittlichen Pflichtenkreises fehlt.[227] Liegt eine solche kriminalistische Unzurechnungsfähigkeit vor, so kann auch nicht von Verbrechen[228], noch nicht einmal von Handlung[229] gesprochen werden.[230]
Der Schuldlose kann folglich auch nicht als Urheber (oder Gehilfe) bezeichnet werden.
Zu welchen Konsequenzen führt dies für den Hintermann, also den vermeintlichen intellektuellen Urheber (Anstifter)?
Im Gegensatz zu Abegg sagt es Köstlin ausdrücklich: "Es findet ... keine intellektuelle Urheberschaft statt, wo beim Thäter [=Vordermann] die Zurechnung wegfällt, derselbe also nur als willenloses Werkzeug des

224) Die Köstlinsche Anstiftung als Miturheberschaft fällt unter unsere Mittäterschaft (vgl. oben unter bb)).
225) Vgl. Köstlin: a.a.O., S.134ff.
226) Diesbezüglich gibt Köstlin jedoch keine ausdrücklichen Beispiele.
227) Köstlin: a.a.O., S.134
228) Köstlin: a.a.O., S.134
229) Köstlin: a.a.O., S.156
230) Es entfiele damit schon das Verbrechensmerkmal des Unrechts, was sich auch im Umkehrschluß aus Köstlin: a.a.O., S.156 ergibt.

intellektuell Einwirkenden erscheint."[231] Als eine Form der Teilnahme basiere die intellektuelle Urheberschaft nämlich auf Zusammenhandeln und beinhalte die "auf die Einheit einer That bezogene (solidarische oder nicht solidarische) Gemeinschaft verschiedener Willen."[232] Ohne freie Selbstbestimmung auch nur eines Beteiligten - auch speziell des Vordermannes - könne folglich nicht von Wille, damit nicht von Handlung (Zusammenhandeln) und damit insgesamt nicht von intellektueller Urheberschaft gesprochen werden.[233] Durch intellektuelle Einwirkung auf einen Unzurechnungsfähigen werde vielmehr alleinige, d.h. unmittelbare Urheberschaft begründet.[234] Anstiftung zu schuldloser Tat ist damit keine intellektuelle, sondern unmittelbare Urheberschaft.[235]

(2) Mittelbare Täterschaft

Fraglich bleibt somit, ob auch unsere mittelbare Täterschaft grundsätzlich unter die intellektuelle Urheberschaft fällt. Konkret: Kann ich mich dazu bestimmen (Selbstbestimmung), zwecks Ausführung der Tat ein anderes Individuum zu bestimmen, wobei der andere sich objektiv tatbestandslos, fahrlässig, rechtmäßig oder schuldlos verhält?

Die Fälle des sich fahrlässig oder rechtmäßig verhaltenden Vordermannes werden - wie bei Abegg - unproblematisch[236] von der intellektuellen Urheber-

---

231) Köstlin: a.a.O., S.300

232) Köstlin: a.a.O., S.270

233) Köstlin: a.a.O., S.300, 305, 311f.

234) Köstlin: a.a.O., S.300, 311.

235) Es zeigt sich hier, warum Köstlin "unmittelbar" nicht mit "physisch" gleichsetzt (vgl. Köstlin: a.a.O., S.260): Unmittelbare Urheberschaft ist auch bei nicht-physischem Verhalten denkbar.

236) Dennoch stellt sich beim rechtmäßig Handelnden zunächst eine Schwierigkeit: Zwar ist grundsätzlich zu sagen, daß Köstlin das Verhalten des Hintermannes trotz rechtmäßiger Handlung des Vordermannes für strafbar hält, wenn es bloße "Maske" sei (Köstlin: a.a.O., S.316 i.V.m. Fn 5), also z.B. die Notwehr des Vordermannes absichtlich zur Rechtsgutsverletzung benutzt wird. Entgegen der oben geäußerten Erwartung ist jedoch für Köstlin im Falle der Rechtmäßigkeit des Handelns des Vordermannes aufgrund "vollkommen verbindlichen Befehls" (Köstlin: a.a.O., S.301) - trotz Zurechnung beim Vordermann - der Hintermann unmittelbarer Urheber (Köstlin: a.a.O., S.301). Köstlin relativiert aber diese Aussage, indem er die Fälle des Befehls im allgemeinen und der Drohung aus dem Bereich unmittelberer Urheberschaft herausnimmt (Köstlin: a.a.O., S.301 Fn 2). Hieraus kann insgesamt geschlossen werden, daß auch beim rechtmäßigen Handeln des Vordermannes beim Hintermann intellektuelle Urheberschaft vorliegen soll. Der Grund, den vollkommen verbindlichen Befehl der unmittelbaren Urheberschaft zuzuordnen, kann nur darin liegen, daß zwar theoretisch dem Vordermann die Möglichkeit zu freier Selbstbestimmung gegeben ist, dennoch diese durch die vollkommene Verbindlichkeit des Befehls überlagert wird.

schaft erfaßt.[237] Hinsichtlich des sich fahrlässig verhaltenden Vordermannes wird dies von Köstlin ausdrücklich bestätigt: Erregung oder Benutzung eines Irrtums beim Vordermann begründe intellektuelle Urheberschaft des Hintermannes.[238] Solange der Irrtum nicht unvermeidbar ist und damit die Zurechnung aufhebe, könne nämlich noch von Selbstbestimmung des Vordermannes gespochen werden.[239] Überhaupt reiche generell Fahrlässigkeit des Vordermannes zur intellektuellen Urheberschaft des Hintermannes aus.[240] Da auch ein Irrtum die Fahrlässigkeit des Vordermannes begründen könne,[241] kann dieser Irrtum also kein bloßer Motivirrtum sein.[242]
Mittelbare Täterschaft bei einem sich schuldlos verhaltenden Vordermann ist hingegen - vgl. das diesbezüglich zur Anstiftung Gesagte - unmittelbare Urheberschaft.
Handelt hingegen der Vordermann objektiv tatbestandslos - dies gilt zumindest für das Beispiel des Suizides -, so liege aufgrund fehlender Rechtgutsverletzung des Vordermannes auch Straflosigkeit beim Hintermann vor.[243]

Somit ist auch für Köstlin festzuhalten:
Anstiftung und mittelbare Täterschaft sind grundsätzlich intellektuelle Urheberschaft. Lediglich bei jeweilig schuldlosem Vordermann liegt unmittelbare Urheberschaft, beim objektiv tatbestandslos handelnden Vordermann liegt Straflosigkeit vor.
Ferner sind bei Köstlin Alleintäterschaft, mittelbare Täterschaft und Anstiftung als Urheberschaft gleichgesetzt und unterscheiden sich nur von der Beihilfe.

(3) Heutige Urheberschaft

(1 1) Urheberschaft im erweiterten Sinne

Das Wesen unserer Urheberschaft im erweiterten Sinne ergibt sich aus dem der intellektuellen Urheberschaft bei fahrlässigem Handeln des zur Tat Bestimmten.

---

237) Miturheberschaft in Form des Komplotts scheidet aus, da aufgrund des straflosen Verhaltens des Vordermannes schon nicht von "der gleichen urheberischen Absicht in Bezug auf ein bestimmtes Verbrechen" als Gesamtwille (so eine Voraussetzung Köstlinscher Miturheberschaft; Köstlin: a.a.O., S.342) gesprochen werden kann.
238) Köstlin: a.a.O., S.288, 306, 310, 312.
239) Köstlin: a.a.O., S.300f
240) Köstlin: a.a.O., S.300, 304f, 312.
241) Köstlin: a.a.O., S.304f, 312
242) Hierzu widersprüchliche Aussagen finden sich bei Köstlin: a.a.O., S.310f, 312.
243) Köstlin: a.a.O., S.316 i.V.m. Umkehrschluß aus Fn 5.

Daß dies als intellektuelle Urheberschaft strafbar ist, ergibt sich aus dem diesbezüglich zur intellektuellen Urheberschaft Gesagten.
Fraglich bleiben aber auch hier die Fälle der begründende Tätereigenschaften erfordernden Delikte bei fehlender Tätereigenschaft des Bestimmenden.

alpha) Im Gegensatz zu Abegg gibt Köstlin bezügich der Amtsdelikte eine ausdrückliche Antwort: Intellektuelle Urheberschaft sei nur möglich, wenn die Person des intellektuellen Urhebers auch strafbar gewesen wäre, hätte sie die Tat selbst unmittelbar physisch begangen.[244] Ein Amtsdelikt könne nur begehen, wer Amtsträger sei, da nur der Intraneus die übernommenen besonderen Pflichten auch verletzen könne. Folglich könne der Extraneus kein Amtsdelikt begehen.[245] Da der anstiftende Extraneus die Tat als unmittelberer Urheber nicht hätte begehen können, ist er folglich auch nicht als intellektueller Urheber strafbar.
Köstlin begründet die jeweilige Behandlung des die begründenden Tätereigenschaften nicht besitzenden Hintermannes mit der Möglichkeit für den Hintermann, das betreffende Rechtsgut verletzen zu können oder nicht. Diese auch bei Köstlin unter der Frage der gleichen Strafbarkeit gebrachte Argumentation steht nicht ausdrücklich im Zusammenhang mit dem Wesen der Urheberschaft.[246] Stellt man allein auf das Wesenskriterium der Art der Selbstbestimmung ab, so läßt sich tatsächlich auch kein Zusammenhang erkennen. Wenn ich nämlich mich dazu bestimme, einen Amtsträger zur Begehung eines Amtsdelikts zu bestimmen, so bleibt diese Art der Selbstbestimmung gleich, unabhängig davon, ob ich selbst das Rechtsgut verletzen kann oder nicht.
Geht man jedoch nach dem Kriterium der "Absicht, die Tat als die eigene zu verwirklichen", so ergibt sich die Interpretation, daß man eine Tat nur dann als eigene betrachten kann, wenn man auch selbst in der Lage ist, das Rechtsgut zu verletzen: Wenn ich nicht mit der besonderen Amtspflicht bekleidet bin, kann ich diese nicht verletzen und damit die Tat der Verletzung auch nicht als eigene betrachten.[247] Köstlin kann also den Ausschluß des Extraneus aus der intel-

---

[244] Köstlin: a.a.O., S.314
[245] Köstlin: a.a.O., S.318
[246] So kritisierend v.Buri: Teilnahme, a.a.O., S.40f; Hälschner: System, a.a.O., S.368 Fn 10.
[247] Daß diese Argumentation auch nicht von der Art der Selbstbestimmung erfaßt wird, und folglich die Problematik tatsächlich nicht mit diesem Kriterium zu lösen ist, zeigt sich dadurch, daß auch im Falle fehlender Tätereigenschaften trotzdem eine urheberschaftliche Art der Selbstbestimmung vorliegen kann.

lektuellen Urheberschaft vom Wesen dieser her erklären. Zu kritisieren bleibt, daß er dies nicht ausdrücklich macht.

Wie Köstlin die Beteiligung weiterer Personen an eigenhändigen Delikten regeln wollte, bleibt offen. In Köstlins Fragment des "Besonderen Teils"[248] sind keine Angaben zu den hier interessierenden Delikten vorhanden.[249] Im "Allgemeinen Teil" sagt Köstlin lediglich, daß der Inzest ein Verbrechen gegen das Recht der Familie sei, und von jedermann begangen werden könne.[250] Dies im Gegensatz zu den Amtsdelikten, zu welchen Köstlin wahrscheinlich auch die Rechtsbeugung gezählt hätte.[251]

Urheberschaft im erweiterten Sinne wird somit grundsätzlich von der intellektuellen Urheberschaft erfaßt. Eine Ausnahme ergibt sich nur bei fehlenden, aber erforderlichen begründenden Tätereigenschaften mit Ausnahme des Inzests.[252]

(2 2) Urheberschaft im engeren und weiteren Sinne

Das Wesen der Urheberschaft im engeren Sinne liegt in dem der Urheberschaft im erweiterten Sinne bei fehlenden Tätereigenschaften des Hintermannes. Daß dieses - mit Ausnahme des Inzests - nicht als intellektuelle Urheberschaft (und damit überhaupt nicht) strafbar ist, ergibt sich aus dem bezüglich begründender Tätereigenschaften zuvor Gesagten.
Aus gleichem Grunde wird auch die Urheberschaft im weiteren Sinne[253] nicht als intellektuelle bzw. unmittelbare Urheberschaft erfaßt - wieder abzüglich des Inzests.

Zu unseren heutigen Urheberschaftsformen läßt sich somit insgesamt festhalten, daß lediglich die Urheberschaft im erweiterten Sinne grundsätzlich von der intellektuellen Urheberschaft erfaßt wird. Die übrigen Formen sind - abgesehen von der Urheberschaft zum Inzest - straflos.

---

[248] Köstlin: System II, a.a.O.
[249] Köstlin verstarb während seiner Arbeit am Besonderen Teil.
[250] Köstlin: a.a.O., S.318
[251] Aus der Bemerkung bezüglich des zum Meineid angestifteten Eidesunmündigen (Köstlin: a.a.O., S.318) läßt sich kein eindeutiger Schluß für die Behandlung des Meineids ziehen.
[252] Offen bleibt der Meineid.
[253] Bezüglich ihres Wesens siehe die entsprechenden Ausführungen hinsichtlich Abegg.

Dieses Ergebnis wird aber nicht vom Wesen der Beteiligungsformen getragen, so man es in der Art der Selbstbestimmung sieht.

d) Zusammenfassung und Zwischenbetrachtung

Fassen wir das zur Urheberlehre der ersten Hälfte des 19.Jahrhunderts Gesagte kurz zusammen, ergänzen es und betrachten das Ergebnis im Hinblick auf die Intention der Arbeit.

aa) Grundsätzliches

Es bestand in der Strafrechtswissenschaft der ersten Hälfte des 19.Jahrhunderts Einheitlichkeit darin, die Beteiligungsmöglichkeiten an einer Straftat in die Formen von Urheberschaft und Beihilfe aufzuteilen. Herrschend war hierbei zunächst die Auffassung, Urheberschaft und Beihilfe nach der objektiven Verschiedenartigkeit der Handlung im Hinblick auf die Kausalität zu unterscheiden: nach Hauptursache (wesentlicher Beitrag zum Erfolg) und Nebenursache (bloß unterstützender Beitrag zum Erfolg). Im Laufe der Zeit gewann jedoch die Theorie an Bedeutung, die der Ansicht war, alle Ursachen eines Erfolges seien als gleichwertig zu betrachten; keine Ursache könne entfallen, ohne nicht zumindest die konkrete Gestalt des Erfolges zu verändern bzw. den Erfolg sogar zu verhindern. Der Unterschied zwischen Urheberschaft und Beihilfe liege dann folglich allein im subjektiven Bereich.[254] Teilweise wurde er hierbei dann in der Verschiedenartigkeit der Absicht, der Willensrichtung, teilweise in der Verschiedenartigkeit des Zweckes, des Interesses der Tat für den Beteiligten gesehen.[255]

Nach dem jeweiligen Abgrenzungskriterium ergaben sich sodann die Wesensbestimmungen der Beteiligungsformen und damit auch die der Urheberschaft. Gerade in den subjektiven Lehren Abeggs und Köstlins zeigte sich hierbei, daß oft der als Urheber bezeichnet wurde, der das Geschehen nach seinem Denken, aus seinem Denken heraus gestaltete. Abegg beschrieb dies mit

---

254) Auch Köstlin argumentierte mit dieser aus der Kausalitätsproblematik abgeleiteten Begründung (Köstlin: a.a.O., S.259, 275f). Auf der anderen Seite führte bei ihm aber zusätzlich gerade auch die Hegelsche Philosophie zur Hervorhebung des Willens. Abegg hingegen kann hier nicht eingeordnet werden: Für ihn existierte noch eine Differenzierungsmöglichkeit der Ursachen nach objektiven Kriterien (Abegg: Lehrbuch, a.a.O., S.117f). Die besondere Bedeutung, die der Wille in seiner Beteiligungslehre erlangte, ist wohl (nur) auf den Einfluß Hegels zurückzuführen.

255) Zum Stand der Beteiligungslehren in der Literatur vgl. nur die Quellen und Belege bei Birkmeyer: Vergleichende Darstellung, a.a.O., S.18ff und Geib: a.a.O., S.316ff.

der Selbständigkeit des Willens, Köstlin konkretisierte es näher durch die Selbstbestimmung zu nicht überwiegendem Bestimmtsein. Aber auch bei der objektiven Theorie im Sinne Feuerbachs zeigte sich durch die Gleichstellung von physischer und intellektueller Urheberschaft ein entsprechender Ansatz.

Es darf jedoch nicht darüber getäuscht werden, daß hinsichtlich der einzelnen Beteiligungsbegriffe - wie Urheber, Gehilfe, Miturheber, Teilnehmer - die im Detail verschiedensten und sich auch überschneidenden Bestimmungen verwendet wurden.[256] Auch sind die behandelten Autoren - Feuerbach, Abegg, Köstlin - lediglich Repräsentanten bestimmter Grundauffassungen. Die einzelne Ausgestaltung der jeweiligen Lehre muß jedoch nicht mit der anderer Autoren dieser Lehre übereinstimmen.

bb) Die Urheberschaft des Hintermannes bei schuldhaftem bzw. schuldlosem Vordermann

Der Begriff der Urheberschaft der ersten Hälfte des 19.Jahrhunderts erfaßte alle unsere heutigen gesetzlich vorgegebenen Beteiligungsformen mit Ausnahme der Beihilfe. Den Stand des 18.Jahrhunderts übernehmend sind hierbei unsere heutigen Formen der Anstiftung und der mittelbaren Täterschaft zunächst vollständig der intellektuellen (mittelbaren) Urheberschaft zugeordnet: Noch zu Beginn des 19.Jahrhunderts läßt sich kaum erkennen, daß in der Behandlung des Hintermannes ausdrücklich z.B. zwischen schuldlosem und schuldhaftem Vordermann unterschieden wird:[257] Jeder, der die Tat durch Bestimmung eines Dritten begehen läßt, war intellektueller Urheber.
Im Laufe des 19.Jahrhunderts ging jedoch mit der intellektuellen Urheberschaft eine entscheidende Entwicklung vorsich:
Besonders seit Köstlin zeigte sich ausdrücklich das Bestreben, denjenigen, der sich eines schuldlosen Vordermannes bediente, nicht mehr als intellektuellen, sondern als unmittelbaren Urheber zu betrachten; eine Auffassung, die sich im Laufe der Zeit durchsetzte.[258] Die unmittelbare Urheberschaft wurde dann auch auf die Fälle des vom Hintermann gezwungenen oder dessen verbindlichen Befehl gehorchenden Vordermannes erstreckt;[259] teilweise auch

---

256) Siehe die oben gemachten Ausführungen sowie die Angaben bei den bisher behandelten Lehrbüchern.
257) Vgl. auch die Ausführungen bei Köstlin: a.a.O., S.300f i.V.m. S.301 Fn 1; ebenso v.Hippel: Deutsches Strafrecht, a.a.O., S.445 Fn 1.
258) Vgl. hierzu die vielen Nachweise bei Geib: a.a.O., S.346.
259) Geib: a.a.O., S.346 m.w.Nachweisen.

auf den Fall des fahrlässig handelnden Vordermannes.[260] Die oft auch schon vorher als Anstiftung bezeichnete intellektuelle Urheberschaft wurde somit auf die Herbeiführung des Entschlusses eines freiverantwortlichen Willens beim Vordermann verengt. Wer sich hingegen eines anderen als eines bloßen Werkzeuges bediente, war unmittelbarer Urheber. Es ergab sich also eine unterschiedliche Betrachtung des Hintermannes je nach Art des Vordermannes. Dies wurde dogmatisch wie folgt begründet:

Handelt der Vordermann willensfrei, liegt also ein freier und bewußter Entschluß des Vordermannes zwischen dem Verhalten des Hintermannes und dem Erfolg, so ist der Vordermann kein bloßes Werkzeug in der Hand des Hintermannes, kein bloßes Kausalglied in der Kette Hintermann-Vordermann-Erfolg. Durch den freien Willen des Vordermannes wird der Kausalzusammenhang unterbrochen.[261] Die Tat ist also Ausfluß eines freiverantwortlichen Willens. Der Vordermann allein ist Ursache des Erfolges und damit seine Handlung die zunächst allein strafbare. Während Köstlin in dieser Fallkonstellation trotzdem den Hintermann noch als (intellektuellen) Urheber bezeichnete, ihn also weiterhin mit dem unmittelbaren Urheber gleichsetzte[262] - ebenso u.a. auch Hälschner[263] -, gingen andere weiter: Bei Bestimmung eines solchen freiverantwortlichen Vordermannes zur Tat könne folglich nicht mehr von mittelbarer Selbstbegehung gesprochen werden. Vielmehr liege nicht mehr (intellektuelle) Urheberschaft, sondern abhängige Teilnahme an der Tat eines anderen vor,[264] welche dann von letzterer die Strafbarkeit erst entlehne.[265]

Die intellektuelle Urheberschaft wurde also auf die Herbeiführung des freiverantwortlichen und schuldhaften Willens eines Vordermannes verengt. Sie wurde nur noch als abhängige Teilnahme betrachtet und mit der alleinigen Bezeichnung Anstiftung versehen, sodaß ihr insgesamt auch die Bewertung als Urheberschaft - also die Gleichstellung mit der unmittelbaren Urheberschaft - genommen wurde.

---

260) Geib: a.a.O., S.346f m.w.Nachweisen.

261) Köstlin: "Von einem Kausalitätsverhältnis ist jedoch in der Sphäre der Freiheit nie die Rede" (a.a.O., S.300).

262) Köstlin: a.a.O., S.300, 311.

263) Hälschner: System, a.a.O., S.340ff

264) So ausdrücklich schon Luden: Abhandlungen II, a.a.O., S.340; Handbuch I, a.a.O., S.348ff.

265) Vgl. zum Ganzen mit zum Teil selbst abweichenden Ansichten:
Luden: Abhandlungen II, a.a.O., S.340; ders.: Handbuch I, a.a.O., S.348ff; Finger: a.a.O., S.335ff, 343ff; Frank: a.a.O., S.111; Olshausen: a.a.O., S.178, 182; v.Liszt: a.a.O., S.217f; v.Hippel: Deutsches Strafrecht, a.a.O., S.450ff.

Die unterschiedliche Behandlung des Hintermannes je nachdem, ob der Vordermann mit freiverantwortlichem und schuldhaftem Willen handelte oder er als bloßes Werkzeug benutzt wurde, und die darauf folgende Abwertung als Teilnahme, wird meist auf die Hegelschule zurückgeführt.[266] M.E. ist dies aber differenzierter zu sehen:
Zunächst ist richtig, daß im 18.Jahrhundert eine deutliche Unterscheidung in der Behandlung je nach Art des Vordermannes, geschweige denn die Behandlung der verengten Anstiftung als bloße Teilnahme kaum erkannt werden kann. Fest steht auch, daß die genannte Unterscheidung - wie sich im Laufe der Arbeit noch zeigen wird - erst durch die gesetzlichen Regelungen von 1871 allgemeingültig der Rechtswissenschaft zugrundegelegt werden wird. Für die zwischenzeitliche Entwicklung jedoch gilt: Auf der einen Seite gibt es Autoren, die die Unterscheidung und die Bewertung der Anstiftung als bloße Teilnahme ausdrücklich vorgenommen haben; so als einer der Ersten Luden.[267] Echte Hegelianer, wie Köstlin und Hälschner, bzw. hegelorientierte Autoren, wie Abegg, die insgesamt nach der m.E. zu bestreitenden These besonders für eine Unterscheidung mit zusätzlicher Abwertung der Anstiftung hätten eintreten müssen, nahmen zwar je nach Art des Vordermannes unterschiedliche Bewertungen des Hintermannes vor (vgl. oben) - Köstlin und Hälschner sogar ausdrücklich. Dennoch stellten sie den einen freiverantwortlichen Vordermann benutzenden Hintermann als (intellektuellen) Urheber dem unmittelbaren Urheber gleich.[268] Diese Auffassung der Gleichsetzung trotz unterschiedlicher Bewertung findet sich m.E. aber auch schon bei Feuerbach,[269] welcher auf der Kantischen Philosophie aufbaute.[270]
Daß auch Autoren, die zeitlich vor Hegel lebten, eine unterschiedliche Bewertung des Hintermannes je nach Art des Vordermannes vornehmen konnten, wird zudem besonders bei Stübel deutlich: Liege das Verhalten des Vordermannes nicht in dessen Willkür, ist also keine freie Selbstbestimmung

---

266) So z.B. von Lampe: a.a.O., S.287ff; H.Mayer: Studienbuch, a.a.O., S.149 Fn 4.
267) Luden: Abhandlungen II, a.a.O., S.340; Handbuch I, a.a.O., S.342f, 348ff und Fn 2, 351f.
268) Abegg: Lehrbuch, a.a.O., S.112f; Köstlin: a.a.O., S.300, 311; Hälschner: System, a.a.O., S.340ff.
269) Für Feuerbach bedarf der bestimmende intellektuelle Urheber immer eines zu bestimmenden physischen Urhebers (Feuerbach: a.a.O., §46). Zudem sei schuldloses Verhalten nicht strafbar (Feuerbach: a.a.O., §§84 ff). Die Kombination beider Aussagen hat zur Konsequenz: Wer einen schuldlosen Vordermann quasi als Werkzeug zur Tat benutzt, ist nicht intellektueller sondern physischer Urheber.
270) Vgl. hierzu Nauke: Kant, a.a.O..

gegeben, so finde keine Zurechnung der Tat zum Vordermann statt; er selbst sei bloßes Mittel des Hintermannes, welcher, da kein Verhältnis mehrerer Urheber vorliege, alleiniger Urheber sei. Mittelbare Urheberschaft hingegen setze die Existenz eines Verbrechens des Vordermannes voraus. Ohne einen eigenverantwortlichen Willen des Vordermannes könne nur von alleiniger Urheberschaft des Hintermannes gesprochen werden.[271] Verwendet Stübel in seiner späteren Schrift ("Teilnahme") für den unmittelbaren Urheber den Begriff des Täters, und für den intellektuellen Urheber den des Urhebers,[272] so bezeichnet er dann folgerichtig auch den den Vordermann als bloßes Mittel benutzenden Hintermann als Täter:[273] Es liegt damit sogar eine begriffliche Unterscheidung je nach Art des Vordermannes vor.

Diese Auswertung ergibt, daß es sich bei der aufgezeigten Entwicklung um eine nicht ausschließlich und auch nicht deutlich auf Hegel und die auf ihn sich berufende Strafrechtsschule zurückzuführende handelt. Vielmehr ist es eine Zeitströmung, die spätestens um 1800 auftrat und dann in der Hegelschen Philosophie ihre Unterstützung fand.

cc) Die Urheberschaft[274] und die Einordnung unseres heutigen Urheberbegriffs

Die jeweiligen Ausführungen haben gezeigt, daß auf die Frage, ob der heutige Urheberbegriff vom damaligen erfaßt wird, keine klare und einheitliche Antwort gegeben werden kann.

Auch eine weitere Sichtung der Literatur - über die bisher erörterten Autoren hinaus - ergibt, daß gerade bezüglich der Behandlung des Hintermannes bei fehlenden Sondereigenschaften keine Einheitlichkeit herrscht: Das gilt sowohl für die Frage des "Ob" der Strafbarkeit als auch des "Wie". Diese fehlende Einheitlichkeit geht auch quer durch die Reihen der einzelnen Abgrenzungstheorien.[275] [276]

---

271) Siehe insgesamt Stübel: System, a.a.O., §§364f, 380; Tatbestand, a.a.O., S.29ff; Teilnahme, a.a.O., S.77f.

272) Stübel: Teilnahme, a.a.O., S. 9ff, 42

273) Stübel: Teilnahme, a.a.O., S.77ff.

274) Um das gesamte Strafrecht von Feuerbach bis 1871 zu erfassen, verwenden wir hier entgegen der eben gezeigten Letztentwicklung weiterhin den Begriff der Urheberschaft auch als den die intellektuelle Urheberschaft erfassenden.

275) a) Für die objektive Theorie:

Untersucht man aber die Frage der Einordnung allein vom Wesen der Urheberschaft her, so ergibt sich folgendes:
Die objektiven Theorien müßten eigentlich den nicht die erforderten begründenden Tätereigenschaften besitzenden Hintermann als Urheber anerkennen. Er setzt nämlich durch seine intellektuelle Einwirkung eine den Erfolg mittelbar bewirkende Ursache, welche dann auch eine Hauptursache sein kann. Auch Abegg müßte vom Wesen her Urheberschaft bejahen, da auch hier der Wille selbständig auf die Hervorbringung des Verbrechens gerichtet sein kann.
Schließen diese Theorien den externen Hintermann aufgrund der fehlenden Sondereigenschaften jedoch aus, so geschieht dies allenfalls unter der Fragestellung der "gleichen Strafbarkeit" zwischen den Beteiligten bei unterschiedlichen persönlichen Verhältnissen.[277)] Dies aber ist eine Frage, die nie mit dem Wesen der Urheberschaft in Zusammenhang gebracht wurde, und die auch tatsächlich unabhängig von diesem ist.
Die subjektiven Theorien, die auf das Kriterium der "Absicht, die Tat als die eigene zu verwirklichen" abstellen, schließen den die erforderlichen Tätereigenschaften nicht besitzenden Hintermann vom Wesen her grundsätzlich aus.[278)] Entweder begründen sie dies damit, daß das "als eigene Tat" auch die

---

Straflosigkeit des Extraneus: Hufnagel, zitiert nach Geib: a.a.O., S.356. Bestrafung des Extraneus als Gehilfe: Stübel, zitiert nach Köstlin: a.a.O., S.318; Marezoll: a.a.O., S.129ff. Bestrafung des Extraneus als Urheber: Temme: a.a.O., S.343 i.V.m. S.310.
b) Für die subjektiven Theorien:
Straflosigkeit des Extraneus: Köstlin: a.a.O., S.318. Bestrafung des Extraneus als Gehilfe: Berner: Lehrbuch, a.a.O., S.167: Geib: a.a.O., S.355. Bestrafung des Extraneus als Urheber: Hälschner: System, a.a.O., S.362; v.Buri: Teilnahme, a.a.O., S.38f.

276) Wenn H.Mayer mit Verweis auf Schaffstein in Bezug auf das ältere gemeine Recht sagt, es sei streitig, ob der damalige Urheberschaftsbegriff die heutigen erfasse (H.Mayer: Strafrecht, a.a.O., S.328), so ist diese Zweifelhaftigkeit somit auch auf das neuere gemeine Recht auszudehnen.

277) Vgl. bezüglich Feuerbach dessen Aussagen über den allgemeinen und besonderen Gehilfen (Feuerbach: a.a.O., §§52, 115), deren Grundsätze sodann auch auf den intellektuellen Urheber übertragbar sind (siehe hierzu auch Mittermaier in Feuerbach: Note VII zu §477).

278) Eine andere Ansicht vertritt Hälschner: Voraussetzung für intellektuelle Urheberschaft als ein Verhältnis der Teilnahme sei die Gemeinsamkeit der Absicht zwischen den Beteiligten (Hälschner: System, a.a.O., S.342, 346). Wenn eine solche hinsichtlich der vom jeweiligen Tatbestand geforderten Tätereigenschaften möglich sei, könne auch der diese nichtbesitzende Hintermann intellektueller Urheber der Tat sein (Hälschner: System, a.a.O., S.366). Gerade die Figur der intellektuellen Urheberschaft gebe dem Hintermann die Möglichkeit eine Tat zu begehen, die er als unmittelbarer Urheber nie hätte begehen können (Hälschner: a.a.O., S.362).

vom Tatbestand geforderten persönlichen Verhältnisse voraussetze,[279] oder aber es wird abhängig gemacht von der jeweiligen Beantwortung der Frage, ob der einzelne das geschützte Rechtsgut überhaupt verletzen könne.[280]
Die (subjektive) Interessentheorie erfaßt hingegen vom Wesen der Urheberschaft her auch den die erforderlichen Tätereigenschaften nicht besitzenden Hintermann: Auch er kann bei gleicher Absicht wie der Vordermann ein eigenes unmittelbares Interesse am Erfolg haben.[281] [282]

Zusammenfassend bedeutet dies:
Vom Wesen der Urheberschaft aus betrachtet wird der die vom Tatbestand geforderten Tätereigenschaften nicht besitzende Hintermann von der objektiven und der Abeggschen Theorie sowie von der (subjektiven) Interessentheorie erfaßt. Das Wesen der Urheberschaft nach der (subjektiven) Theorie der Willensrichtung scheidet ihn hingegen teilweise aus.
Damit erfaßt die Interessentheorie alle heutigen Urheberschaftsformen, was bei der objektiven und der Abeggschen Theorie vom Wesen ihres Urheberbegriffes aus auch der Fall sein sollte. Die Theorie der Willensrichtung erfaßt die heutigen Urheberbegriffe teilweise dann nicht, wenn dem Hintermann die erforderlichen Tätereigenschaften fehlen. Nicht genau einordnen läßt sich die Beteiligungslehre Köstlins, da das Kriterium der Art der Selbstbestimmung für ein Erfassen, das Kriterium des "Die-Tat-als-eigene-Wollens" gegen ein Erfassen heutiger Urheberschaft spricht.

Dennoch läßt sich somit festhalten, daß ein Rückgriff des heutigen Urheberbegriffs auf Erkenntnisse der früheren Urheberlehre bezüglich des Wesens des Urheberbegriffs dieser Lehre hinsichtlich der objektiven, der Abeggschen, der Interessen- und auch der Köstlinschen Beteiligungslehre möglich ist.

---

279) So z.B. Berner: a.a.O., Lehrbuch, S.167.
280) So z.B Köstlin: a.a.O., S.318, der im Gegensatz zu Berner und Geib die intellektuelle Urheberschaft des Nichtverwandten zum Inzest bejaht.
281) V.Buri: Teilnahme, a.a.O., S.38f
282) Zwar findet die Erörterung des externen Hintermannes als intellektueller Urheber auch bei den subjektiven Theorien unter dem Problem gleicher Strafbarkeit statt, doch wird dies sodann vom Wesen der Urheberschaft her begründet.

dd) Die Urheberschaft und das reflexive Verständnis

Abgesehen von den Abgrenzungstheorien und den damit verbundenen Wesensbestimmungen der einzelnen Beteiligungsformen: Welche weiteren Erkenntnisse lassen sich nun in der Urheberlehre der ersten Hälfte des 19.Jahrhunderts zusammenfassen?

Allein in der ursprünglichen Gleichstellung von intellektueller und physischer Urheberschaft als Urheberschaft zeigt sich, daß im Urheberbegriff das Denken, der Wille des Beteiligten enthalten ist; denn nur über die gleiche Art des Willens ist eine Gleichstellung dieser beiden Beteiligungsformen möglich. Dies wurde für die objektiven Theorien am Beispiel der Lehre Feuerbachs aufgezeigt und kann als für alle eine solche Gleichstellung vornehmenden Theorien geltend betrachtet werden.

Die rein objektiven Theorien scheinen dies aber gar nicht zu erkennen. Sie verneinen vielmehr eine Bedeutung des Willens für die Beteiligungslehre. Erst in der Folgezeit beginnt man sich unter dem Einfluß Hegels auch der Bedeutung des Willens für das menschliche Verhalten gerade dann im Hinblick auf die Beteiligungslehre bewußt zu werden. Dies kommt in den nun verstärkt auftretenden subjektiven Theorien zum Ausdruck. Der Wille bestimmt die Handlung und damit die Beteiligungsform. Dieser Wille - erfaßt man ihn vollständig - impliziert zugleich das Verständnis des Einzelnen von sich, seiner Tat und seinen Beziehungen zu anderen Beteiligten. Dieses reflexive Verständnis bewirkt - über den Willen - die Art der Beteiligungsform.

Zugleich liefert mir das Verständnis auf der anderen Seite die Beurteilung meiner Selbsteinordnung: Ich habe ein Verständnis von Selbsteinordnung. Dieses ist als das Verständnis eines Vernünftigen gültig.

Insgesamt ist die Handlung - und damit die Beteiligungsform - Teil der Verwirklichung des Inneren, des Verständnisses. Was bewirkt wird, wird vom Verständnis bewirkt, welches auch zugleich den Einzelnen bezüglich seiner Selbsteinordnung beurteilt. Der Einzelne wird somit nicht nur in seinem faktischen Verhalten, sondern auch in seinem Verständnis - auch hinsichtlich der beurteilenden Seite - von sich in dem ihm vorfindlichen Gesamtzusammenhang erfaßt.

Eine solche Beteiligungslehre muß konsequenterweise bei der Abgrenzung der Beteiligungsformen nach dem reflexiven Verständnis des Beteiligten fragen: Das für die Beteiligungsform jeweils ausschlaggebende Kriterium ist über das Verständnis des Beteiligten von Selbsteinordnung zu ermitteln, über das reflexive Verständnis, das verständigerweise eine der wirklichen Lage entsprechende Einordnung vornimmt.

Damit ist die erste Teilfrage der in der Einleitung gestellten Grundfrage dieser Arbeit beantwortet: Die Urheberlehre der ersten Hälfte des 19.Jahrhunderts enthielt teilweise ein entscheidendes Element der Subjektivität: die Beachtung des reflexiven Verständnisses des Einzelnen. Dieses Element war zwar nicht in der Beteiligungslehre eines jeden Autors existent bzw. entscheidend. Bei manchen läßt es sich jedoch herausarbeiten bzw. wird direkt angesprochen.[283]

Es ist nun aber noch nichts darüber ausgesagt, ob in einer sinnvollen Beteiligungslehre eine solche Beachtung auch enthalten sein *muß*. Dies soll und kann erst dann beantwortet werden, wenn die weitere Entwicklung der Beteiligungslehren ergibt, daß dieses Element der Subjektivität verlorenging und dies zu einem Mangel an begrifflicher Erfassung der Beteiligungsstrukturen führte.

e) Die Partikulargesetzgebung im 19.Jahrhundert

Bezüglich der Partikulargesetzgebung gilt gleiches wie für die Wissenschaft. Zwar wird ganz überwiegend einheitlich zwischen Urheberschaft und Beihilfe unterschieden. Die Anstiftung wird hierbei als (intellektuelle) Urheberschaft betrachtet.[284] Dennoch herrscht hinsichtlich Begriffsbestimmungen, Abgrenzungstheorien und einzelner Detailfragen - soweit sie geregelt sind - überhaupt keine Übereinstimmung.[285] Auch bei der Beantwortung der Frage nach intellektueller Urheberschaft bei Sonderdelikten ist keine Einheitlichkeit gegeben.[286]

---

283) Der Rückschluß auf die besondere Bedeutung des reflexiven Verständnisses läßt sich z.B. auch aus den Ausführungen Hälschners ziehen:
Allgemein wird der besondere Einfluß des Willens für die Beteiligungslehre hervorgehoben (Hälschner: System, a.a.O., S.294ff). Der Urheber sei geistiger Schöpfer der Absicht, welche er selbständig in seiner Denktätigkeit gestaltet habe (Hälschner: System, a.a.O., S.300, 315f, 340f). Der Gehilfe hingegen habe die Absicht nicht aus sich heraus projiziert, nicht selbständig gestaltet (Hälschner: System, a.a.O., S.324).

284) Baden §119; Bayern 1813 Art.45; Hannover Art.53; Hessen Art.71; Nassau Art.67; Oldenburg 1814 Art.67; Württemberg Art.74. Anders: Sachsen 1838 Art.36.

285) Vgl. nur die mit vielen Nachweisen versehenen Ausführungen bei Birkmeyer: Vergleichende Darstellung, a.a.O., S.29ff.

286) Siehe hier besonders die Nachweise bei Köstlin: a.a.O., S.319f.

Die Partikulargesetzgebung spiegelt die Uneinheitlichkeit und Problematik der Literatur wieder bzw. ist Mitursache für diese: Eine nähere Betrachtung der Partikulargesetzgebung ergibt keine neuen Lösungsansätze und braucht folglich nicht vorgenommen zu werden.

II. Der Urheberbegriff und die Beteiligungsproblematik ab 1871

Durch die Reichsgründung von 1871 wird die Vereinigung der deutschen Staaten vollzogen. Für das gesamte Gebiet des neuen Reiches gilt nun auch ein einheitliches Strafgesetzbuch.[287] Die Partikulargesetzgebung ist damit überwunden. Rechtsprechung und Lehre können endlich auf einer einheitlichen Basis aufbauen.

1. Die Beteiligungsvorschriften des RStGB von 1871

Die vom RStGB vorgesehene Einteilung der Beteiligungsformen stammte aus dem französischen Code penal und fand ihre vorbereitende Einführung bereits in dem nur partikular geltenden preußischen StGB von 1851. Es sind die §§47 - 50, welche die Beteiligungsmaterie regeln.

Als grundsätzliche Änderung gegenüber dem Gemeinen Deutschen Strafrecht ist festzustellen, daß der Begriff der Urheberschaft nicht mehr existiert. Täterschaft und Teilnahme sind die neuen Gruppenbegriffe der Beteiligungsformen. Im einzelnen sehen die §§47 - 49 eine Aufteilung in Mittäterschaft (§47), Anstiftung (§48) und Beihilfe (§49) vor. Alle drei stehen laut Überschrift des Beteiligungsabschnitts unter dem Oberbegriff der Teilnahme.

- §47: Wenn mehrere eine strafbare Handlung gemeinschaftlich ausführen, so wird jeder als Täter bestraft.

- §48: Als Anstifter wird bestraft, wer einen anderen zu der von demselben begangenen strafbaren Handlung durch Geschenke oder Versprechen, durch Drohung, durch Mißbrauch des Ansehens oder der Gewalt, durch absichtliche Herbeiführung oder Beförderung eines Irrtums oder durch andere Mittel vorsätzlich bestimmt hat.

---

287) Zur Gesetzgebungsentwicklung von 1851 - 1871 s. v.Liszt-Schmidt: a.a.O., S.67ff.

Die Strafe des Anstifters ist nach demjenigen Gesetze festzusetzen, welches auf die Handlung Anwendung findet, zu welcher er wissentlich angestiftet hat.

- §49: Als Gehilfe wird bestraft, wer dem Täter zur Begehung des Verbrechens oder Vergehens durch Rat oder Tat wissentlich Hilfe geleistet hat.

Die Strafe des Gehilfen ist nach demjenigen Gesetze festzusetzen, welches auf die Handlung Anwendung findet, zu welcher er wissentlich Hilfe geleistet hat, jedoch nach den über die Bestrafung des Versuchs aufgestellten Grundsätzen zu ermäßigen.

Bezüglich der im Gegensatz zur Teilnahme stehenden (Allein-)Täterschaft befand man eine gesetzliche Extraregelung nicht für notwendig; sie ergab sich aus den Straftatbeständen des Besonderen Teils.

Während Anstiftung und Beihilfe eindeutig als Formen der Teilnahme zu betrachten sind, läßt das Gesetz Zweifel über die Einordnung des gemeinschaftlichen Ausführens einer Tat (vgl. §47): Einerseits steht auch diese Beteiligungsform unter der Überschrift Teilnahme, andererseits spricht §47 eindeutig von Tätern. Ohne hierauf näher eingehen zu müssen,[288] bleibt doch mit Blick auf spätere Erörterungen festzuhalten, daß §47 konkret von Täter spricht, und so m.E. eine (zumindest formale) Trennung zu Anstiftung und Beihilfe als die nicht als Täterschaft bezeichneten Formen (Teilnahme im engeren Sinne) herrscht.[289]

Interessant ist nun, was das Gesetz über die Anstiftung sagt. Anstifter ist gem. §48, wer einen anderen zu der von demselben begangenen strafbaren Handlung bestimmt hat.

Die Letztentwicklung des Gemeinen Strafrechts verengte die intellektuelle Urheberschaft auf die Herbeiführung des freiverantwortlichen und schuldhaften Willens eines Vordermannes und bezeichnete sie dann nicht mehr als intellektuelle Urheberschaft, sondern als akzessorische Teilnahme (Anstiftung).[290] Genau so geht dann 1871 die Anstiftung in die Worte des §48 ein. Das "Bestimmen" der intellektuellen Urheberschaft ist nur noch

---

288) Bezüglich der Einordnungsmöglichkeiten vgl. näher Birkmeyer: Vergleichende Darstellung, a.a.O., S.53; Olshausen: a.a.O., S.170.

289) Auch die damalige h.M. betrachtete die Mittäterschaft als mehr oder minder reine Form der Täterschaft. So Frank: a.a.O., S.98; Finger: a.a.O., S.344; v.Liszt: a.a.O., S.224; v.Liszt-Schmidt: a.a.O., S.337. A.A. Birkmeyer: Teilnahme, a.a.O., S.148. Die Rechtsprechung war sich uneinig: vgl. Birkmeyer: Vergleichende Darstellung, a.a.O., S.53.

290) Vgl. I. 2. d) bb).

"Veranlassen", nicht mehr "Verursachen": Bestimmen im Sinne des §48 ist nur noch Hervorrufen des Tatentschlusses.[291] Nach der ab 1871 h.M. verlangt dies einen vorsätzlich und schuldhaft handelnden Vordermann;[292] vorsätzlich deshalb, weil bei einem fahrlässigen Vordermann nicht von der für die Anstiftung wesensbestimmender Unterbrechung der Kausalreihe gesprochen werden könne.[293]
Hin zu der Anstiftung des §48 erfährt die vormalige intellektuelle Urheberschaft aber noch eine weitere Verengung. Nach h.M. gibt es Fallkonstellationen, bei denen zwar von einer Unterbrechung des Kausalverlaufes durch den Vordermann gesprochen werden könne, die aber trotzdem keine Anstiftung seien. Dies dann, wenn der Vordermann trotz eines im Prinzip freien Willens aus anderen Gründen strafrechtlich nicht verantwortlich ist. Handelt der Vordermann nämlich rechtmäßig - und um diese Konstellationen geht es hier -, so erscheine er als Werkzeug des Hintermannes: Diese Konstellation aber könne nicht mehr als Teilnahme bezeichnet werden, denn Teilnahme an einer rechtmäßigen Tat sei nicht möglich, da Teilnahme eine Mehrheit von strafrechtlich Verantwortlichen erfordere.[294]
Der Gesetzgeber von 1870/71 nimmt diese ganze Entwicklung auf und läßt sie ihre Verkörperung in §48 finden. Anstiftung i.S.d. §48 ist Bestimmung eines anderen zu einer strafbaren Handlung; strafbar heißt vorsätzlich, rechtswidrig und schuldhaft.[295] Anstiftung i.S.d. §48 ist von der Tat des Vordermannes abhängige, ist akzessorische Teilnahme.[296] Auch die Gegner dieser Entwicklung erkennen diese gesetzgeberische Wertung an.[297]

Es läßt sich erkennen, daß es jetzt unmöglich ist, denjenigen als Anstifter i.S.d. §48 zu bezeichnen, der einen z.B. Willenlosen als Werkzeug zur Tatbegehung einsetzt: Von einem Bestimmen zur strafbaren Handlung kann nicht die Rede sein. Was wir also heute unter mittelbarer Täterschaft verstehen, wird von §48 nicht erfaßt und findet damit auch keine gesetzliche Regelung.

---

291) v.Liszt: a.a.O., S.226; v.Liszt-Schmidt: a.a.O., S.338; Finger: a.a.O., S.345; Olshausen: a.a.O., S.182; Frank: a.a.O., S.111; v.Hippel: Deutsches Strafrecht, a.a.O., S.461.
292) v.Hippel: Deutsches Strafrecht, a.a.O., S.461; Finger: a.a.O., S.344.
293) Finger: a.a.O., S.344
294) Vgl. zum Begründungsansatz Finger: a.a.O., S.343; Luden: Abhandlungen II, a.a.O., S.333f; v.Liszt: a.a.O., S.221.
295) v.Liszt: a.a.O., S.225; v.Liszt-Schmidt: a.a.O., S.337f; Finger: a.a.O., S.343; Frank: a.a.O., S.113; v.Hippel: Deutsches Strafrecht, a.a.O., S.461.
296) v.Liszt-Schmidt: a.a.O., S.321; Frank: a.a.O., S.111; Finger: a.a.O., S.342.
297) v.Liszt: a.a.O., S.217f, 226; v.Hippel: Lehrbuch, a.a.O., S.162.

Zur Bestrafung von Anstifter und Gehilfe durch das Gesetz ist zu sagen, daß beide grundsätzlich wie der Haupttäter bestraft werden (§§48 II, 49 II), wobei die Strafe des Gehilfen jedoch zu ermäßigen ist (§49 II a.E.). Gemäß §50 werden persönliche Eigenschaften oder Verhältnisse, die - gesetzlich vorgesehen - die Strafe erhöhen oder vermindern, nur demjenigen zugerechnet, bei dem sie vorliegen.[298] Bezüglich strafbegründender persönlicher Verhältnisse oder Eigenschaften gelten folglich die allgemeinen Regeln, d.h. die §§48 II, 49 II.[299]
Da die Form der mittelbaren Täterschaft im RStGB nicht geregelt ist, dachte der Gesetzgeber auch nicht an eine Regelung der Frage, ob mittelbare Täterschaft bei fehlenden strafbegründenden Eigenschaften möglich ist.

Die Regelungen der §§47 - 50 lassen somit insgesamt zentrale Fragen der Grundstruktur von Beteiligung unbeantwortet bzw. interpretationsbedüftig, die jedoch für die vorliegende Arbeit von großer Bedeutung sind:
Nach welchen Kriterien erfolgt die Abgrenzung Täterschaft - Teilnahme? Gibt es so etwas wie mittelbare Täterschaft und wenn ja, wie sieht diese aus? Ist mittelbare Täterschaft trotz fehlenden, aber erforderlichen begründenden Tätereigenschaften möglich? Gibt es wirklich keine Anstiftung zur fahrlässigen Tat?

Rechtsprechung und Lehre entwickelten im Laufe der Zeit Antworten und Interpretationen auf diese Fragen. Teils wurde dabei auf die Theorien des Gemeinen Strafrechts zurückgegriffen, teils neue entwickelt.
Überprüfen wir nun die Theorien ab 1871 im Hinblick auf die Leitfragen und die Grundfrage (vgl. A) I.) der Arbeit.

---

298) Diese Regelung ist vergleichbar mit dem heutigen §28 II.
299) Dies ist dem heutigen §28 I vergleichbar.

2. Objektive Theorien

a) Die formal-objektive Theorie

Als schon im 19.Jahrhundert auftretende[300] und bis zum Jahre 1930 zu einer der entscheidenden Theorien aufsteigende[301] Abgrenzung von Täterschaft und Teilnahme ist zunächst die sogenannte formal-objektive Theorie zu betrachten.

aa) Die Lehre als solche (inkl. der allgemeinen Klärung der neuen Kategorie "mittelbare Täterschaft")

Nach ihr ist Täter, wer selbst alleine, durch einen anderen oder mit anderen gemeinsam die Ausführungshandlung(en) vornimmt, den gesetzlichen Tatbestand verwirklicht.[302] Teilnehmer ist im Umkehrschluß dazu, wer sich nur an den Ausführungshandlungen anderer beteiligt.[303]
Von der Täterdefinition her ergibt sich, daß diese Theorie den - gesetzlich nicht geregelten - Alleintäter und den Mittäter erfassen soll.

Sie besage aber auch, daß Täter ist, wer die Ausführungshandlung durch einen anderen begeht. Dieser Täter wird als mittelbarer Täter bezeichnet.[304]
Mit den neuen gesetzlichen Begriffen von Täterschaft und Teilnahme taucht nun also auch der von Literatur und Rechtsprechung nach 1871 entwickelte Begriff der mittelbaren Täterschaft auf. Was ist hierunter zu verstehen?
Unabhängig von der materiellen Begründung dieser Beteiligungsform[305] läßt sich die Entstehung der Figur der mittelbaren Täterschaft historisch wie folgt darstellen - dies kann auch losgelöst von der jeweils vertretenen Abgrenzungstheorie geschehen, ist also hier jetzt nicht allein auf die formal-objektive Theorie bezogen:
Durch die Verengung der intellektuellen Urheberschaft (Anstiftung) und ihre Abstufung als bloße Teilnahme bleiben die Fallkonstellationen übrig, in denen jemand den Tatbestand nicht höchstpersönlich ausführt, sondern sich eines anderen quasi als eines Werkzeuges bedient, der andere also strafrechtlich

---

300) Vgl. Birkmeyer: Vergleichende Darstellung, a.a.O., S.20f m.w.Nachw..
301) Vgl Roxin: TuT, a.a.O., S.34 m.w.Nachw..
302) v.Liszt: a.a.O.,S.219ff; v.Liszt-Schmidt: a.a.O., S.327, 334; Finger: a.a.O., S.335, 338f; v.Hippel: Deutsches Strafrecht, a.a.O., S.453f.
303) So z.B. v.Liszt-Schmidt: a.a.O., S.338.
304) v.Liszt: a.a.O., S.220; v.Liszt-Schmidt: a.a.O., S.327ff; Finger: a.a.O., S.343 i.V.m. 335ff; Frank: a.a.O., S.100ff; v.Hippel: Deutsches Strafrecht, a.a.O., S.469.
305) Siehe hierzu Hegler: Zum Wesen, a.a.O., S.306f.

selbst nicht verantwortlich ist. Diese Konstellationen wurden früher grundsätzlich der intellektuellen, teilweise aber auch schon der unmittelbaren Urheberschaft zugeordnet.

Um nun diese unstreitig als strafwürdig angesehenen Fälle nicht in einer Lücke verschwinden zu lassen, wurde die Kategorie der mittelbaren Täterschaft konstruiert. Als mittelbarer Täter wird folglich angesehen, wer einen dann unvorsätzlich,[306)] [307)] [308)] [309)] rechtmäßig,[310)] [311)] oder schuldlos[312)] [313)] Handelnden zur Tat bestimmt; insgesamt, wer sich eines strafrechtlich nicht verantwortlichen Menschen zur Tat bedient.[314)]

Die mittelbare Täterschaft ergibt sich also aus der Abgrenzung zur Anstiftung des §48. Da es unerheblich ist, ob man ein dingliches Werkzeug oder einen Menschen als (strafloses) Werkzeug benutzt, stellt sie keine Form der Mittäterschaft dar, sondern ist (mittelbare) Alleintäterschaft.[315)]

---

306) v.Liszt: a.a.O., S.221; v.Liszt-Schmidt: a.a.O., S.329f; Finger: a.a.O., S.344; Frank: a.a.O., S.101; v.Hippel: Deutsches Strafrecht, a.a.O., S.471ff

307) Diesem Erfordernis wird jedoch nicht einheitlich gefolgt. Teilweise erheben sich Gegenstimmen:
Die Unvorsätzlichkeit der Haupttat sei aus dem Wortlaut des Gesetzes nicht zu entnehmen. §48 spreche nämlich von "bestimmen zu einer strafbaren Handlung". Eine strafbare Handlung könne aber auch eine fahrlässige sein, so diese mit Strafe bedroht ist. Vom Wortlaut her sowie von der Tatsache, daß §48 von absichtlicher Herbeiführung oder Beförderung eines Irrtums als einem Mittel der Anstiftung spreche, sei auch Anstiftung zur fahrlässigen Tat denkbar (M.E.Mayer: a.a.O., S.407f. Die im Text dargestellte Auffassung muß hier bloßen, den Vorsatz nicht ausschließenden Motivirrtum annehmen; so v.Liszt: a.a.O., S.225; v.Liszt-Schmidt: a.a.O., S.342; Finger: a.a.O., S.345). "Bestimmen" sei dahingehend zu verstehen, einen anderen zu veranlassen, Täter zu werden (M.E.Mayer: a.a.O., S.392).

308) Mittelbare Täterschaft ist hier unabhängig davon, ob das fahrlässige Verhalten des Vordermannes unter Strafe steht (so z.B. v.Hippel: Deutsches Strafrecht, a.a.O., S.473). Wer nämlich vertritt, daß Anstiftung zu fahrlässiger Tat nicht möglich sei, muß auch bei strafbarem fahrlässigen Verhalten des Vordermannes die für den Hintermann entstehende Lücke mit der mittelbaren Täterschaft abdecken. Es ergibt sich also eine Ausnahme vom Grundsatz der mittelbaren Täterschaft bei nichtverantwortlichem Vordermann.

309) Offengelassen werden soll hier der Streit über das sogenannte absichtslose dolose Werkzeug.

310) v.Liszt: a.a.O., S.221; v.Liszt-Schmidt: a.a.O., S.330; Frank: a.a.O., 18.Aufl., S.121; v.Hippel: Deutsches Strafrecht, a.a.O., S.471f.

311) Streitig bleibt zur damaligen Zeit, ob auch im Falle des objektiv tatbestandslos handelnden Vordermannes mittelbare Täterschaft vorliegt. Bejahend v.Liszt-Schmidt: a.a.O., S.332f; Eb.Schmidt: a.a.O., S.124f. Verneinend Finger: a.a.O., S.349.

312) Abzüglich der damals in der Schuld behandelten Vorsatzlosigkeit.

313) v.Liszt: a.a.O., S.220; v.Liszt-Schmidt: a.a.O., S.328; Frank: a.a.O., 18.Aufl., 121; v.Hippel: Deutsches Strafrecht, a.a.O., S. 473.

314) Mögliche Ausnahme s. Fn 308.

315) v.Liszt: a.a.O., S.219f; Finger: a.a.O., S.335ff; Olshausen: a.a.O., S.178; Frank: a.a.O., S.109. A.A. bez. des fahrlässig handelnden Vordermannes Frank: a.a.O., S.104.

Die Figur der mittelbaren Täterschaft wird in Literatur und Rechtsprechung überwiegend anerkannt.[316] Teilweise aber wird zwar nicht die Strafwürdigkeit dieser Fälle, jedoch die Konstruktion der Figur als solche abgelehnt. Begründung hierfür ist die dann heftige Ablehnung des Arguments der Unterbrechung des Kausalzusammenhanges und die damit verbundene Akzessorietät der Teilnahme.[317] Konsequenterweise wurde dann der Versuch unternommen, Anstiftung und mittelbare Täterschaft wieder als intellektuelle Urheberschaft unter dem gemeinsamen Begriff der Anstiftung zu vereinen.[318] Jedoch: Unabhängig davon, wie man zur Akzessorietät steht, der Wortlaut des §48 basiert auf ihr und fordert ihre Beachtung. Das aber hat zur Konsequenz, daß eindeutig als strafwürdig erachtete Fallkonstellationen gesetzlich nicht erfaßt werden. Die Figur der mittelbaren Täterschaft - unabhängig von ihrer dogmatischen Begründung - erweist sich folglich als eine zur Abdeckung dieser Strafbarkeitslücke notwendige Konstruktion.

bb) Urheberbegriff

Im bisherigen Verlauf der Arbeit wurden unter der Überschrift "Einordnung heutiger Beteiligungsformen" Untersuchungen vorgenommen, die dazu dienten, die heutigen Urheberbegriffe in den damaligen einzuordnen, um so die Grundvoraussetzung einer eventuellen Bedeutungskonservierung zu finden. Im weiteren muß dieses Verfahren nicht mehr angewendet werden, da der eigentliche Bezugsbegriff ja nur der des Urhebers der ersten Hälfte des 19.Jahrhunderts ist. Vielmehr ist jetzt bezüglich der Frage der Bedeutungskonservierung allein der Bedeutungswandel des Urheberbegriffs zu betrachten.
Welche Bedeutung kommt also dem Urheberbegriff in der formal-objektiven Theorie ab 1871 zu?

---

316) Vgl. die oben gegebenen Nachweise und v.Liszt-Schmidt: a.a.O., S.328 Fn3.

317) Siehe vor allem v.Hippel: Deutsches Strafrecht, a.a.O., S.450ff und auch v.Liszt: a.a.O., S.217. Ähnlich, allerdings die Differenzierung zwischen Täterschaft und Anstiftung als unterschiedliche gesetzgeberische Wertung anerkennend v.Liszt-Schmidt: a.a.O., S.320f.

318) Entwurf 1925 (§25); Reichstagsvorlage 1927 (§29); v.Hippel: Deutsches Strafrecht, a.a.O., S.470f, 480.

De lege lata verschwand der Urheberbegriff überwiegend aus den strafrechtlichen Erörterungen. Seine Aufspaltung in die Begriffe (Allein-)Täterschaft, Mittäterschaft, Anstiftung und mittelbare Täterschaft, vor allem die Aufspaltung der intellektuellen Urheberschaft in mittelbare Täterschaft und Anstiftung wurde oben dargestellt.
Teilweise wurde er jedoch noch verwendet. Bei den Vertretern der formal-objektiven Theorie ist es zunächst v.Liszt, der den Begriff der intellektuellen Urheberschaft als Synonym für die mittelbare Täterschaft anbietet.[319]) Dies überrascht auf den ersten Blick, da "intellektuell" nun wieder mit "mittelbar" gleichgesetzt wird, obwohl bis 1871 die unter die mittelbare Täterschaft subsumierten Konstellationen doch grundsätzlich als unmittelbare Urheberschaft betrachtet wurden. Für v.Liszt als Vertreter einer objektiven Theorie ist es jedoch zu erklären, mittelbare Täterschaft rein kausal als Verursachung der Ausführung, d.h. als mittelbare Verursachung des Erfolges zu betrachten. Inkonsequenz ist ihm aber insofern zur Last zu legen, als er Anstiftung und mittelbare Täterschaft dann nicht hätte trennen dürfen.
Dieses ist der Punkt an dem v.Hippel de lege ferenda ansetzt: Objektiv-kausal gesehen, seien Anstiftung und mittelbare Täterschaft immer mittelbare Erfolgsverursachung; beide seien intellektuelle Urheberschaft.[320])

Dem Begriff der (intellektuellen) Urheberschaft kommt also entweder die Bedeutung eines Synonyms für den der mittelbaren Täterschaft, oder aber - de lege ferenda - die eines Oberbegriffs für Anstiftung und mittelbare Täterschaft zu.
Durch letzteres wird der alte Begriff zum einen auf mittelbare Erfolgsverursachung verengt (mittelbare Täterschaft und Anstiftung), dadurch aber auch definitorisch wieder erweitert, da die Fälle der mittelbaren Täterschaft gegen Ende des Gemeinen Rechts grundsätzlich der unmittelbaren Tatbegehung zugeordnet wurden. Mit der Wiederverwendung des Urheberbegriffs wird hierbei der Versuch unternommen, eine bessere begriffliche Erfassung der als mittelbar erachteten Erfolgsbegehungen zu erzielen; vorallendingen hinsichtlich der Gleichstellung von mittelbarer Täterschaft und Anstiftung, deren Strukturen entgegen der h.M. teilweise noch als identisch betrachtet wurden.[321])

---

[319]) v.Liszt: a.a.O., S.220
[320]) v.Hippel: Deutsches Strafrecht, a.a.O., S.461, 470f. So auch M.E.Mayer: a.a.O., S.378.
[321]) Zur Begründung vgl. oben.

cc) Das reflexive Verständnis

Nachdem nun in einem ersten Schritt die Bedeutung des Urheberbegriffs untersucht wurde, ist nun zu erörtern, ob sich in ihm Erkenntnisse der früheren Urheberlehre, d.h. konkret: die Beachtung des reflexiven Verständnisses konservierten.

Die formal-objektive Theorie ist eine objektive, allein auf rein äußere Kriterien abstellende Beteiligungslehre. Subjektive Elemente spielen bei der Abgrenzung der Beteiligungsformen als solcher hier keine Rolle. Zwar ist insofern eine Einschränkung zu machen, als das jeweilige Vorliegen bzw. Nichtvorliegen von Vorsatz und eventueller Absicht (im Sinne des heutigen subjektiven Unrechtsmerkmals) bei den Beteiligten über die Art der Beteiligungsformen entscheiden kann.[322] Daß die Art und Weise des Gestaltetseins der inneren Vorstellung des Beteiligten über die Tat die Beteiligungsform bestimmt und abgrenzt, ist jedoch nicht der Fall. Ohne tiefgreifendere Untersuchungen vornehmen zu müssen, läßt sich damit schon hier folgendes feststellen:

Bei der formal-objektiven Theorie kommt dem menschlichen Willen und dem darin implizierten reflexiven Verständnis bei der Wesensbestimmung und damit der Abgrenzung der Beteiligungsformen keine Bedeutung zu. Somit kann auch der Urheberbegriff, welchem zudem grundsätzlich nur eine Ersatzfunktion obliegt, ein solches Abgrenzungselement der Subjektivität nicht enthalten: Der Urheberbegriff der formal-objektiven Theorie trägt keine Erkenntnisse der Urheberlehre hinsichtlich des Willens und des reflexiven Verständnisses weiter. Allenfalls dann, wenn - wie bei v. Hippel - der Urheberbegriff zur Gleichsetzung von mittelbarer Täterschaft und Anstiftung verwendet wird, kann der Wille des Beteiligten aus ihm herausgelesen werden; jedoch nur - ähnlich wie bei Feuerbach - in einer objektiven Vertypung.

Man könnte nun aber folgende Interpretation der formal-objektiven Theorie geben:

Gemäß ihrer Täterdefinition ist Täter, wer die im Tatbestand beschriebene Handlung ausführt. Ein Tatbestand (eines vorsätzlichen Deliktes) beschreibe aber jeweils einen final-handelnden Menschen. Die Definition der formal-

[322]) Vgl. nur v.Liszt: a.a.O., S.221.

objektiven Theorie - obwohl letztere auf dem kausalen Handlungsbegriff basiert - führe somit einen final-handelnden Täter vor Augen: Das subjektiv-finale Element werde herausgestellt.[323]

Hierzu ist jedoch zu bemerken:

Zwar ist es richtig, daß Tatbestände sozial-sinnhafte Handlungen beschreiben. Bei der Begutachtung, ob ein Beteiligter eine im Tatbestand beschriebene Handlung ausführt - also Täter ist -, geschieht jedoch folgendes: Er wird zunächst von anderen Beteiligten isoliert; sodann wird sein Verhalten im isolierten Zustand betrachtet, ob es unter das vom Tatbestand beschriebene Bild paßt. Zum einen wird dadurch die Täterschaft - wenn auch bezüglich subjektiver Gesichtspunkte - rein formal von außen bestimmt. Auf das Verständnis des Beteiligten von sich, auf welchem dann die Tat basiert und nach den oben dargelegten Auffassungen entscheidend für die Art der Beteiligungsform ist, wird hierbei nicht eingegangen. Es handelt sich um ein von außen angelegtes Schema, nicht um eine Begründung von innen heraus. Allein das äußere, wenn auch von Innerem getragene Verhalten soll entscheiden. Eine wesensbestimmende Bedeutung wird dem Inneren dabei nicht zugemessen. Zum anderen wird durch die isolierte Betrachtung der Beteiligte gerade aus seiner Beziehung zu den anderen Beteiligten herausgelöst: Sein Verständnis von sich im Verhältnis zu den anderen Beteiligten wird dadurch eliminiert.

Mögen also subjektive Komponenten in der formal-objektiven Theorie enthalten sein, das grundlegende Element des reflexiven Verständnisses gehört nicht dazu.

Die formal-objektive Theorie gilt heute als überwunden.[324] Ihr werden entscheidende Kritikpunkte entgegen gehalten, auf welche hier jedoch nicht eingegangen werden soll. Mit Blick auf die Grundfrage der Arbeit wollen wir uns allein darauf beschränken festzuhalten, daß sie als wesensbestimmendes Abgrenzungskriterium nicht das im menschlichen Willen implizierte reflexive Verständnis enthält. Ob dies aber überhaupt ein zur Ablehnung dieser Theorie führendes Argument ist, kann sich erst später herausstellen: Erst muß der Beweis geliefert werden, daß das reflexive Verständnis ein für eine Beteiligungslehre erforderliches Element ist.

---

323) Roxin: TuT, a.a.O., S.35

324) Vgl. Schönke-Schröder (Cramer): a.a.O., Rn 55 vor §§25ff; Stratenwerth: a.a.O., Rn 738; Roxin: TuT, a.a.O., S.36f.

b) Die materiell-objektiven Theorien

Als materiell-objektiv bezeichnet man die Theorien, die die Beteiligungsformen nach dem Gewicht der jeweils gesetzten Kausalfaktoren oder dem Grad der Gefährlichkeit des Tatbeitrages bestimmen.

aa) Notwendigkeitstheorie

In den heutigen Strafrechtslehrbüchern wird unter dieser Überschrift hauptsächlich die Feuerbachsche Lehre genannt: Täter ist, wer eine hinreichende Ursache für den Erfolg setzt, Teilnehmer dagegen, wessen Tatbeitrag eine bloß fördernde Nebenursache darstellt.

Da diese Theorie ihre Blüte im Gemeinen Recht hatte und ihr späteres Erscheinen in Reinform eine nur ganz untergeordnete Rolle spielte,[325] ist bezüglich der Bestimmungen der einzelnen Beteiligungsformen und des Urheberbegriffs auf die zu Feuerbach gemachten Ausführungen zu verweisen, während Erörterungen hinsichtlich des späteren Wiederaufnehmens sich erübrigen.

Dieses Vorgehen wird auch von der Antwort auf die Grundfrage her gerechtfertigt: Eine rein objektive, kausale Betrachtungsweise läßt keinen Platz für das im Willen implizierte reflexive Verständnis als wesentliches Abgrenzungskriterium.[326]

bb) Gleichzeitigkeitstheorie

Nach dieser Theorie ist Täter, wer bei bzw. während der Ausführung der Tat mitwirkt, Teilnehmer dagegen, wer zeitlich vor der Tat tätig wird. Entscheidend ist also allein der Zeitpunkt der Mitwirkung.

Eine solche Abgrenzung wurde schon im Gemeinen Recht vertreten,[327] fand sich aber in der folgenden Zeit nur sehr vereinzelt wieder: so bei Fuchs[328] und Birkmeyer.[329] Während bei Fuchs das genannte Kriterium tatsächlich zur inhaltlichen Abgrenzung der Beteiligungsformen führte,[330] stellt es für Birkmeyer, welcher oft als Hauptvertreter der Gleichzeitigkeitstheorie betrachtet

325) So findet sie sich bei Liepmann: a.a.O., S.70 und Baumgarten: a.a.O., S.526ff.

326) Zur allgemeinen Kritik siehe Roxin: TuT, a.a.O., S.40f.

327) Vgl. Birkmeyer: Vergleichende Darstellung, a.a.O., S.19.

328) Fuchs: a.a.O., S.175ff

329) Birkmeyer: Vergleichende Darstellung, a.a.O., S.150ff

330) Fuchs: a.a.O., S.175ff. So sei z.B. Täter, wer während der Tat Wache halte (Fuchs: a.a.O., S.176).

wird,[331] doch nur den Ausgleichsmechanismus für Strafungerechtigkeiten bei der Anwendung der von ihm bevorzugten Notwendigkeitstheorie dar: Die begriffliche Abgrenzung der Beteiligungsformen ergebe sich aus der unterschiedlichen Kausalität;[332] [333] der Zeitpunkt des Tatbeitrags entscheide dann darüber, ob z.B. der Gehilfe dem Mittäter gleichzubestrafen sei.[334]

Bezüglich des reflexiven Verständnisses gilt für die Gleichzeitigkeitstheorie im Ergebnis das Gleiche wie für die Notwendigkeitstheorie: Auch sie grenzt die Beteiligungsformen rein objektiv ab.[335] [336] Das reflexive Verständnis der Beteiligten kann für die Beteiligungsformen folglich nicht wesensbestimmend sein.
Dem Urheberbegriff kommt keine eigenständige Bedeutung zu: Allenfalls wird intellektuelle Urheberschaft als Synonym für mittelbare Täterschaft verwendet.[337]
Auf diese Theorie[338] braucht als solche folglich nicht detaillierter eingegangen zu werden.

Trotzdem sei noch kurz ein Aspekt der Fuchsschen Beteiligungslehre betrachtet. Zwar scheint es nicht eigentlich die Wesensbegründung der Beteiligungsformen als vielmehr die Strafbarkeitsfrage zu betreffen, doch führt Fuchs zur Rechtfertigung seiner Beteiligungstheorie hinsichtlich einer geringeren Strafwürdigkeit des Gehilfen an, daß der Gehilfe, der ja einen zeitlich vorgelagerten Beitrag leiste, die Tat als solche "nicht mit thut".[339] Die Ausführung der Tat als solche sei vom Willen des Gehilfen unabhängig. Es liege vielmehr allein im Willen des Täters, ob die Tat begangen werde.[340]

---

331) So z.B. von Roxin: TuT, a.a.O., S.42 und Schönke-Schröder (Cramer): a.a.O., Rn 68 vor §§25ff.
332) Birkmeyer: Vergleichende Darstellung, a.a.O., S.150ff; ders.: Teilnahme, a.a.O., S.113f.
333) Hierin sieht Birkmeyer (: Teilnahme, a.a.O., S.152) übrigens auch entgegen der oben (vgl. II. 2. d) bb)) dargestellten h.M. die wahre Begründung für die Trennung von Anstiftung und mittelbarer Täterschaft: Der Anstifter bedinge lediglich den Entschluß des Täters, sei also bloße Bedingung, während der Beitrag des Täters eine Ursache für den Erfolg darstelle.
334) Birkmeyer: Vergleichende Darstellung, a.a.O., S.150, 152
335) Birkmeyer (: Teilnahme, a.a.O., S.142) schließt jede Miteinbeziehung subjektiver Elemente ausdrücklich aus.
336) Fuchs: a.a.O., S.170ff
337) Birkmeyer: Vergleichende Darstellung, a.a.O., S.143
338) Zur allgemeinen Kritik an der Gleichwertigkeitstheorie siehe nur Schönke-Schröder (Cramer): a.a.O., Rn 68 vor 25ff.; Roxin: TuT, a.a.O., S.44.
339) Fuchs: a.a.O., S.177
340) Fuchs: a.a.O., S.177

Die Grundaussage dieser Sätze ist also, daß der Täter die letztendliche Entscheidung über die tatsächliche Ausführung der Tat trifft.[341]
Leider fehlen hier weitere Ausführungen, vor allem auch zum Handlungsbegriff. Auch beziehen sich die dargestellten Fuchsschen Erörterungen nicht eigentlich auf die Wesensbegründungen der Beteiligungsformen. Es kann somit nichts näheres über die Bedeutung des reflexiven Verständnisses in der Fuchsschen Beteiligungslehre gesagt werden. Trotzdem bleibt festzuhalten: Dem Willen des Beteiligten kommt eine Bedeutung im Hinblick auf die Frage zu, bei wem die letztendliche Entscheidung über die Tatbegehung liegt. Um diese Problematik nicht schon vorwegzubehandeln, soll sie hier noch nicht näher durchdacht werden. Angemerkt sei lediglich, daß die Frage dem Tragen der Entscheidung, der Verantwortung nach der Eigenverantwortlichkeit, später noch ihre Bedeutung erhalten wird und auch mit dem reflexiven Verständnis in Verbindung gebracht werden kann.

cc) Theorie der direkten und indirekten Kausalität.

(1) Die Lehre als solche

Nach dieser hauptsächlich von Loening, Wuttig, Goetz und Gerland vertretenen Lehre bestimmt sich der Unterschied der Beteiligungsformen danach, ob das Verhalten des Beteiligten den Erfolg unmittelbar herbeigeführt hat (Täterschaft), oder ob der Erfolg über die selbständige, vorsätzliche Handlung eines Dritten vermittelt wurde (Teilnahme). Entscheidend ist also, ob vom Verhalten des Beteiligten eine selbständige und unabhängige Kausalreihe zum Erfolg führt, oder ob die vorsätzliche Handlung eines anderen als kausales Zwischenglied eingebaut ist. Folglich könne auch von Kollateral- und Deszendenzmitwirksamkeit gesprochen werden, von direkter und indirekter Kausalität.[342]

Diese Art der Differenzierung von Täterschaft und Teilnahme ist zwar erkennbarer Ausfluß der gegen Ende des Gemeinen Rechts aufkommenden Auffassung von der Unterbrechung des Kausalzusammenhanges bei Dazwischenschalten eines freiverantwortlich Handelnden. Doch betonen die

341) Ob es dann noch zu rechtfertigen ist, den Wache haltenden als Täter zu bezeichnen (vgl. Fn 330 oben), erscheint sehr fraglich.

342) Siehe insgesamt: Loening: zitiert nach Roxin: TuT, a.a.O., S.45; Wuttig: a.a.O., S.97ff; Goetz: a.a.O., S.45ff; Gerland: a.a.O., S.190.

Vertreter dieser Differenzierung ausdrücklich - und zeigen dies auch durch die Verwendung des Begriffes "indirekte Kausalität" -, daß auch bei Dazwischenschalten des freien Willens eines anderen von Kausalität zwischen Hintermann und Erfolg zu sprechen ist, wenn auch nur von indirekter, mittelbarer, entfernter.[343]

Eine Kombination aus dieser Theorie und der formal-objektiven findet sich bei Frank: Während bei Tätigkeitsdelikten die formal-objektive Theorie gelte,[344] fände bei Erfolgsdelikten die oben dargestellte Abgrenzung Anwendung.[345] Frank variiert letztere lediglich dahingehend, daß er bei Täterschaft von physisch vermittelter, bei Teilnahme von psychisch vermittelter Kausalität spricht.[346] Da bei einem dazwischengeschalteten unfreien Willen nicht von psychisch vermittelter Kausalität gesprochen werden könne,[347] qualifiziert er auch die Fälle unserer heutigen mittelbaren Täterschaft als physisch vermittelte Kausalität und damit Täterschaft.[348] Während er zwar entgegen den oben genannten Autoren, welche alle Bedingungen als gleichwertig erachten,[349] die physisch vermittelte Kausalität als Ursache, die psychisch vermittelte als bloße Bedingung qualifizierte[350], so spricht er doch - gleich den anderen Autoren - beide Male von Kausalität und geht damit auch von fehlender Unterbrechung des Kausalzusammenhanges bei der Teilnahme aus.[351]

(2) Reflexives Verständnis und Urheberbegriff

Sind auch die einzelnen Ausprägungen dieser Lehre unter den Autoren im Detail verschieden, so geschieht die Abgrenzung der einzelnen Beteiligungs-

343) Siehe insgesamt: Wuttig: a.a.O., S.98f; Goetz: a.a.O., S.45ff; Gerland: a.a.O., S.116.
344) Frank: a.a.O., S.98
345) Frank: a.a.O., S.99
346) Auch Gerland verwendet zum Teil die Bezeichnung "psychisch vermittelt". Er bezieht dies aber auf die mittelbare Täterschaft, welche er als psychisch vermittelte Täterschaft bezeichnet (Gerland: a.a.O., S.118).
347) Frank: a.a.O., S.99
348) Frank: a.a.O., S.99ff; ders.: 18.Aufl., a.a.O., S.121.
349) Wuttig: a.a.O., S.97; Gerland: a.a.O., S.191.
350) Frank: a.a.O., S.99
351) Frank: a.a.O., S.111

formen doch allgemein nach rein objektiv-kausaler Betrachtungsweise.[352] Somit kann auch für diese Theorie festgestellt werden, daß das im Willen implizierte reflexive Verständnis für die Beteiligungsformen nicht wesensbestimmend ist.

Daran ändert auch nichts, daß die meisten Vertreter dieser Theorie dem Vorsatz des Einzelnen insofern eine Bedeutung zumessen, als der Irrtum über die Direktheit bzw. Indirektheit des Kausalverlaufes zur Änderung der Beteiligungsbewertung führe.[353] Die Veränderung ist nämlich nur eine nachträglich aufgesetzte: Zuallererst wird betrachtet, ob objektiv Täterschaft oder Teilnahme vorliege, und erst danach, ob der Beteiligte auch den entsprechenden Vorsatz bezüglich der Kausalstruktur des Geschehens hatte. Hierbei kommt nicht zum Ausdruck, daß sich das objektiv feststellbare Verhalten aus dem Subjektiven des Sichverhaltenden gestaltet, das Verhalten also Verwirklichung des Inneren, das Innere wesensgestaltend und damit wesensbestimmend ist. Selbst wenn man dem Willen noch über den Handlungsbegriff in diese Beteiligungslehre hineininterpretieren wollte, bezüglich der inneren Wesensbestimmung der Beteiligungsformen wird er ausdrücklich außen vorgelassen.

Bezüglich des Urheberbegriffs bleibt zu sagen, daß ihm - wenn überhaupt - wieder nur die Bedeutung eines Synonyms für die mittelbare Täterschaft zugemessen wird.[354] Ihm kommt eine eigenständige Bedeutung somit nicht zu. Daß er das Verständnis als für die Beteiligungsformen wesensbestimmend konserviert, ist nach dem oben Gesagten zudem zu verneinen.[355]

Trotzdem soll hinsichtlich eines Aspektes in der Frankschen Beteiligungslehre festgehalten werden, was schon bezüglich Fuchs erkannt wurde (vgl. bb) a.E.): Frank betont, das mittelbare Täterschaft nicht mit der Anstiftung als psychisch vermittelte Kausalität gleichgesetzt werden könne, da bei letzterer ein frei und bewußt handelnder Mensch dazwischengesetzt sei, der freie Entschluß eines

---

352) So auch ausdrücklich Frank: a.a.O., S.99; Wuttig: a.a.O., S.97; Gerland: a.a.O., S.192; vgl. auch die Beispiele bei Goetz: a.a.O., S.47ff.

353) So Goetz: a.a.O., S.51f, Frank: a.a.O., S.100. A.A. Gerland: a.a.O., S.192, der konsequent die subjektive Tatseite außeracht läßt.

354) Gerland: a.a.O., S.118. Da Gerland die mittelbare Täterschaft als eine psychisch vermittelte Täterschaft bezeichnet, setzt er psychisch wieder mit mittelbar gleich und fällt damit auf die Terminologie Feuerbachs zurück.

355) Zur allgemeinen Kritik an dieser Theorie siehe nur Roxin: TuT, a.a.O., S.48; Schönke-Schröder (Cramer): a.a.O., Rn 68 vor §§25ff.

anderen dazwischenliege. Der Anstifter mache die Tat vom Entschluß eines anderen abhängig.[356] Näher geht Frank hierauf nicht ein. Es zeigt sich jedoch, daß hier die Frage der Verantwortung, des Tragens der Entscheidung, eine wichtige Rolle spielt: Wer den entscheidenden Entschluß trägt, ist Täter; entscheidend ist, wer die letztliche Verantwortung für den Erfolg innehält.

- Mit ähnlichem Ansatz wie die eben besprochenen Autoren nimmt auch Arnold Horn[357] die Abgrenzung zwischen den Beteiligungsformen vor. Seine Lehre verdient es aber etwas ausführlicher betrachtet zu werden, da in ihr erstens dem reflexiven Verständnis eine wichtige Rolle zuinterpretiert werden könnte, und zweitens dem Urheberbegriff eine stärkere Bedeutung zukommt.
Nach Horn ist Verursacher, d.h. Täter, wer die den Erfolg direkt herbeiführende aktuelle Kraft in Bewegung setzt,[358] also den Erfolg unmittelbar herbeiführt ("naturaler Ursachenbegriff").[359] Nun liege es aber in der Eigenart des menschlichen Willens, daß auch dieser "verursachen" könne:[360] Der Wille könne Naturkräfte in Beziehung setzen, die ohne ihn gar nicht in Beziehung stehen würden; der Wille bringe sie erst in Verbindung. Die Ursache der Begegnung der Naturkräfte und damit der daraus resultierende Erfolg liege im Willen.[361] Der Wille greife disponierend in die Naturkausalität ein, welche ihm dann gehorche.[362] Bloße naturale Bedingungen werden damit zu Ursachen.[363]
Horn nimmt also eine "Erweiterung des naturalen Ursachenbegriffs durch das Wirken des Willens"[364] vor. Verursacher sei somit auch, wer kraft seines Willens eine solche Herrschaft über den Ursachenverlauf (dominium causae) habe, also wer dominus causae sei.[365]
Um Naturkräfte in Beziehung setzen zu können, um die Naturkausalität nach eigenen Zielen disponieren zu können, muß man entsprechende Vorstellungen von den Naturkräften, den Zielen, anderen Beteiligten, eigenem Bewirkenkönnen und den Beziehungen dieser Faktoren untereinander haben,

356) Frank: a.a.O., S.111
357) Horn: a.a.O., S.321ff
358) Horn: a.a.O., S.350
359) Horn: a.a.O., S.347ff
360) Horn: a.a.O., S.348f, 362.
361) Horn: a.a.O., S.351
362) Horn: a.a.O., S.350ff
363) Horn: a.a.O., S.338, 350f.
364) Horn: a.a.O., S.347
365) Horn: a.a.O., S.349ff

nach denen sich dann die Disposition richtet. Disposition setzt somit Verständnis voraus.

Ferner sagt Horn, daß der Gehilfe, also der Nichtverursacher, weder das Bewußtsein habe, unmittelbar den Erfolg herbeizuführen, noch dominus causae zu sein. Sein Willensinhalt sei vielmehr nur darauf gerichtet, "die Entscheidung, ob ein Erfolg eintreten solle, in das Ermessen eines anderen"[366]) zu stellen. Auch hier scheint das Verständnis - gerade auch hinsichtlich seiner beurteilenden Seite - von Bedeutung zu sein: Bewußtsein der Struktur der Geschehenssituation setzt das Verständnis von dieser voraus; der Willensinhalt bezüglich der Frage, wer die Entscheidung zum Erfolg und damit die Verantwortung trägt, setzt ein reflexives Verständnis gerade auch von Verantwortung in der zugrundeliegenden Geschehenssituation voraus.

Der Willensinhalt, so Horn weiter, richte sich aber allein nach der objektiven Sachlage und sei nicht willkürlich zustandegekommen.[367]) Überhaupt sei die Unterscheidung zwischen den Beteiligungsformen rein objektiv vorzunehmen.[368]) Hierbei hat Horn recht, daß das Bewußtsein über die eigene Rolle nicht auf freier Phantasie, sondern auf der objektiven Sachlage basieren muß. Hierin liegt ein wichtiger, für später im Gedächtnis zu behaltender Punkt. Sagt Horn jedoch, daß die eigentliche Unterscheidung der Beteiligungsformen rein objektiv vorzunehmen sei, daß sich sodann das Bewußtsein der Beteiligten nach der objektiven Sachlage richte und daß dieses Bewußtsein nur die Vorsatzprüfung betreffe,[369]) so zeigt er damit, daß er den Willen und das Verständnis doch wieder nur als für die eigentliche Wesensbestimmung der Beteiligten bedeutungslos betrachtet. Der Willensinhalt ist also wie bei den vorher erörterten Autoren doch wieder nur auf die objektive Handlungseite aufgesetzt und nicht das Wesen der Beteiligungsformen bestimmend.

Der bezüglich der dominium causae gewonnene Ansatz hinsichtlich des reflexiven Verständnisses setzt sich also nicht konsequent in die Abgrenzung der Beteiligungsformen fort.

---

366) Horn: a.a.O., S.375
367) Horn: a.a.O., S.375
368) Horn: a.a.O., S.372
369) Horn: a.a.O., S.375

Aber nicht nur aufgrund des - wenn auch nur verkappten - reflexiven Ansatzes ist Horn näher zu betrachten: Während bei den anderen Autoren der Urheberbegriff allenfalls als Ersatzsynonym verwendet wurde, so scheinen bei ihm die ab 1871 geltenden Beteiligungbegriffe der Täterschaft nur Ersatzsynonyme für den der Urheberschaft. Um die Strukturen von Kausalität und Wirken zu erklären, verwendet er nämlich die Begriffe Urheberschaft und Beihilfe.[370] Erst wenn er konkret auf die Beteiligungsformen eingeht, wird Urheber durch Täter ersetzt, wobei er aber trotzdem öfter wieder auf den Begriff der Urheberschaft zurückgreift. Geht es um die Unterschiede der Strukturen hinsichtlich der Verknüpfungen von menschlichem Verhalten und Erfolg, so sei Urheber, wer eine Ursache und keine bloße Bedingung setze. Dies tue, wessen Verhalten den Erfolg bewirke. Dieses wiederum sei der Fall bei einer naturalen Ursache[371] und bei der dominium causae;[372] bei letzterer sei es der Wille, der (be-)wirke. Bei einer naturalen Verursachung liege direkte Urheberschaft,[373] bei der dominium causae rationale Urheberschaft[374] vor. Urheberschaft wird sodann als Täterschaft bezeichnet,[375] wobei aber nicht eindeutig ist, ob Horn die mittelbare Täterschaft ganz der rationalen Urheberschaft zuordnet. Anstiftung auf jeden Fall ist für Horn aufgrund des Dazwischenliegens des freien Willens eines anderen kein Bewirken[376] und damit keine Urheberschaft.[377]

Die Lehre Horns soll als ein Beispiel dafür stehen, daß auch nach 1871 der Begriff der Urheberschaft vereinzelt noch in seiner vor dem RStGB geltenden Bedeutung in der Absicht verwendet wurde, die Strukturen der Erfolgsherbeiführung besser erfassen zu können.
Ein Zusammenhang zwischen dem Begriff der Urheberschaft und dem reflexiven Verständnis läßt sich aber auch bei Horn nicht erkennen: Wurde doch schon oben gesehen, daß bei diesem Autor das Verständnis nicht wesensbestimmend für die Beteiligungsformen ist.

---

370) Horn: a.a.O., S.321ff
371) Horn: a.a.O., S.330ff
372) Horn: a.a.O., S.347ff
373) Horn: a.a.O., S.352
374) Horn: a.a.O., S.350
375) Horn: a.a.O., S.370
376) Horn: a.a.O., S.368
377) Horn: a.a.O., S.376

dd) Richard Schmidts Theorie der Unter-, Über- oder Gleichordnung

Als letzte der materiell-objektiven Theorien betrachten wir nun die Beteiligungslehre Richard Schmidts.

(1) Handlungsbegriff, Beteiligung und reflexives Verständnis

Untersuchen wir vorab Schmidts Ausführungen zur Handlungsstruktur:
Da Verbrechen Ausfluß menschlichen Wollens sei, müsse eine bestimmte Erschütterung der Rechtsordnung mit "der aktive[n], die Außenwelt in Bewegung setzende[n] Funktion der seelischen Kräfte [des Menschen] in Zusammenhang [treten]."[378]) Das Wollen beinhalte hierbei zunächst den Willensimpuls, welcher die Veränderung der bisherigen Lage des Beteiligten bewirke (Entschluß zur Tat); sodann aber auch dessen Vorbereitung, nämlich die Entstehung des Tatplanes. Letzteres sei das Aufeinanderwirken der Gefühle und Vorstellungen, kurz: die Reflexion.[379]) Durch den Willensimpuls setze sich der Mensch in Beziehung zur Außenwelt, durch Tätigwerden oder Unterdrücken eines Tätigwerdens,[380]) also durch Handlung im weiteren Sinne.[381]) Dies bezeichnet Schmidt auch als Willensverhalten.[382])
Ist nun der Willensimpuls durch die Reflexion bedingt, und wird die Handlung durch den Willensimpuls ausgelöst, und ist sie auch willensgetragenes Verhalten, so basiert sie auf der Reflexion, auf dem Verständnis des Handelnden.
Der Handlungsbegriff Schmidts beinhaltet also das Verständnis: Auch für ihn ist Handlung die Verwirklichung von Wille und Verständnis, Verwirklichung des Inneren.

Betrachten wir jetzt seine Beteiligungslehre und prüfen, ob das Verständnis auch im Wesen der Beteiligungsformen fortwirkt:
Nach R.Schmidt liegt Mittäterschaft vor, "wenn ... sowohl in der Art des Mitwirkens nach der Anschauung des draußenstehenden Beobachters (objektiv) wie auch nach der Art der Entschlußbildung von der Auffassung der Teilnehmer (subjektiv) die Tatanteile einander gleichwertig sind."[383]) Beihilfe hingegen liege vor, wenn - wieder aus dem objektiven und dem subjektiven Blickwinkel

378) R.Schmidt: a.a.O., S.83
379) R.Schmidt: a.a.O., S.83
380) R.Schmidt: a.a.O., S.84
381) Umkehrschluß aus R.Schmidt: a.a.O., S.83.
382) R.Schmidt: a.a.O., S.85
383) R.Schmidt: a.a.O., S.146

betrachtet - "der Tatanteil des einen als ein begrenzter und untergeordneter sich darstellt."[384]

Abgrenzungskriterium ist also auch die Art der Entschlußbildung nach der Auffassung des Beteiligten. Auf der einen Seite beinhaltet "Entschlußbildung" den Willensimpuls und dessen Vorbereitung, die Reflexion. Auf der anderen Seite fragt zudem das Kriterium der "Auffassung des Teilnehmers" nach der beurteilenden Seite des Verständnisses des Teilnehmers. Zusammengesehen bedeutet das, daß in diesem Kriterium das reflexive Verständnis eine grundlegende Bedeutung besitzt und damit nach der am Anfang vorgestellten objektiv-subjektiven Gesamtdefinition zwar nicht allein ausschlaggebend, aber zumindest doch mitbestimmend ist.

Bezugsmaßstab für den objektiven und den subjektiven Prüfungsblickwinkel hinsichtlich einer Über-, Unter- oder Gleichordnung seien - so die Definition - die Tatanteile der Beteiligten. Es handelt sich hierbei um einen objektiven Bezugsmaßstab, auf den der objektive und der subjektive Blickwinkel zu beziehen sind. Doch stellt er nicht mehr als ein Indiz dar:
Letzten Endes ist es für Schmidt weniger das Verhältnis der faktischen Tatanteile, sondern vielmehr die Stellung der Teilnehmer im ganzen zueinander, worauf sich objektiver und subjektiver Blickwinkel zu richten haben.[385] Entscheidend ist die Auffassung vom Gesamtverhältnis der Beteiligten.[386] Basiert nun, wie gezeigt, das subjektive Beteiligungskriterium auf dem reflexiven Verständnis der Beteiligten, so kommt es bezüglich der Frage nach der Auffassung vom Gesamtverhältnis auf die beurteilende Seite des Verständnisses, auf das Verständnis des Beteiligten von der Gesamtsituation, und damit auch vom Verhältnis zu anderen Beteiligten an.

Betrachten wir nun die Abgrenzung der Beteiligungsformen konkret:
Teilnahme sei zu bejahen, wenn Unterordnung des entsprechenden Tatanteils, oder jetzt besser: wenn Unterordnung der allgemeinen Stellung des Beteiligten vorliege. Täterschaft liege vor, wenn Gleichwertigkeit (Mittäterschaft) oder - Umkehrschluß aus der Teilnahmedefinition - Überordnung der allgemeinen

384) R.Schmidt: a.a.O., S.146
385) R.Schmidt: a.a.O., S.146
386) R.Schmidt: a.a.O., S.146

Stellung im Gesamtverhältnis der Beteiligten, also wenn keine Unterordnung gegeben sei.

Der subjektive Prüfungsblickwinkel bringt nun zudem das Prüfungskriterium des Verständnisses mit hinein. Das bedeutet damit, daß die Betrachtung des Beteiligten, sein reflexives Verständnis davon, ob er seine Stellung als den anderen gegenüber unter- oder nicht untergeordnet ansieht, mitentscheidend für die Beteiligungsform ist. Dies kann auch gar nicht anders sein, denn die Antwort auf die Frage, wie man das Verhältnis seiner Beteiligtenstellung zu den anderen Beteiligten sieht, ist davon abhängig, wie man sich selbst den anderen gegenüber einordnet; Selbsteinordnung aber wieder ist abhängig vom eigenen reflexiven Verständnis.

Das bedeutet wiederum: Abgrenzung und Wesen der Beteiligungsformen sind - nicht alleine, aber doch zum Teil - abhängig von der Beurteilung durch das reflexive Verständnis. Wer sich als dem anderen gegenüber im Beteiligungsgeschehen untergeordnet betrachtet, schreibt sich selbst den Erfolg nicht zu, hält den Erfolg nicht für auf ihn selbst zurückgehend.

Es ist somit insgesamt gezeigt, daß sowohl auf der (handlungs- und damit der) beteiligungsbegründenden als auch auf der beteiligungsbeurteilenden Seite das Verständnis des Beteiligten für R.Schmidt eine entscheidende Rolle spielt; zusammen mit der objektiven Betrachtungsweise des draußenstehenden Beobachters.[387)] [388)]

Nachdem R.Schmidt dem Verhältnis der faktischen Tatanteile aber nur Indizwirkung zubilligte (s.o.), bleibt jedoch offen, was man erfassen muß, um sich jeweils entsprechend innerhalb der Stellung der Teilnehmer im Ganzen zueinander[389)] einzuordnen.

(2) Urheberbegriff

Unter mittelbarer Urheberschaft - und nur in dieser Kombination findet der Begriff der Urheberschaft Verwendung - versteht Schmidt die Fallkonstellationen der mittelbaren Täterschaft. Beide Begriffe werden als synonym, mittelbare

---

387) Es ist für Schmidt wichtig, daß weder objektive noch subjektive Kriterien einseitig zur Abgrenzung herangezogen werden (R.Schmidt: a.a.O., S.146f).

388) Auf die bezüglich Über- und Unterordnung sehr ähnlich gelagerte Theorie Dahms (:Täterschaft und Teilnahme, a.a.O., S.42f) braucht nicht eingegangen zu werden: Prüfungsmaßstab ist bei Dahm allein die objektive Tatseite.

389) Vgl. R.Schmidt: a.a.O., S.146.

Urheberschaft aber vorrangig verwendet.[390] Es liegt also keine Bedeutungsveränderung im Vergleich zu den meisten anderen Autoren seiner Zeit vor.

Es ist somit bezüglich der Beteiligungslehre R.Schmidts festzuhalten:
Dem Urheberbegriff kommt die gleiche Bedeutung oder besser: Unbedeutung zu, wie bei den zuvor besprochenen Autoren, ausgenommen Arnold Horn. Unabhängig vom Urheberbegriff erweist sich aber das reflexive Verständnis des Beteiligten als entscheidend zur Bestimmung der Beteiligungsformen.

ee) Zusammenfassung

Betrachten wir kurz zusammenfassend die materiell-objektiven Theorien im Hinblick auf den Urheberbegriff und das selbstbezügliche Verständnis, so ergibt sich:
Den in den §§47ff RStGB verwendeten Begriffen folgend kommt dem Urheberbegriff grundsätzlich fast keine Bedeutung mehr zu. Allenfalls wird intellektuelle (mittelbare) Urheberschaft als Synonym für den gesetzlich nicht vorgegebenen Begriff der mittelbaren Täterschaft benutzt.

Selbst wenn dem Urheberbegriff auch nur eine ganz untergeordnete Bedeutung zukam, so sei dennoch einmal gefragt, warum man ihn gerade als Synonym für die mittelbare Täterschaft benutzte. Eine ausdrückliche Erklärung findet sich in der Literatur nicht. Es bleibt, aus eigener Überlegung eine Antwort zu finden:
Der Begriff der mittelbaren Täterschaft existierte gesetzlich nicht; er wurde außergesetzlich zur Abdeckung von Strafbarkeitslücken entwickelt. Die unter dem Begriff der mittelbaren Täterschaft vereinigten Fallkonstellationen ordnete man in Abgrenzung zur Anstiftung der Täterschaft zu. Die Kombination von "Täterschaft" mit dem Adjektiv "mittelbar" zeigt jedoch, daß sich entgegen der auf der Durchführung der Lehre von der Unterbrechung des Kausalzusammenhanges beruhenden Letztentwicklung des Gemeinen Rechts gescheut wurde, zumindest bei schuldlos handelndem Vordermann von unmittelbarer Täterschaft zu sprechen.[391] Der Gebrauch des Urheberbegriffs als Synonym für die mittelbare Täterschaft verdeutlicht nun einerseits diese Scheu vor einer

---

390) R.Schmidt: a.a.O., S.148ff

391) Folgerichtig ist die Verwendung des Adjektivs "mittelbar" nur bei der formal-objektiven Theorie, da der mittelbare Täter nicht selbst die Tatbestandshandlung ausführt.

völligen Gleichstellung im Sinne von Identität: Bezeichnet man die Fälle der mittelbaren Täterschaft auch als (intellektuelle) Urheberschaft, so zeigt man nicht nur durch verschiedene Adjektive den Unterschied in der Art der Kausalität auf (unmittelbare Verursachung - mittelbare Verursachung), sondern schafft auch durch die Verwendung verschiedener Substantive (Täterschaft - Urheberschaft) eine Grundabgrenzung zwischen beiden Beteiligungsformen.
Auf der anderen Seite soll die Verwendung des Urheberbegriffs aber auch zeigen, daß es sich um keine zwischen Täterschaft und Beihilfe stehende eigenständige Beteiligungsform handelt. Vielmehr soll die Verwendung wohl unterschwellig die Einordnung zur Täterschaft deutlich werden lassen. Über die noch im Denken der Autoren vorhandene Bedeutung des gemeinrechtlichen Urheberbegriffs zeigt er nämlich die auf der Strukturenähnlichkeit beruhende Gleichstellung dieser Fallgruppe mit der unmittelbaren Täterschaft (unmittelbaren Urheberschaft) und die damit verbundene gemeinsame Abgrenzung zur Nichturheberschaft auf: Urheber (Täter) ist, wer strafrechtlich verantwortlich den Grund - die Hauptursache - für den Erfolg setzt.

Grundsätzlich spielt in den Beteiligungslehren auch das reflexive Verständnis keine Rolle mehr, da diese rein objektive Theorien darstellen.
Als ein positives Beispiel sei aber ausdrücklich die Lehre R.Schmidts genannt. Bei ihr handelt es sich m.E. aber um keine rein objektive Theorie, sondern um eine subjektiv-objektiv gemischte.

Bei den Theorien, in denen dem reflexiven Verständnis eine Bedeutung zukommt, besteht jedoch keine bewußte Beziehung zu dem ein Schattendasein führenden Urheberbegriff. Von einer Konservierung des reflexiven Verständnisses als Element der Subjektivität kann folglich keine Rede sein; nicht einmal in Form unbewußter objektiver Vertypung.

Allen rein objektiven Beteiligungstheorien wird heute neben vielen anderen Kritikpunkten zurecht vor allem vorgeworfen, daß sie den Einzelnen nicht bezüglich des sozialen Sinnes seines Verhaltens erfassen. Der das Verhalten bestimmende menschliche Wille werde nämlich nicht beachtet.[392]

---

392) Schönke-Schröder (Cramer): a.a.O., Rn 68 vor §§25ff; ähnlich Stratenwerth: a.a.O., Rn 741; Wessels: AT, a.a.O., S.151f.

Eine genau so formulierte Kritik beschreibt eine bedingende Verbindung zwischen Willen und sozialem Sinn: Wenn ich den Willen erfasse, erfasse ich auch den sozialen Sinn. "Sozial" beinhaltet die Beziehung zu anderen. Damit sind beim Verbrechen aber nicht nur der Rechtsgutsträger sondern auch die eventuell anderen Beteiligten gemeint. Um das menschliche Verhalten in seinem sozialen Sinn zu begreifen, was über die Erfassung des Willens geschehe, muß folglich auch der Wille, die Struktur des Willens hinsichtlich der Beziehung zu anderen Beteiligten erfaßt werden.

Mit dieser Ableitung aus einer heute allgemein anerkannten Kritik ist der Übergang geschaffen zur Erörterung einer für das Ziel dieser Arbeit entscheidenden Frage: Muß eine Beteiligungslehre das Element des reflexiven Verständnisses der Beteiligten beinhalten, um die Struktur menschlicher Beteiligung begrifflich vollständig zu erfassen?

C) Das reflexive Verständnis als erforderlicher Bestandteil einer Beteiligungslehre

Beginnend mit dem Gemeinen Recht des 19.Jahrhunderts wurden in der Arbeit bisher verschiedene Beteiligungslehren gerade auch im Hinblick darauf untersucht, ob in ihnen dem Element des reflexiven Verständnisses der Beteiligten eine für Wesensbestimmung und Abgrenzung der Beteiligungsformen entscheidende Rolle zukam. Es blieb dabei aber offen, ob das Außerachtlassen dieses Verständnisses einen Mangel begrifflicher Erfassung der Beteiligungsstrukturen darstellt.
Bevor sich nun der subjektiven Theorie und der Tatherrschaftslehre als den heute herrschenden Beteiligungslehren zugewendet werden soll, ist es erforderlich zu klären, ob eine Beteiligungslehre überhaupt das Element des selbstbezüglichen Verständnisses der Beteiligten beinhalten muß. Nur bei positiver Beantwortung läßt sich die Arbeit weiterführen; andernfalls muß nämlich schon an dieser Stelle die Grundfrage der Arbeit verneint werden.

Die Frage, ob eine Beteiligungslehre das Element des Verständnisses des Beteiligten beinhalten muß, um die Struktur menschlicher Beteiligung voll zu erfassen, läßt sich selbst wiederum in drei Fragen aufgliedern:
- 1. Muß eine strafrechtliche Beteiligungslehre überhaupt das Wesen menschlichen Verhaltens erfassen?
- 2. Was ist das Wesen menschlichen Verhaltens und wird es auch vom reflexiven Verständnis des Menschen geprägt?
- 3. (Weiterführende Teilfrage) Wie muß eine strafrechtliche Beteiligungslehre das Wesen menschlichen Verhaltens erfassen, d.h. wie muß eine entsprechende Beteiligungslehre aussehen?

I. Beantwortung der 1. Teilfrage: Muß eine Beteiligungslehre überhaupt das Wesen menschlichen Verhaltens erfassen?

Der Antwort auf die erste Teilfrage kann man sich auf zwei Wegen nähern:
- Man leitet sie aus schon in der Strafrechtswissenschaft Anerkanntem ab.
- Man bestimmt sie originär aus der Sinnbestimmung und der Aufgabe einer Beteiligungslehre als solche.

1. Ableitung aus in der Strafrechtswissenschaft Anerkanntem

Als Anknüpfungspunkt für eine Ableitung aus in der Strafrechtswissenschaft Anerkanntem soll der Handlungsbegriff dienen.

a) Handlungsbegriffe

Die Aufgabe des strafrechtlichen Handlungsbegriffes ist eine der Prüfung der Verbrechensmerkmale (Tatbestand, Rechtswidrigkeit und Schuld) vorgelagerte: Es gilt einen gemeinsamen Nenner für alle Erscheinungsformen strafrechtlich relevanten Verhaltens zu finden.[393] Selbst wenn man der Ansicht ist, ein einzelner Begriff könne eine solche Aufgabe nicht erfüllen,[394] so ist es doch allgemein anerkannter Sinn und Zweck einer solchen vorgelagerten Prüfung, nicht spezifisch menschliches und damit auf keinen Fall strafwürdiges Verhalten auszuscheiden.[395] Um nichtspezifisch menschliches Verhalten auszusondern, muß man aber das spezifisch menschliche erfassen; das, was den Unterschied zu dem anderer Lebewesen ausmacht[396].

Aus einer solchen Sinnbestimmung des Handlungsbegriffs heraus ergibt sich die Kritik an dem um 1900 herrschenden und auch später noch vertretenen naturalistisch-kausalen Handlungsbegriff.[397] Nach diesem ist Handlung ein vom Willen beherrschbares Verhalten des Menschen, das eine bestimmte Folge in der Außenwelt hervorruft.[398] Läßt man das tautologische Definitionsmerkmal "des Menschen" außeracht, so ergibt sich folgendes:
Der menschliche Wille wird zwar in seiner kausalen Funktion, nicht aber als den Geschehensablauf auf ein Ziel hin steuernde Kraft erfaßt.[399] Damit wird das spezifisch Menschliche, nämlich Handlung als echte Willenshandlung nicht

---

393) Hierzu, sowie zu den anderen Funktionen des Handlungsbegriffes, siehe Jescheck: 3.Aufl., a.a.O., S.174.
394) So z.B. Schönke-Schröder (Lenckner): a.a.O., Rn 37 vor §§13ff.
395) Vgl. nur Schönke-Schröder (Lenckner): a.a.O., Rn 37 vor §§13ff; Wessels: AT, a.a.O., S.23; Jescheck: 4.Aufl., a.a.O., S.196.
396) E.A. Wolff: Handlungsbegriff, a.a.O., S.15
397) Konsequenz des sich gegen Ende des 19.Jahrhunderts auch auf die Geiteswissenschaften erstreckenden naturwissenschaftlichen Denkens.
398) So bzw. ähnlich: Beling: Lehre vom Verbrechen, a.a.O., S.17; Nauke: Einführung, a.a.O., S.260ff; Mezger: zitiert nach Schönke-Schröder (Lenckner): a.a.O., Rn 26 vor §§13ff.
399) Schönke-Schröder (Lenkner): a.a.O., Rn 26 vor §§13ff; Jescheck: 4.Aufl., a.a.O., S.197f.

begriffen.[400] [401] Ferner wird verkannt, daß der Mensch zur sinnhaften Gestaltung seiner Umwelt fähig ist.[402] Der Mensch ist Sozialperson; durch sein Verhalten tritt er in Beziehung zu anderen. Der kausale Handlungsbegriff läßt den sozialen Sinngehalt menschlichen Verhaltens aber außer acht.[403] Es wird nicht als "sinnvolles soziales Phänomen"[404] erfaßt; der personale und soziale Bedeutungsgehalt wird nicht beachtet. Damit kann unter den kausalen Handlungsbegriff theoretisch auch das Verhalten eines Tieres subsumiert werden.[405] Er erfaßt nicht die spezifische Eigenart des Wesens menschlichen Verhaltens.

Dies aber ist zu Recht das erklärte Ziel der über den kausalen Handlungsbegriff hinausgehenden und heute herrschenden Lehren des finalen und des sozialen Handlungsbegriffs[406]. Die finale Handlungslehre[407] sieht dabei das Wesen menschlichen Verhaltens in der Ausübung der Zwecktätigkeit, im bewußt vom Ziel her gelenkten Wirken.[408] Handlung sei vom zwecktätigen Willen beherrschtes, final gesteuertes Geschehen. Die soziale Handlungslehre[409] hingegen gesteht der finalen zwar zu, die Struktur der gedanklich antezipierten Handlung richtig erfaßt zu haben. Dennoch gäbe es auch Handlungen, die - nach Welzelschem Verständnis - nicht final seien, trotzdem aber typisch menschliches Verhalten darstellten: Unterlassung und Fahrlässigkeit. Ein finaler Handlungsbegriff könne diese beiden Erscheinungsformen nicht abdecken, begreife also nur ein Teilmoment menschlichen Verhaltens.[410] Eine vollständige Erfassung hingegen biete nur folgende Definition: Handlung sei

---

400) Jescheck: 4.Aufl., a.a.O., S.197

401) Es zeigt sich somit auch, daß hinsichtlich der Bedeutung des Willens gegenüber dem Handlungsbegriff Abeggs und Köstlins ein Rückschritt vorgenommen wurde.

402) Radbruch hat dies als erster herausgearbeitet; vgl. Radbruch: a.a.O., S.68ff. Wessels: AT, a.a.O., S.22.

403) Maihofer: a.a.O., S.156ff; Wessels: AT, a.a.O., S.20

404) Welzel: Studien, a.a.O., S.122ff

405) Stratenwerth: a.a.O., Rn 145

406) Welzel: Lehrbuch, a.a.O., S.33ff; ausdrücklich Jescheck: 4.Aufl., a.a.O., S.197; E.A. Wolff: Handlungsbegriff, a.a.O., S.13, 15.

407) Welzel: siehe nur Lehrbuch, a.a.O., S33ff; Hirsch: a.a.O., S.850ff; Stratenwerth: a.a.O., Rn 147ff; SK (Rudolphie): a.a.O., Rn 22ff vor §1.

408) Welzel: Lehrbuch, a.a.O., S.33

409) Eb.Schmidt: JZ 56, 190; Jescheck: 4.Aufl., a.a.O., S.199ff; Wessels: AT, a.a.O., S.23ff; Maihofer: Eb.Schmidt-Festschrift, a.a.O., S.178ff; ähnlich Kaufmann: H.Mayer-Festschrift, a.a.O., S.116; für eine Verbindung zwischen sozialem und sogenanntem individuellen Handlungsbegriff E.A.Wolff: Handlungsbegriff, a.a.O., S.35ff (bezüglich des individuellen Handlungsbegriffs siehe E.A.Wolff: Handlungsbegriff, a.a.O., S.15ff).

410) Jescheck: 4.Aufl., a.a.O., S.198f; Wessels: AT, a.a.O., S.22f.

das vom menschlichen Willen beherrschte oder beherrschbare, sozialerhebliche Verhalten.[411] [412] "Sozialerheblich" bedeute, daß das Verhalten das Verhältnis des Einzelnen zu seiner Umwelt betreffe.[413] Damit werde die Beziehung menschlichen Verhaltens zur Umwelt erfaßt,[414] das Verhältnis des Einzelnen zu anderen Personen. Handlung ist nach dieser Theorie[415] also der "sinnhaft gestaltende Faktor der sozialen Wirklichkeit mit all seinen personalen, finalen, kausalen und normativen Aspekten."[416] Ein solcher Handlungsbegriff erfasse die menschliche Handlung als soziale Sinneinheit,[417] den Menschen als Sozialperson.[418] Der soziale Sinngehalt werde hinsichtlich seiner objektiven Bedeutung begriffen, und dabei auch dem Standpunkt der anderen Geltung verschafft,[419] ohne aber die Finalität des Handelns außer acht zu lassen.

Soweit zur Darstellung. Unabhängig davon, ob man der finalen oder aber der sozialen Handlungslehre folgt, ob man also überwiegend auf die Bedeutung des menschlichen Willens abstellt oder aber die Sozialerheblichkeit protagoniert, gemeinsam ist ihnen zu Recht die folgende Grundaussage: Der Handlungsbegriff darf - um seine obengenannte Aufgabe erfüllen zu können - nicht das Produkt einer juristisch-dogmatischen Unterscheidung sein, sondern muß das Wesen des menschlichen Verhaltens erfassen.

---

411) Wessels: AT, a.a.O., S.23; Maihofer: a.a.O:, S.156, 178; Engisch: Kohlrausch-Festschrift, a.a.O., S.164; Jescheck: 4.Aufl., a.a.O., S.200.

412) Unter "Verhalten" falle dabei "jede Antwort des Menschen auf eine erkannte oder wenigsten erkennbare Situationanforderung durch Verwirklichung einer ihm nach seiner Freiheit zu Gebote stehenden Reaktionsmöglichkeit" (Jescheck: 4.Aufl., a.a.O., S.201). Somit werde sowohl vorsätzliches, aktives Tun als auch Unterlassung und Fahrlässigkeit erfaßt. Der finale Handlungsbegriff stellt also eine Untermenge zum sozialen Handlungsbegriff dar (Lackner: a.a.O., S.48: Wessels: AT, a.a.O., S.23).

413) Jescheck: 4.Aufl., a.a.O., S.201

414) Jescheck: 4.Aufl., a.a.O., S.200

415) Die soziale Handlungslehre wird in verschiedenen Variationen vertreten (vgl. hierzu die Definitionsnachweise bei Wessels: AT, a.a.O., S.22). Teilweise nähern sie sich der kausalen Handlungslehre, teilweise stellen sie aber auch besonders die personale Struktur menschlichen Handelns heraus und nähern sich damit sehr dem Finalismus. Für die erste Variation steht z.B. die Definition Engischs der Handlung als "das willkürliche Bewirken objektiv bezweckbarer, sozial erheblicher Folgen" (Engisch: Kohlrausch-Festschrift, a.a.O., S.164). Die Beachtung der Finalstruktur tritt hingegen am stärksten in der im Text sogleich folgenden Definition Wessels zu Tage.

416) Wessels: AT, a.a.O., S.22

417) Eb.Schmidt: JZ 56, 190

418) Damit ist der sozialen Handlungslehre ein wesentlich neuer Schritt gelungen, wenngleich die obige Definition noch vergleichsweise konturenlos erscheint.

419) E.A.Wolff: Handlungsbegriff, a.a.O., S.32 Fn

b) Die Konsequenz für eine Beteiligungslehre

Um nun herauszufinden, was aus dieser Feststellung für eine Beteiligungslehre abgeleitet werden kann, ist es erforderlich, zuerst die Beziehung zwischen Handlung und Beteiligung klarzustellen:

Wenn ich handele, wenn ich mich verhalte, habe ich - weiträumig ausgedrückt - teil am Geschehen der Welt; ich beteilige mich daran.[420] Konkreter: Handeln heißt, Teil eines bestimmten Geschehens zu sein. Zu handeln bedeutet also, sich an einem bestimmten Geschehen zu beteiligen. Strafrechtlich-tatbestandlich gesprochen: Zu handeln bedeutet, sich an einer Tatbestandsverwirklichung zu beteiligen.

Auf eine bestimmte Art zu handeln, heißt sich auf eine bestimmte Art, in einer bestimmten Form zu beteiligen. Dies kann sodann mit oder ohne Zusammenwirken mit anderen Personen geschehen, wobei sich für das Zusammenwirken mehrere Konstellationen ergeben können.

Arten von Beteiligungsformen sind also Arten von Handlungen. Beteiligungsformen abzugrenzen bedeutet, im Hinblick auf das Verhältnis zu anderen Personen gestaltete Grundtypen von Handlungen abzugrenzen. Beteiligungslehre ist also die Lehre von der Handlung im Hinblick auf das Verhältnis zu andern Personen. Eine Beteiligungslehre muß folglich die Elemente des Handlungsbegriffs beinhalten, muß auf ihnen aufbauen und dabei die Betrachtung des Verhältnisses zu anderen Personen verstärken.

Das bedeutet: Wenn man Beteiligungsformen bestimmen will, muß man auf dem Wesen des Handlungsbegriffs aufbauen. Hieraus wiederum ist folgende Konsequenz zu ziehen: Will der Handlungsbegriff das Wesen menschlichen Verhaltens erfassen, so muß dies auch eine Beteiligungslehre leisten. Somit kann letzten Endes aus dem Handlungsbegriff folgendes abgeleitet werden:

Auch eine Beteiligungslehre muß das Wesen menschlichen Verhaltens und die sich sodann daraus ergebenden menschlichen Beteiligungsstrukturen begreifen.

---

420) Zwar nehme ich auch dann am Geschehen der Welt teil, wenn mein Verhalten nicht die Kriterien des strafrechtlichen Handlungsbegriffs erfüllt. Dennoch braucht sich eine Beteiligungslehre damit nicht mehr zu befassen, da der strafrechtliche Handlungsbegriff diese Verhaltensweisen ja schon vorher ausscheiden ließ.

2. Beantwortung anhand der Sinnbestimmung einer Beteiligungslehre ohne Rückgriff auf das zum Handlungsbegriff Gesagte

Um eine Antwort auf die erste Teilfrage allein aus der Sinnbestimmung einer Beteiligungslehre zu erhalten, muß gefragt werden, was eine Beteiligungslehre ist, wovon eine Beteiligungslehre handeln soll. Die Erkenntnisse über den Handlungsbegriff seien hierbei außer acht gelassen.

Prüft man die zur Beteiligungsproblematik gemachten Ausführungen in Rechtsprechung und Literatur, so ergibt sich: Beteiligungslehre ist die Lehre vom Verhältnis der Verhaltensweisen von Menschen zueinander im Hinblick auf die Verwirklichung ein und desselben Tatbestandes; dieses Verhältnis kann sich dabei dann als absolute Alleintäterschaft oder irgendwie geartetes Zusammenwirken darstellen.

Eine Beteiligungslehre also muß die Verhältnisse der Verhaltensweisen von Menschen untersuchen, die ein und denselben Erfolg oder ein und dieselbe Gefährdung verursachen; einmal die Verhältnisse zu dem Erfolg oder der Gefährdung, sodann die Verhältnisse der Verursachenden untereinander. Die Strukturen dieser Verhältnisse, dieser Beziehungen menschlicher Verhaltensweisen ergeben sich dabei aus den Strukturen der Einzelverhaltensweisen. Man muß also die Verhaltensweisen betrachten, um dann die Strukturen der Verhältnisse zueinander und zum Erfolg erkennen zu können. Daraus ist nun insgesamt zu folgern, daß eine sich im Sinne der oben aufgestellten Definition verstehende Beteiligungslehre die Struktur, also das Wesen menschlichen Verhaltens erfassen muß.

Dies wird durch eine weitere Überlegung bestärkt:

Das Gesetz hat sich in den Beteiligungsparagraphen nicht für eine Einheitstäterlösung entschieden. Vielmehr gibt es unterschiedliche Beteiligungsformen vor. Das bedeutet, daß die Unterschiede zwischen diesen Beteiligungsformen auch aufgezeigt werden müssen. Man kann zwar der Auffassung sein, die Aufgliederung der Erscheinungsformen ergebe sich nicht aus sachlogischen Strukturen, aus der Natur der Sache,[421] sondern stehe im freien Ermessen des Gesetzgebers.[422] Dennoch: Der Gesetzgeber, auch wenn

---

421) So aber Jescheck: 4.Aufl.,a.a.O., S.583; Lampe: a.a.O., S.308; ähnlich Roxin: TuT, a.a.O., S.26.

422) So Schönke-Schröder (Cramer): a.a.O., Rn 1 vor §§25ff; Engisch: Eb.Schmidt-Festschrift: a.a.O., S.120.

er sich für eine bestimmte Aufteilung entschieden hat und die aufgeteilten Formen zudem mit jeweiligen Voraussetzungen - den Tatbestandsmerkmalen der Beteiligungsvorschriften - versehen hat, hat nicht gesagt, auf welche Art und Weise sich dann die Unterschiede dieser Voraussetzungen ergeben, wie die Tatbestandsmerkmale zu konkretisieren sind.[423)] Es bleibt vielmehr Rechtsprechung und Wissenschaft überlassen, hier eine sachgerechte und angemessene Lösung zu finden. "Sachgerecht und angemessen" aber heißt: eine Lösung bezogen auf Sinn und Zweck des Strafrechts.

Nun geht es beim Strafrecht um ein für den Schutz des gedeihlichen Zusammenlebens (Wahrung des Rechtsfriedens, Erhalt der sozialen Ordnung) von der Rechtsgemeinschaft aufgestelltes Recht, bei dem bestimmt wurde, daß dem eine Rechtsverletzung herbeiführenden Menschen eine dem Unrecht und Schuld dieser Rechtsverletzung angemessene Strafe zuteil werden soll.

Das Strafrecht als Materie hat zum Objekt folglich den Menschen, und Unrecht und Schuld bestimmen sich nach dem Unwert seines Verhaltens.[424)] Es muß also das Verhalten des Menschen betrachtet und analysiert werden, um Unrecht und Schuld genau festzustellen. Das bedeutet somit: Das Strafrecht muß das menschliche Verhalten betrachten und bewerten. Es muß den Menschen in der Eigenart seines Verhaltens erfassen, um Unrecht und Schuld mit der daraufhin aufzuerlegenden Strafe gerecht zu werden.

Ist nun die Beteiligungslehre Teil des Strafrechts, und stellen die verschiedenen Beteiligungsformen verschiedene Arten des Unrechts dar, so muß auch sie den Menschen in der Eigenart seines Verhaltens erfassen, um ihm bei der Unrechts- und Schuldbewertung gerecht zu werden. Anhand der erfaßten menschlichen Verhaltensweisen, gerade auch im Hinblick auf das Zusammenwirken mit anderen, müssen dann die Unterschiede aufgezeigt werden, die die vom Gesetzgeber aufgestellten Voraussetzungen der Beteiligungsformen konkretisieren.

Die aus der Sinnbestimmung einer Beteiligungslehre gewonnene Antwort auf die erste Teilfrage lautet also: Eine Beteiligungslehre muß die im menschlichen Verhalten wurzelnden Beteiligungsstrukturen und damit dessen Wesen erfassen.[425)]

---

423) Sieht man einmal von der beschränkten Funktion der Gesetzgebungsmotive ab.
424) Jescheck: 4.Aufl., a.a.O., S.44f; Wessels: AT, a.a.O., S.4.
425) Auf den Unterschied zwischen ontologischer Handlungsstruktur auf der einen Seite und Wertung auf der anderen soll hier nicht eingegangen werden.

Die Sinnbestimmung einer Beteiligungslehre führt also zu demselben Ergebnis wie die Ableitung aus dem Handlungsbegriff. Es besteht folglich eine doppelte Versicherung der Richtigkeit.[426]

II. Beantwortung der zweiten Teilfrage: Was ist das Wesen menschlichen Verhaltens und wird es auch vom reflexiven Verständnis geprägt?

1. Handlungsbegriff und Beteiligungslehre

Die erste Möglichkeit eine Antwort auf die zweite Teilfrage zu erlangen, hat sich schon bei den Überlegungen zu Abegg und Köstlin angedeutet und wurde soeben unter I) 1. klargestellt: Entscheidend sind die bezüglich des Handlungsbegriffes in der Wissenschaft gewonnenen Erkenntnisse; diese sind dann auf die Verhältnisse von Beteiligung zu übertragen.

a) Handlungsbegriff und reflexives Verständnis

aa) Die Grundaussagen von finaler und sozialer Handlungslehre und ihr Verhältnis zueinander

Wie bereits unter I) 1. gezeigt, werden heute in erster Linie zurecht entweder die finale oder die soziale Handlungslehre vertreten.[427]

---

426) Sowohl das gemeinsame Ergebnis als auch Ableitung und Sinnbestimmung als solche zeigen zudem, daß folgende denkbare Einwendung nicht greift: Es genüge, das Wesen menschlichen Verhaltens allein für den als "Eröffnungssieb" der Strafbarkeitsprüfung geltenden Handlungsbegriff zur Voraussetzung zu machen. Hinterher - also bei der Frage nach der Beteiligungsform - könnten dann andere Maßstäbe angelegt werden, da nach der Handlungsprüfung sowieso nur noch typisch menschliches Verhalten zur Begutachtung stehe. Das bisher Erörterte belegt jedoch, daß bei jedem Prüfungsschritt neu versucht werden muß, dem menschlichen Verhaltens gerecht zu werden; dies besonders dann, wenn zwischen Prüfungsschritten - wie zwischen Handlung und Beteiligung - eine so enge Verbindung besteht.

Das Wesen menschlichen Verhaltens besteht gemäß der finalen Handlungslehre in der Ausübung von Zwecktätigkeit, im bewußt vom Ziel her gelenkten Wirken. Der Mensch hat ein bestimmtes Kausalwissen, kann die Folgen seines Tätigwerdens voraussehen und sodann das äußere Kausalgeschehen auf das gewünschte Ziel hin steuern, also final überdeterminieren. Handlung ist vom zwecktätigen Willen beherrschtes, final-gesteuertes Geschehen.
Nach der sozialen Handlungslehre liegt das Wesen menschlichen Verhaltens darin, daß es vom Willen beherrschtes oder beherrschbares, sozial-erhebliches Verhalten ist. Der Mensch ist Sozialperson, d.h, er tritt mit seinem Verhalten in Beziehung zur Umwelt und damit auch zu anderen Menschen. Handlung ist somit sinnhaft-gestaltender Faktor der sozialen Wirklichkeit.

Wie ist aber nun das Verhältnis beider Lehren zueinander?
Menschliches Verhalten ist zunächst ein innerpersonales Phänomen. Diesem wird die finale Handlungslehre mit ihren Aussagen zumindest vom Ansatz her gerecht. Menschliches Verhalten ist aber auch ein Vorgang im sozialen Zusammenleben. Diese Komponente erfaßt wiederum die soziale Handlungslehre. Beide Lehren begreifen somit das menschliche Verhalten unter einem jeweils anderen Blickwinkel. Dies spricht für eine Kombination beider Lehren,[428] um so alle Seiten menschlichen Verhaltens zu erfassen. Eine solche ist aber nur möglich, wenn beide Lehren sich nicht in bestimmten Bereichen ihrer Begründungsansätze und ihrer Konsequenzen widersprechen und sie gegenseitig ihre Mängel aufheben können.

Hierzu ist folgendes festzustellen:
Daß die soziale Handlungslehre dem Mangel der finalen Handlungslehre, Schwierigkeiten bei der Erfassung der Fahrlässigkeit[429] und dem Unterlassen zu haben, nicht erliegt, wurde bereits unter I. 1. gezeigt. Die Enge der finalen Handlungslehre würde somit aufgehoben werden. Steht mit der Finalität hinsichtlich der Bestimmung des Handlungsbegriffes die Subjektivierung zu sehr im Vordergrund,[430] so gelingt es der sozialen Handlungslehre mit der Beachtung der sozialen Relevanz menschlichen Verhaltens außerdem, den

---

427) Die kausale Handlungslehre spielt heute kaum mehr eine Rolle (vgl. nur Maurach-Zipf: AT 1, a.a.O., S.184).
428) In der heute h.L. Maurach-Zipf: AT 1, a.a.O., S.205; Wessels: AT, a.a.O., S.23f.
429) Siehe hierzu besonders Maurach-Zipf: AT1, a.a.O., S.197.
430) Maurach-Zipf: AT 1, a.a.O., S.197

objektiven Blickwinkel, nämlich den Standpunkt der anderen, zu erhalten,[431] und damit auch diesen Mangel der finalen Handlungslehre zu korrigieren.
Auf der anderen Seite kann nun aber der sozialen Handlungslehre vorgeworfen werden, daß ihre Handlungsdefinition, da zu weitgreifend, nicht aussagekräftig sei. Nach der Definition bedeutet der Begriff der Sozialerheblichkeit nämlich nur, daß das Verhalten des Menschen in Beziehung zur Umwelt und damit auch zu anderen Menschen steht. In einer solchen Beziehung befindet sich aber fast jedes Verhalten des Menschen; oft sogar auch das, welches man gerade durch das Sieb des Handlungsbegriffes für die weitere Prüfung ausscheiden will. Fast jedes auch nicht typisch menschliche Verhalten ist sozialerheblich; letzten Endes meist auch tierisches.[432] [433] Was also meint man, wenn man den Menschen als Sozialperson, als zoon politicon charakterisiert, was macht Sozialerheblichkeit tatsächlich aus? Ein bloßes "Zur-Umwelt-in-Beziehung-Stehen" reicht - wie gesehen - dazu nicht.
Die weitere Definition der sozialen Handlungslehre, Handlung sei sinnhaft-gestaltender Faktor der sozialen Wirklichkeit, hingegen faßt das Problem. Das, was den Menschen als Sozialperson ausmacht, ist nämlich gerade dieses sinnhafte Gestalten der sozialen Wirklichkeit: "Soziale Wirklichkeit" meint die tatsächlichen Beziehungen zu anderen Menschen; "sinnhaftes Gestalten" meint das Formen und Regeln aus sich selbst heraus, d.h. nach eigenen Vorstellungen und Wünschen, abstrakter: nach eigenem Denken und Wollen. Gestalten der sozialen Wirklichkeit heißt also: Das Formen und Regeln der eigenen Beziehungen zu anderen Menschen nach eigenem Denken und Wollen. Damit wird das begriffen, was den Menschen als Sozialperson erfaßt, was sozialerhebliches Verhalten ausmacht.
Basiert die Sozialerheblichkeit gerade auf Denken und Wollen des Subjekts als Grundlage des Gestaltens, so zeigt sich, daß die soziale Handlungslehre bei dieser Definition ihr Begründungsfundament in den wesentlichen Erkenntnissen der finalen Handlungslehre hat: der Wille als Rückgrat der Handlung. Ohne den Willen, ohne Denken und Wollen, kein sinnhaftes Gestalten; ansonsten wäre es wieder nur die leere Begriffshülse des "Zur-Umwelt-in-Beziehung-Stehens".

---

431) Vgl. etwa Maurach-Zipf: AT 1, a.a.O., S.202; E.A.Wolff: Handlungsbegriff, a.a.O., S.32 Fn.
432) Maurach-Zipf: AT 1, a.a.O., S.202
433) Diese nicht akzeptable Weite der sozialen Handlungslehre zeigt sich noch deutlicher bei ihren stärker im objektiven Denken verhafteten Vertretern wie Engisch (: Kohlrausch-Festschrift, a.a.O., S.164) und Eb.Schmidt (: JZ 56, 190).

Hiermit ist nun gezeigt, daß es die finale Handlungslehre ist, welche - in die soziale Handlungslehre einwirkend - den Mangel ursprüngicher Aussagekraftlosigkeit beseitigt. Die Definition der Handlung als sinnhaft gestaltender Faktor der sozialen Wirklichkeit kann somit zurecht als Brücke zwischen finaler und sozialer Handlungslehre bezeichnet werden.[434] Die ursprüngliche Weite des sozialen Handlungsbegriffes, die durch die Mißachtung der innerpersonalen Handlungsseite entstand, wird somit durch die finale Handlungslehre wieder eingeengt. Die Enge der finalen Handlungslehre aufgrund der Schwierigkeiten mit Fahrlässigkeit und Unterlassung wird durch den weiteren Ansatz der sozialen Handlungslehre hingegen gedehnt.[435] Beide Lehren heben also ihre Mängel gegenseitig auf. Aufgrund des verschiedenen Blickwinkels besteht auch kein inhaltlicher Widerspruch; bezüglich ihrer Grundaussage bedarf die soziale Handlungslehre sogar der Erkenntnisse der finalen.
Zuletzt stimmen beide Lehren auch in den Konsequenzen für den Verbrechensaufbau überein. Einer Kombination beider Lehren gelingt es somit, Handlung als personales und soziales Phänomen zu erfassen. Sie kann sowohl dem psychologischen als auch dem soziologischen Aspekt menschlichen Verhaltens gerecht werden.[436] [437]

Bezüglich der zweiten Teilfrage läßt sich somit zunächst folgendes festhalten: Menschliches Verhalten ist vom steuernden Willen beherrschtes oder beherrschbares Verhalten, welches sich als sinnhaft-gestaltender Faktor der sozialen Wirklichkeit erweist.

---

434) So Maurach-Zipf: AT 1, a.a.O., S. 200f.

435) Die Schwierigkeiten im Hinblick auf Fahrlässigkeit und Unterlassung bleiben dennoch. Ein gemeinsamer Handlungsoberbegriff kann sich jedoch nur daraus ergeben, daß die enthaltene Subjektivität sowohl eine finale als auch eine soziale Seite aufweist. Im Folgenden sollen entsprechende Lösungsmöglichkeiten angedeutet werden.

436) Maurach-Zipf: AT 1, a.a.O., S.203ff

437) Teilweise sehr ähnliche Kombinationsansätze finden sich bei Schmidthäuser (: AT, a.a.O., 5/5ff) und E.A.Wolff (: Handlungsbegriff, a.a.O.). Letztenendes ist auch die soziale Handlunglehre Wessels eine solche Kombination.

bb) Nähere Untersuchung zum menschlichen Verständnis in den Handlungslehren

(1) Die finale Komponente

Was damit aber im Detail über die Struktur dieses Verhaltens ausgesagt ist, soll zunächst an den von *Welzel* in das Strafrecht eingeführten Erkenntnissen über die Finalität menschlichen Verhaltens verdeutlicht werden; die Finalität erwies sich ja als ein Grundpfeiler des oben gewonnenen kombinierten Handlungsbegriffes. Wir gehen also jetzt zu Welzels Begründung der finalen Handlungslehre zurück.[438]

Das Wesen der Handlung als Ganze lasse sich nur erkennen, wenn die dem äußerlichen Verhalten vorgelagerten Akte des Wollens und des Erkennens analysiert und als Teil der Handlung begriffen und erfaßt werden.[439] Handlung laufe nämlich in zwei verschiedenen, miteinander verknüpften Sphären ab: der gedanklichen und der sich daran anschließenden der Verwirklichung in die Außenwelt.[440] Welzel teilt seine Untersuchungen bezüglich der gedanklichen Sphäre dabei in die über das Denken und die über das Wollen auf.

Denken beinhalte zwei Komponenten. Erstens: Das Wahrnehmen und Vorstellen eines oder mehrerer Gegenstände im Sinne von Aufnehmen, Ergreifen als Objekte des Bewußtseins.[441] Zweitens: Das daraufhin erfolgende Erfassen der Beziehungen dieser in das Bewußtsein aufgenommenen Gegenstände; also das Erlangen der Einsicht in die Beschaffenheit und die Strukturzusammenhänge eines Sachverhaltes.[442] Die objektiv vorhandenen Zusammenhänge der Gegenstände seien dabei die Grundlagen, auf die sich das Erfassen stütze. Denken richte sich also auf und nach den Zusammenhängen der Gegenstände:[443] Es bestehe eine - so Welzels Formulierung - sinnintentionale Beziehung zwischen dem Ich und den Gegenständen.[444]

Eine solche sinnintentionale Beziehung des Ichs auf die Gegenstände finde sich nun auch in dem Akt des Wollens wieder. Nur äußere sich hier die Bezogenheit

---

438 Als Textgrundlage soll uns Welzels Schrift "Kausalität und Handlung", a.a.O. dienen.
439) Welzel: Kausalität, a.a.O., S.12
440) Welzel: Lehrbuch, a.a.O., S.34f
441) Welzel: Kausalität, a.a.O., S.12f
442) Welzel: Kausalität, a.a.O., S.13
443) Welzel: Kausalität, a.a.O., S.13
444) Welzel: Kausalität, a.a.O., S.12f

in der Werthaftigkeit der Gegenstände für das Ich. Sich dann selbst dieser Beziehung bewußt zu werden, sei der Erkenntnisakt des Werterfassens. Das Ich bestimme nun die Werte, wäge sie ab und beschließe, sich entsprechend dem Abwägungsergebnis zu verhalten; es will. Das Wollen richte sich also nach dem Erkennen der Werte.[445]) Das Ich fasse einen Willensentschluß. Hierauf schließe sich ein Willensimpuls an, welcher eine Kausalkette in der Außenwelt in Gang bringe;[446]) wieder ein intentionaler Akt, diesmal im Hinblick auf den gewünschten Erfolg. Damit ist nun auch schon der Schritt aus der gedanklichen Sphäre in die außenweltliche Verwirklichung vollzogen.
Sowohl beim Denken als auch beim Wollen läge somit eine intentionale Beziehung zwischen dem Ich und den Gegenständen vor.

Welzels Ausführungen in seiner Abhandlung "Kausalität und Handlung" zu Denken und Wollen erwecken mißverständlicherweise den Eindruck, als verliefen der Akt des Denkens und der des Wollens, d.h. der Willensakt,[447]) parallel nebeneinander, und als führe allein der Akt des Wollens letzten Endes zum äußeren Verhalten. Wollen aber ist ohne Denken nicht möglich; der Wille impliziert das Denken. Welzel kann nichts anderes gemeint haben; ist doch Wertbestimmung von Gegenständen nicht ohne Aufnahme der Gegenstände in das Bewußtsein, in das Denken möglich. Außerdem basiert das Ausrichten der Handlung auf ein Ziel hin, die finale Überdetermination des Kausalgeschehens, also das, was nach Welzel das Charakteristische der menschlichen Handlung ist, gerade auf dem beschriebenen Denkvorgang. Der Wille als Ganzer ist somit vielmehr eine Erweiterung des Denkaktes um die Werterfassung und Werteabwägung und den Entschluß, sich entsprechend dem Abwägungsergebnis zu verhalten. Der Wille impliziert somit das Denken als seine notwendige Voraussetzung; dieses zumindest dann, wenn er das Charakteristikum menschlicher Handlung darstellen soll.

Menschliche Handlung ist für Welzel also die Verwirklichung menschlichen Willens; der Akt des Denkens liegt letzterem zugrunde.

---

445) Welzel: Kausalität, a.a.O., S.17ff
446) Welzel: Kausalität, a.a.O., S.19
447) Welzel macht keine (ausdrückliche) Differenzierung zwischen Wollen und Willen.

Ähnliche Ausführungen findet man bei *E.A.Wolff* hinsichtlich seines dann mit dem sozialen Handlungsbegriff zu verknüpfenden individuellen Handlungsbegriffs:[448])
Handlung sei ein Prozeß, der mit dem Verständnis des Einzelnen von der Situation beginne, welcher sich der Einzelne gegenüberstehe. Der Einzelne begreife sich hierbei zunächst als der Situation gegenübergestellt, d.h. von ihr abgesondert. Er begreife sich aber auch als Teil dieser, als Teil eines Gesamtzusammenhanges. Diesen Gesamtzusammenhang erfasse er in einem bestimmten Sinn, in einer bestimmten Qualität. Dem Einzelnen böten sich sodann mehrere Verhaltensmöglichkeiten. Eine davon werde er ergreifen, um so die vorfindliche Situation, die ein Verhalten von ihm erfordert, zu gestalten: Er entscheide sich, und setze dann das Ziel der ergriffenen Möglichkeit in die Wirklichkeit um.
Auf die Entscheidung als solche geht Wolff noch näher ein:
Durch das beschriebene Verständnis des Einzelnen von der Gesamtsituation habe das Ich einen Abstand zu dieser. Verständnis ist nur durch Betrachtung möglich, Betrachtung nur durch Abstand. Dank dieses Abstandes könne der Einzelne nun verständig überlegen, welche Verhaltensmöglichkeiten ihm zur Auswahl stehen, und welche er ergreifen will, welche er für sich als richtig ansieht. Die Antwort richte sich dabei nach dem Verständnis des Sollens bzw. des Nutzens, besonders auch nach dem Verständnis des Sollens bezüglich des Verhältnisses zu anderen Personen. Das Sollen ergebe sich dabei aus der eigenen kritischen Überprüfung erlernter Verhaltensnormen. Die Entscheidung, eine bestimmte Möglichkeit als eigene Verhaltensweise zu ergreifen, basiere damit auf dem Verständnis des eigenen Sollens in Verbindung mit dem Verständnis von der vorfindlichen Gesamtsituation.
Wird die für sich auserwählte Verhaltensweise dann in die Außenwelt umgesetzt, liegt also insgesamt eine Handlung vor, so sei diese Handlung "durch Entscheidung gestaltete Wirklichkeit", sei "freies, sinnbezogenes Ergreifen einer dem Einzelnen offenstehenden Möglichkeit".[449]) Sie sei die Verwirklichung des Handelnden selbst, sei "die Person selbst in ihrer Verobjektivierung".[450])

---

448) E.A.Wolff: Handlungsbegriff, a.a.O., S.16f
449) E.A.Wolff: Handlungsbegriff, a.a.O.. S.17
450) E.A.Wolff: Handlungsbegriff, a.a.O., S.17

Vergleicht man die Ausführungen Welzels und Wolffs, so zeigt sich bei beiden das Wesensmerkmal des Verständnisses des Ichs von der Situation, die dem Ich gegenübersteht, und des Verständnisses davon, wie sich das Ich verhalten soll.
Betrachten wir zuerst die Ausführungen zum Verständnis von der vorgefundenen Situation:
Laut Welzel ist Denken das Ergreifen der dem Ich gegenübertretenden Gegenstände als Objekte des Bewußtseins und das darauf erfolgende Erfassen der Beziehungen dieser in das Bewußtsein aufgenommenen Gegenstände, also das Erfassen der Strukturzusammenhänge eines Sachverhaltes. Dieses Erfassen der Zusammenhänge erfordert ein Verständnis des Ichs. Dieses Verständnis stellt auch Wolff an den Beginn des Handlungsaktes: Der Prozeß des Handlungsaktes beginne mit dem Verständnis des Einzelnen von der Situation, der er sich gegenübersehe. Wolff sagt zudem weiter, daß der Einzelne sich aber auch als Teil dieser Situation, als Teil der Gesamtsituation begreife. Dieser Schritt findet sich bei Welzel zwar nicht ausdrücklich, muß aber zwangsläufig mitgedacht werden. Handlung also setzt als Grundlage ein Verständnis des Einzelnen vom Gesamtzusammenhang, in dem der Einzelne als Teil eingebunden ist, voraus. Grundlage einer Handlung, weil Grundlage des Denkens, ist demnach ein Verständnis des Einzelnen von der vorfindlichen Gesamtsituation. Es ist ein selbstbezügliches, reflexives Verständnis; es bildet den Gesamtzusammenhang um den Einzelnen herum, mit ihm, auf ihn bezogen.

Auch das Verständnis des Ichs, wie es sich in der konkreten Situation verhalten soll, ist kein anderes, denn ein reflexives. Unabhängig davon, wo man dieses beim Willensvorgang einordnet: Auch dieses reflexive Verständnis ist wesentlicher Bestandteil menschlicher Handlung.
Insgesamt läßt sich somit bezüglich der Willenskomponente unseres Handlungsbegriffes festhalten: Das reflexive Verständnis ist für den menschlichen Willen konstituierend.

(2) Die soziale Komponente

Nachdem die vorherige Erörterung auf die personale Komponente beschränkt blieb, untersuchen wir als nächstes die menschliche Handlung als Faktor der sozialen Wirklichkeitsgestaltung. Hier ergibt sich:
Das Gestalten der sozialen Wirklichkeit wurde oben als das Formen und Regeln der tatsächlichen Beziehungen zu anderen Menschen nach eigenen Vorstellungen und Wünschen, nach eigenem Denken und Wollen beschrieben. Hieraus -

sowie aus der ebenfalls schon oben gemachten Feststellung, daß sinnhafte Gestaltung gerade auf den besonderen Eigenschaften des menschlichen Willens beruhe - zeigt sich, daß es wieder das reflexive Verständnis des Einzelnen ist, ohne das Gestaltung im Sinne der sozialen Komponente unseres Handlungsbegriffes nicht möglich ist: Formen interpersonaler Beziehungen nach eigenen Vorstellungen und Wünschen, nach eigenem Denken und Wollen, heißt Formen nach eigenem Verständnis, gerade auch nach dem Verständnis von den Beziehungen zu anderen.

Unser Handlungsbegriff setzt somit sowohl hinsichtlich seiner personalen als auch seiner sozialen Komponente das im menschlichen Willen implizierte reflexive Verständnis des Einzelnen als konstituierend voraus.

b) Die Spezifizierung des aus dem Handlungsbegriff Gewonnenen für eine Beteiligungslehre

Was bedeuten diese Erkenntnisse für das Verhältnis des Handelnden zu anderen Beteiligten, d.h. was bedeutet dies für eine Beteiligungslehre?

Die Antwort kann zunächst im Hinblick auf das Verhältnis von Handlung und Beteiligung gegeben werden. Unter I) 1. wurde gezeigt: Auf eine bestimmte Art und Weise zu handeln bedeutet, sich am Geschehen auf eine bestimmte Art und Weise zu beteiligen. Arten von Beteiligungsformen abzugrenzen heißt: im Hinblick auf das Verhältnis zu anderen Personen gestaltete Grundtypen von Handlungen abzugrenzen. Oben folgerten wir daraus, daß auch eine Beteiligungslehre das Wesen menschlichen Verhaltens erfassen und dabei auf den Elementen des Handlungsbegriffes basieren muß; sodann, daß diese Elemente besonders im Hinblick auf das Verhältnis zu anderen Beteiligten herauszustellen sind. Nun aber kann abgeleitet werden, daß das reflexive Verständnis des Einzelnen gerade vom Verhältnis zu anderen Beteiligten wesentlich für eine Beteiligungslehre ist.

Dieses Ergebnis läßt sich aber auch direkt an den einzelnen Elementen unseres Handlungsbegriffes herausarbeiten:

Als wesentlicher Inhalt der Sozialerheblichkeit wurde das Gestalten der Beziehungen zu anderen Menschen, das Gestalten der sozialen Wirklichkeit erkannt. Dieses Gestalten ist - wie weiterhin gezeigt - abhängig vom reflexiven Verständnis des Einzelnen von der Beziehung zu den anderen. Unter "die ande-

ren" können logischerweise auch die weiteren Beteiligten an einer Tat fallen; auch diese gehören zur sozialen Wirklichkeit. Damit beinhaltet schon unser Handlungsbegriff als solcher das reflexive Verständnis des Einzelnen von der Beziehung zu anderen Beteiligten.
Gleiches gilt, wenn man alleine die Final-Willens-Komponente betrachtet: Basiert die personale Struktur menschlicher Handlung auf dem Erfassen des Gesamtzusammenhanges und der Vorstellung, welche Mittel zur Zielerreichung auszuwählen sind, und stellen dann die weiteren Beteiligten sowohl Teile des Gesamtzusammenhanges als auch Faktoren dar, die bei der Zielerreichung irgendwie zu berücksichtigen sind, so ist auch allein in der personalen Komponente des Handlungsbegriffes das Verständnis des Einzelnen von der Beziehung zu anderen Beteiligten mitgedacht.

Damit ist hinsichtlich des Handlungsbegriffes, und erst recht hinsichtlich der Beteiligungsstrukturen gezeigt: Grundlegendes Wesensmerkmal ist das Verständnis des Einzelnen von der Beziehung zu anderen Beteiligten. Grundlegend nicht nur für das Erfassen der Gesamtsituation, sondern auch für die Frage, wie sich der Einzelne - in der konkreten Gesamtsituation - verhalten soll.

Auf die Erörterungen hier unter II. 1. zurückblickend muß aber konstatiert werden, daß aus dem Handlungsbegriff genaugenommen nur die willens- und handlungs*begründende* Seite des Verständnisses herausgearbeitet werden kann. Eine die Einordnung beurteilende Seite wird nicht angesprochen. Dennoch: Entscheidend ist, daß das reflexive Verständnis als solches überhaupt erfordert ist. Die für eine Beteiligungslehre notwendige beurteilende Seite ergibt sich bei der Beantwortung der dritten Teilfrage.[451])

c) Betrachtungen zu dem eben gewonnenen Ergebnis

- Mit einer so verstandenen Beteiligungs-(Handlungs)Lehre wird der Mensch in seinem Wesen erfaßt: Der Mensch ist anwesende Verstehensexistens. Er wird nicht nur von außen bestimmt, sondern handelt aufgrund reflektierender Selbstbestimmung. Grundlage dabei ist das Selbstbewußtsein, in welches auch

451) Diesen Schritt hin zur Beurteilung durch das reflexive Verständnis als Wesensmerkmal einer Beteiligungslehre würde Welzel nicht mehr mittragen. Faßt er doch seinen Handlungsbegriff - wie später gezeigt werden wird - rein instrumental auf und betrachtet die Frage der Reflexivität als zur Schuld gehörig. Damit wäre dann aber sein Ansatz nicht konsequent zu Ende gedacht.

der andere miteinbezogen ist; nur über die Stellung des anderen kann ich mir der eigenen bewußt werden. Handelt der Mensch sodann, so tut er das nach Vorstellungen von Gesetzen, die er für sich aus eigener Einsicht, aus eigenem Denken - meist aufgrund kritischer Überprüfung erlernter Verhaltensnormen - gewonnen hat. Der Mensch formt also aus sich selbst heraus das Leben. Die Selbstbestimmung bezüglich dessen, was er tun soll, schließt dabei aber immer das Verhältnis zum anderen, mit dem er in der jeweiligen Situation leben muß, mit ein.

- Eine das im Willen implizierte reflexive Verständnis beachtende Beteiligungslehre, die auf dem oben dargestellten Handlungsbegriff beruht, wird auch der unter B) II. 2. b) ee) a.E. dargestellten Kritik an den materiell-objektiven Beteiligungslehren gerecht: Nur wenn die Struktur des Willens gerade auch hinsichtlich des Verhältnisses zu anderen Beteiligten erfaßt wird, wird das menschliche Verhalten auch in seinem sozialen Sinn begriffen.

- Es findet sich insgesamt auch bestätigt und teilweise präzisiert, was sich bereits bei den Überlegungen zum reflexiven Verständnis anläßlich der Betrachtung der Lehren Abeggs und Köstlins (vgl. B) I. 2. b) cc) und B) I. 2. c) cc)) angekündigt hat: Um die Beteiligungsstrukturen zu erfassen muß eine Beteiligungslehre das reflexive, selbstbezügliche Verständnis des Einzelnen beinhalten.

Aber nicht nur vom Ergebnis her, sondern auch inhaltlich finden sich die dort angestellten Überlegungen durch die von der Kombination finaler und sozialer Handlungslehre gemachten Aussagen unterstützt:

Dies gilt zunächst für den Handlungsbegriff selbst:
Die Handlung richtet sich nach dem Willen, wobei dieser auf dem reflexiven Verständnis beruht. Somit richtet sich auch die Handlung nach dem reflexiven Verständnis; dem selbstbezüglichen Verständnis von der Gesamtsituation und von dem "Was soll ich tun?". In der Handlung zeigt sich folglich auch die Selbstgesetzgebung des Einzelnen, in welche auch die anderen Personen mit einbezogen werden, und damit das Verständnis von Verantwortung im Verhältnis zu anderen. Handlung ist Verwirklichung des Inneren. Was bewirkt wird, wird vom Verständnis bewirkt.

Weiterhin ist auch das zum Beteiligungsbegriff Gesagte untermauert und präzisiert: Auf eine bestimmte Art und Weise zu handeln heißt, - im Hinblick auf das Verhältnis zu anderen Personen - sich in einer bestimmten Weise zu beteiligen. Wie ich handele und auf welche Art und Weise ich mich somit im Verhältnis zu anderen beteilige, ist aber abhängig davon, welches Verständnis ich von dem einerseits schon bestehenden, andererseits aber durch meine Handlung auch noch weitergeformten Verhältnis zu den anderen habe. Somit ist die von mir gewählte Beteiligungsform abhängig von meinem Verständnis. Die Beteiligungsformen sind also die jeweiligen Verwirklichungen des Inneren. Um die Strukturen der Beteiligungsformen zu erfassen, muß eine Beteiligungslehre also den Menschen nicht nur in seinem faktischen Verhalten sondern auch in diesem selbstbezüglichen Verständnis begreifen. Denn die Beteiligungsformen sind Ausdruck des letzteren. Wenn mein Wille die Beteiligungsformen bewirkt und wesensbestimmend für diese ist, muß, um die Beteiligungsstrukturen richtig zu erfassen, diese, und damit die auf dem reflexiven Verständnis basierende, im Verhältnis zu anderen erfolgende Selbsteinordnung beachtet werden.

Besteht Einigkeit darüber, daß der Wille für eine Beteiligungslehre erfaßt werden muß, dann muß dies auch unter Berücksichtigung aller entscheidenden Komponenten des Willens geschehen. Nur dann wird der soziale Sinn menschlichen Verhaltens erfaßt.

- Exkurs:

Um sich der Richtigkeit dieser Sätze zu vergewissern, hilft es, die Problematik von zunächst etwas ungewohnter Seite zu beleuchten.

Die Beurteilung eines Sachverhaltes ist vergleichbar einem Theaterbesuch. Der Sachverhalt (das Stück) wird dem Zuschauer (dem Gutachter) vorgeführt. Es handelt sich dabei aber um eine Art Improvisationstheater: Die Rollen, die die Personen spielen, sind ihnen teilweise inhaltlich vorgegeben, teilweise stehen ihnen aber auch Freiräume zur Rollengestaltung zu. Bezeichneten wir vorher Handlung als Verwirklichung des Inneren, so kann - um in der Sprache der Dramaturgie zu bleiben - von Handlung als der In-Szene-Setzung des eigenen Willens, des eigenen Selbst, besser: von Handlung als Ich-Inszenierung gesprochen werden. Handlung ist Ich-Inszenierung, Beteiligung ist Rollenspiel. Die Rolle des Einzelnen ist dabei - wie schon gesagt - teilweise mehr oder minder vorgegeben. Teilweise kann der Akteur sein Verhalten aber auch selbst bestimmen, kann sich seine Verhaltensweisen selbst setzen. Er handelt dabei insgesamt so, wie er glaubt, daß es seiner Rolle entspräche. Er handelt entsprechend seinem Verständnis von sich selbst mit Blick auf sein Verhältnis zu anderen. Er beachtet dabei die ihm auferlegten Vorgaben und das, von dem er glaubt, in dem verbleibenden Verhaltensfreiraum seinem eigenen Ich in der Bezeihung zu anderen gerecht zu werden. D.h. somit: Handlung und damit die Art der Beteiligung entspringt dem eigenen Rollenverständnis. Das reflexive Verständnis von der Gesamtsituation, und das reflexive Verständnis davon, wie sich zu verhalten ist[452]), ist nichts anderes, als das Verständnis von der eigenen Rolle. Jedes Rollenspiel, also jede Beteiligung, ist ein Geflecht von Verknüpfungen äußerer Verhaltensweisen verschiedener Personen, wobei jede Verhaltensweise des Einzelnen auf seinen (inneren) Vorstellungen diese Verknüpfungen beruht. Die Frage nach der jeweiligen Beteiligungsstruktur läßt sich also nur über das jeweilige Rollenverständnis, in welches auch immer andere miteinbezogen sind, lösen, d.h. über das reflexive Verständnis vom Verhältnis der eigenen Person zu anderen.

Die Begriffe "Rolle" und "Rollenverständnis", an denen wir die Beteiligungsproblematik verdeutlichten, führen uns aber noch weiter. Sind sie doch zentrale Begriffe der Sozialpsychologie.[453]) Und so verwundert es gar

---

452) Dieses richtet sich aber auch wieder u.a. nach dem von der Gesamtsituation.

453) Es sei jedoch zunächst klargestellt, daß in der Sozialpsychologie und auch gerade in der Soziologie der Begriff der Rolle in einem wesentlich weiteren Sinne als hier gebraucht wird: Während wir "Rolle" nur als die in dem jeweiligen konkreten Handlungskomplex verstehen wollen, als den jeweilig übernommenen "part", wird dort Rolle als sich durch mehrere Handlungskomplexe durchziehende soziale Rolle verstanden.
Auch die im Text entwickelten Begriffe "Ich-Inszenierung" und "Rollenspiel" unterscheiden sich inhaltlich etwas von den entsprechenden in der Soziologie und der Sozialpsychologie. Hierzu sei auf ein Buch des Soziologen Erving Goffman mit dem Titel "The Presentation of Self in Everyday Life" (deutscher Titel: "Wir alle spielen Theater", a.a.O.) eingegangen. Goffman untersucht das gesellschaftliche Leben als ganzes hinsichtlich seiner Parallelen zum Schauspiel. Er kommt dabei zu dem Ergebnis, daß in jedem personalen Interaktionsverhältnis die Beteiligten grundsätzlich eine Selbstdarstellung geben, oft auch den anderen dadurch bewußt täuschend, um einen falschen Eindruck bei diesem hervorzurufen. Goffman verwendet dabei den Terminus "Das Selbst und seine Inszenierung" (Goffman: a.a.O., S.230ff). Er betrachtet das *dargestellte* Selbst als eine Art Bild, das dem anderen durch den Darsteller vermittelt wird. Dieses Bild - damit also das Selbst - ergäbe sich dem anderen aus der Gesamtszene der Handlung. Das "Selbst" Goffmans ist also nicht das rein aus dem Inneren des Darstellers entsprungene, sondern die dramatische (Gesamt)-Wirkung (Goffman: a.a.O., S.231). Goffman betrachtet hierbei "Selbst" aus dem Blickwinkel des beobachtenden anderen. Wenn wir oben Handlung als Ich-Inszenierung, damit also als Inszenierung des Selbst bezeichnet haben, so gingen wir dabei vom Handelnden aus:

nicht, wenn man in der Definition dieser Wissenschaft den Kern der vorliegenden Arbeit wiederfindet: Sozialpsychologie kann definiert werden, als "der Versuch, das Denken, Fühlen und Verhalten von Individuen zu verstehen, so wie diese durch die tatsächliche, vorgestellte oder implizierte Anwesenheit anderer Menschen beeinflußt werden"[454]), und Menschen folglich miteinander interagieren.[455]) Welche Erkenntnisse kann nun also die Sozialpsychologie für unser Anliegen bieten?

Zunächst folgende:

Menschliche Interaktion wird von den verschiedensten Faktoren beeinflußt: z.B. soziale Klasse, Rasse, Einkommen, Erziehung, politisches System, Kultur.[456]) Kurz: Die Gesellschaft ist eine Grundlage[457]) menschlichen Sozialverhaltens.[458]) Faßt man den Focus enger, läßt sich weiterhin feststellen, daß menschliche Interaktion gerade auch von der jeweiligen konkreten Situation abhängt.[459]) Faßt man den Focus ganz eng, so ergibt sich, daß sich das Verhalten des einen gegenüber dem anderen auch danach richtet, wie er den anderen begreift.[460]) Hierunter fällt auch die Tatsache, daß unser Verhalten oft auch von dem bestimmt wird, was die anderen über uns denken, bzw. was wir wissen oder glauben zu wissen, was die anderen von unserem Verhalten denken. Das sich von einem anderen beobachtet Wissen liefert also einen Bezugsrahmen für das Verständnis von sich selbst.[461]) Zusammengefaßt bedeutet das: Die Art und Weise, wie sich Menschen gegenseitig betrachten, interpretieren und verstehen, ist wesentliche Grundlage dessen, wie sie sich (dem anderen gegenüber) in der konkreten Situation verhalten.[462])

Auch die Sozialpsychologie unterstützt somit das oben gewonnene Ergebnis: Wie ich mich verhalte, hängt von meinem reflexiven Verständnis von meinem

---

das Verhalten - ohne Bewertung durch andere - als aus dem Willen des Einzelnen entsprungen.

Auch möchte ich nach der Lektüre des Goffmanschen Buches - um so einer mißverständlichen Auslegung entgegenzuwirken - betonen: Handlung als Ich-Inszenierung ist nicht immer - wenn überhaupt je - *falsches* "Sich-zur-Schau-Stellen" vor anderen. Denn selbst wenn man dem anderen etwas vorspielt: es entspringt doch der eigenen Vorstellung von dem, wie man glaubt sich darstellen zu müssen, also wieder dem Inneren.

454) Allport: zitiert nach Mann: a.a.O., S.11.

455) Forgas: a.a.O., S.2

456) Forgas: a.a.O., S.11

457) Natürlich nicht die einzige: Auch ererbte Anlagen spielen eine entscheidende Rolle.

458) Mann: a.a.O., S.48

459) Mann: a.a.O., S.109

460) Mann: a.a.O., S.138

461) Mann: a.a.O., S.137

462) Mann: a.a.O., S.139

Verhältnis zu anderen ab, so daß Beteiligungsstrukturen nur über dieses begriffen werden können.
Im Rahmen der anschließend zu erörternden Frage nach der Gültigkeit des reflexiven Verständnisses als Abgrenzungskriterium wird nochmals genauer auf sozialpsychologische Aussagen zurückzukommen sein.

2. Anerkennungsverhältnis und Beteiligungslehre

Unter I. 1. wurde aus der Diskussion um den Handlungsbegriff abgeleitet, daß eine Beteiligungslehre das Wesen menschlichen Verhaltens erfassen muß; unter II. 1. sodann, daß dieses Wesen im reflexiven Verständnis liegt. Die Ableitung unter II. 1. geschah dabei über den Handlungsbegriff. Daß eine Beteiligungslehre das selbstbezügliche Verständnis beinhalten muß, kann sich nun aber auch auf direktem Wege aus dem Gegenstand der Beteiligungsmaterie ergeben. Es handelt sich hierbei um die dann wohl grundlegendste Deduktion; eine Deduktion, die Verständnis auf seine Ausgangsbedeutung für das menschliche Dasein zurückführt.[463]

Das Grundverhältnis zwischen Menschen ist ein Verhältnis wechselseitiger Anerkennung: Aufgrund der Vernunftbegabung, die es jedem Menschen ermöglicht, Zusammenhänge der Dinge und des Geschehens zu erkennen, setzt er sich auch in Beziehung zu anderen; er begreift sie als Teil seiner Wirklichkeit. Dabei wird der andere als ein selbständiges, freies Vernunftwesen anerkannt; als ein Vernunftwesen, das den Einzelnen selbst wiederum auf gleiche Weise erfaßt. Das Ich nimmt also eine Anerkennungsleistung vor. Zudem wird dadurch, daß das Ich den anderen sich als ein Selbständiges gegenüber setzt, das Ich auch erst selbst als Selbstbewußtsein konstituiert.[464]
Das Grundverhältnis ist also durch die selbstbezügliche Anerkennungsleistung der einzelnen bestimmt. Es ist, da der andere als gleich anerkannt wird, ein Gleichheitsverhältnis.

---

463) Auch die folgenden Ausführungen stellen eine weitere Konkretisierung des in der Einleitung unter II. Gesagten dar.

464) Die hier vorgenommene Darstellung des Anerkennungsverhältnisses stützen sich auf die Ausführungen E.A. Wolffs: Die Abgrenzung, a.a.O., S.178ff besonders S.182ff. Zur Grundstruktur des Selbstbewußtseins durch Anerkennung siehe den Nachweis Fichtes: a.a.O., §§1-4.

Ist nun Recht die staatliche Verobjektivierung dieses Anerkennungsverhältnisses, so liegt in dem Anerkennungsverhältnis die interpersonale Grundlage des Rechts.[465]

Eine Beteiligungslehre befaßt sich mit den Beziehungen strafrechtlich relevanter, menschlicher Verhaltensweisen im interpersonalen Verhältnis. Das Wesen dieser Beziehungen betrifft damit genau das Anerkennungsverhältnis als Rechtsverhältnis. Zwar geht es bei der Beteiligungsmaterie in erster Linie nicht um die Beziehung zwischen Täter und Opfer, sondern um die zwischen mehreren Beteiligten (und dem Opfer). Auch wurde in der Wissenschaft bisher das Anerkennungsverhältnis nur zur Klärung zur Täter-Opfer-Beziehung herangezogen, nämlich im Hinblick auf seine Verletzung. Aber auch zwischen zwei Beteiligten besteht ein solches, welches dann zwar nicht eigentlich *verletzt* wird, jedoch *verändert* werden kann. Hinzu kommt nun, daß es bei der Beteiligungsmaterie um Ordnung von Personen (im Hinblick auf eine Erfolgsherbeiführung) geht, und auch das Anerkennungsverhältnis ja ein (Gleich-)Ordnungsverhältnis ist. Folglich ist es insgesamt denkbar, daß die durch Handlungen hergestellten (unterschiedlichen) Beziehungen zwischen den Beteiligten zu (unterschiedlichen) Veränderungen des Anerkennungs-(Gleichheits-)Verhältnisses führen können und damit unterschiedliche Beteiligungsformen darstellen. Wenn die konkrete Ordnung im Hinblick auf eine Erfolgsherbeiführung verändert ist, kann nämlich auch die Ordnung des Anerkennungsverhältnisses verändert sein.
Wann das der Fall ist, ist später zu erörtern. Sicher ist jedoch: Die Anforderungen an die *Veränderung* des Anerkennungsverhältnisses zwischen Beteiligten sind nicht so streng, wie bei der zwischen Beteiligten und Opfer. Bei letzterer liegt keine bloße Veränderung, sondern eine *Verletzung* vor.

Unterschiedliche Beteiligungsformen können sich also aus unterschiedlichen Veränderungen des Anerkennungsverhältnisses ergeben. Dieses Verhältnis ist nun zudem - wie gezeigt - ein selbstbezügliches, reflexives. Es ist durch das sebstbezügliche, reflexive Verständnis der einzelnen Personen gekennzeichnet, ja sogar konstituiert. Folglich muß eine Beteiligungslehre hinsichtlich der Abgrenzung von Begehungsformen - so sie nach der konkreten Veränderung

---

465) Siehe hierzu ausführlich: E.A.Wolff: Die Abgrenzung, a.a.O., S.194ff; Kahlo: a.a.O., S.298ff; Zaczyk: a.a.O., S.24f.

des Anerkennungsverhältnisses fragt - auf dem reflexiven Verständnis der Beteiligten in dieser seiner grundlegenden Bedeutung aufbauen.

III. Überlegungen zur dritten (weiterführenden) Teilfrage: Wie muß eine Beteiligungslehre das Wesen menschlichen Verhaltens erfassen, wie muß eine entsprechende Beteiligungslehre aussehen?

Es soll nun zu begründen versucht werden, auf welche Art und Weise man allgemein das reflexive Verständnis des Einzelnen für eine Beteiligungslehre nutzbar machen kann.
Wir wollen dabei das zuletzt zum Anerkennungsverhältnis Gesagte zunächst noch etwas beiseite lassen, um uns dann wieder zu dieser Grundlage des Rechts vorzuarbeiten.

1. Grundsätzliches zur Geeignetheit des reflexiven Verständnisses als Abgrenzungskriterium

Oben wurde unter II. bereits gezeigt, daß eine Beteiligungslehre das reflexive Verständnis des Einzelnen berücksichtigen muß. Bei der Begutachtung von Beteiligungsverhältnissen geht es nun - allgemein gesprochen - um Beurteilung. Da - wie unter B) I. 2. b) cc) dargelegt - das Verständnis des Menschen sowohl begründend als auch beurteilend ist, liegt es nahe, die beurteilende Seite des Verständnisses - also das von Einordnung - zur Abgrenzung der Beteiligungsformen heranzuziehen.

Zudem wird mit der beurteilenden Seite tatsächlich das Verständnis als Ganzes erfaßt: Wie bereits bezüglich Abegg gezeigt, steht das Verständnis von der Einordnung mit der tatsächlichen, vom begründenden Verständnis bewirkten Einordnung im Einklang; basiert es doch auf den Elementen des begründenden Verständnisses, so wie auch überhaupt nur von *einem* Verständnis zu sprechen ist.
Genaugenommen liegt sogar eine Verschmelzung von Handlungsbegründung und Handlungsbeurteilung vor: Die Begründung der Handlung bedarf erst der Beurteilung der eigenen Stellung in der Gesamtsituation, der eigenen Rolle im

Verhältnis zu den anderen. Der beurteilende Aspekt liegt dabei schon mitten im begründenden: Ich handele, wie es meinem reflexiven Verständnis von der Verwirklichung meiner selbst, von meiner Selbsteinordnung entspricht.
Das Verständnis ist also begründend und beurteilend in einem. Mit der Beurteilung der Selbsteinordnung, mit der Beurteilung der eigenen Stellung beginnt die Handlungsbegründung.

Damit ist gezeigt: Will man das reflexive Verständnis in eine Beteiligungslehre mit einbeziehen, so muß man es an der beurteilenden Seite bezüglich des Verhältnisses festmachen, und erfaßt es zugleich als Ganzes.

2. Die Gültigkeit des reflexiven Verständnisses als Abgrenzungskriterium

Es ist denkbar, daß gegen eine solche Beteiligungslehre der Einwand eingebracht wird, daß das Beachten der subjektiven Auffassung des Beteiligten der Bestimmungswillkür Tür und Tor öffne, da das Verständnis von Einordnung nicht notwendig mit der objektiven Einordnung übereinstimmen müsse. Es handelt sich hierbei um die Problematik, ob dem Inhalt des Verständnisses des Einzelnen allgemeine Gültigkeit zukommen kann, um als Abgrenzungsmaßstab geeignet zu sein.

a) Sozialpsychologische Betrachtungen

Und tatsächlich: Betrachtet man die Struktur des reflexiven Verständnisses aus dem subjektiven Blickwinkel sozialpsychologischer Erkenntnisse - zur Definition der Sozialpsychologie und der sich daraus ergebenden Anwendbarkeit dieser Wissenschaft für die vorliegende Arbeit vgl. II 1. c) Exkurs -, so zeigt sich: Das Verständnis von den eigenen Beziehungen zu den anderen Personen ist aufgrund der Eigenart der Personenwahrnehmung immer rein subjektiv; es kann folglich keinen objektiven Gültigkeitsmaßstab geben.

Um dies zu belegen und um zu zeigen, zu welchen Konsequenzen dies führen würde, sollen kurz die entsprechenden sozialpsychologischen Erkenntnisse dargestellt werden.

Denken sei der Versuch, Erkenntnis zu erlangen, der Prozeß der Erkenniserlangung.[466] Denken über Strukturen des in der Außenwelt Vorfindlichen und der Beziehungen zwischen diesen einzelnen Faktoren setze Wahrnehmung dieser voraus; Wahrnehmung sei also Teil des Erkenntnisprozesses.[467] Dies gilt unabhängig davon, wie weit sich die Definitionen von Wahrnehmung und Denken überschneiden, bzw., wenn keine Überschneidung vorliegt, wo sich im Erkenntnisprozeß ihre Verknüpfungsstelle befindet. Erkennen (Denken) und folglich Erkenntnis - somit auch: Verstehen und folglich Verständnis - basieren also auf der Wahrnehmung dessen, was erkannt werden soll.

Bezüglich der Beteiligungsstrukturen geht es um das reflexive Verständnis hinsichtlich der Beziehungen von Personen. Einem solchen Verständnis liegt folglich Personenwahrnehmung und soziale Wahrnehmung zugrunde. Personenwahrnehmung sei "die Art, in der sich Eindrücke, Meinungen, Gefühle über andere bilden"[468]; soziale Wahrnehmung sei die Art und Weise, in der sich die Deutungen von Beziehungen zwischen Personen ergebe.[469] Diese sozialpsychologischen Wahrnehmungsbegriffe erfassen Wahrnehmung nicht nur als Prozeß der Reizverarbeitung, sondern auch schon als das Ergebnis dieses Prozesses, allgemein als das Erfassen und Begreifen der anderen Personen und der interpersonalen Beziehungen, als das Erlangen von diesbezüglichem Verständnis.[470] Wahrnehmung und Verständnis gehen demnach teilweise ineinander über.

aa) Personenwahrnehmung; soziale Wahrnehmung

Objekte dieser Wahrnehmung sind Menschen und deren Beziehungen. Die nun folgende Darstellung der Gesetze der Personenwahrnehmung ergibt, daß es sich hierbei um der Personenwahrnehmung ureigene, nicht mit der allgemeinen Objektswahrnehmung vergleichbare Gesetze handelt:

Soziale Interaktion beginne mit der Wahrnehmung anderer Personen, d.h. mit dem "Sich-bewußt-Machen" und der sodann folgenden Beurteilung des Wesens

---

466) Herrmann, u.a.: a.a.O., S.74
467) Dorsch: a.a.O., zu "Wahrnehmung"; Scheidt: a.a.O., S.60ff, 74ff.
468) Mann: a.a.O., S.139
469) Mann: a.a.O., S.139
470) Forgas: a.a.O., S.20ff; Mann: a.a.O., S.139ff.

der anderen Person, inkl. ihrer Absichten und der von ihr zu erwartenden Verhaltensweisen.[471] Wie wir uns gegenüber dem anderen verhalten, richte sich nach unserer Wahrnehmung von der Person des anderen.[472] Soll die Interaktion in unserem Sinne verlaufen, so müssen wir den anderen korrekt wahrnehmen, die Situation richtig verstehen, um sie kontrollieren zu können.[473] Personenwahrnehmung folge aber nur teilweise den Prinzipien der Wahrnehmung physikalischer Objekte (allgemeine Objektswahrnehmung).[474] Während sich letztere auf mehr oder minder unmittelbar Zugängliches, Meßbares, eben auf Gegenstände beziehe, richte sich Personenwahrnehmung meist auf eher "verborgene" Eigenschaften von Menschen, welche sich der Wahrnehmende erst "erschließen" müsse,[475] da sie nicht offen und meßbar zu Tage lägen, d.h. er müsse aus dem Verhalten des anderen Schlußfolgerungen auf dessen Person ziehen.[476] Diese Schlußfolgerungen basierten als solche auf zwei unvermeidlichen Tatsachen, die deren objektive Korrektheit fragwürdig erscheinen ließen.

Zunächst: Wenn wir einer *Person* gegenübertreten, so handele es sich um ein Wahrnehmungs-"Objekt", dessen Eigenschaften - wie gesagt - nicht offen zugänglich seien. Viele Informationen, die ich zur vollständigen Erfassung des Wesens des anderen brauche, sind mir nicht gegeben, da sie für mich (zunächst) verborgen sind. Hinzu komme, daß der andere sein Verhalten dahingehend manipulieren könne, daß er mir "etwas vorspiele", er mir also wahre Informationen vorenthalte bzw. sie sogar verfälsche.[477] Außerdem sei das Verhalten (des anderen) das Ergebnis vieler komplexer innerpsychischer Vorgänge.[478] Ich habe also insgesamt ein mir nur teilweise zugängliches "Objekt" vor mir.

Die zweite unvermeidbare Tatsache der Schlußfolgerungen liege im Wahrnehmungssubjekt, also dem Wahrnehmenden selbst, begründet: Schlußfolgerungen hinsichtlich der Person eines anderen würden von subjektiven Prozessen, d.h. von Gefühlen, Einstellungen, Motivationen, Absichten beeinflußt.[479] Es komme dabei fast zwangsläufig zu Verzerrungen,

---

471) Forgas: a.a.O., S.20; Mann: a.a.O., S.138.
472) Goffman: a.a.O., S.5
473) Forgas: a.a.O., S.20, 72
474) Forgas: a.a.O., S.21; Mann: a.a.O., S.138.
475) Forgas: a.a.O., S.21
476) Goffman: a.a.O., S.7
477) Goffman: a.a.O., S.7
478) Forgas: a.a.O., S.26f
479) Forgas: a.a.O., S.21; Mann: a.a.O:, S.138.

sogenannten motivationsbedingten Verzerrungen,[480]) denen jeder - jeweils unterschiedlich - unterliege. Schlußfolgerungen seien somit immer subjektiv, nie objektiv.

Betrachten wir zur Verdeutlichung einen Ausschnitt aus den möglichen Verzerrungen:
Ursachen von solchen seien oft dem Beobachtenden eigene Meinungen über bestimmte Menschentypen und eigene Meinungen über die Verbindungen zwischen Persönlichkeitsmerkmalen; gerade auch dann, wenn von einem wahrgenommenen auf ein anderes Merkmal geschlossen werden solle, zu dem noch keine Informationen vorliegen.[481]) Daß Urteile von verschiedenen Personen über ein und denselben Menschen verschiedenen ausfallen können, liege daran, daß jeder auf sein ihm "ureigenes Wissensresevoir"[482]) zurückgreife, d.h. auf "Erfahrungen und Vorstellungen, die wir [bisher] über die Organisation von Persönlichkeitsmerkmalen gesammelt haben"[483]); eine jedem einzelnen eigene "implizite Persönlichkeitstheorie".[484]) Aufgrund dieser entschieden wir dann, welche der von uns wahrgenommenen Persönlichkeitsmerkmale wir als zur Urteilsbildung wichtig heranziehen, und welche Schlußfolgerung wir von diesen auf die uns nicht bekannten Persönlichkeitsmerkmale ziehen.[485]) Selbst wenn es innerhalb von Gruppen, Gesellschaften oder Kulturen Übereinstimmungen geben sollte, die impliziten Persönlichkeitsstrukturen seien doch "höchstpersönliche Konstrukte".[486])

Insgesamt könne somit gesagt werden, daß sowohl die Wahrnehmung der einzelnen Persönlichkeitsmerkmale als auch das Zusammenfügen dieser zu einem einheitlichen Bild und Urteil bezüglich der Person - sogenannte Eindrucksbildung[487]) - von motivationsbedingten Verzerrungen beeinflußt seien. Personenwahrnehmung beruhe aufgrund der Struktur von Wahrnehmungsobjekt und Wahrnehmungssubjekt immer auf rein persönlichen Schlußfolgerungen, sei folglich immer subjektiv.

Ähnlich sei es auch mit der Wahrnehmung von uns selbst. Zwar wären uns bezüglich unserer eigenen Wahrnehmung mehr Informationen zugänglich. Dennoch könnten auch wir uns selbst nicht immer richtig einschätzen, verstehen. Auch die eigene Wahrnehmung, die Selbstwahrnehmung sei

---

480) Forgas: a.a.O., S.21; Mann: a.a.O., S.143.
481) Forgas: a.a.O., S.35
482) Forgas: a.a.O., S.36
483) Forgas: a.a.O., S.36
484) Forgas: a.a.O., S.36
485) Forgas: a.a.O., S.40
486) Forgas: a.a.O., S.37
487) Forgas: a.a.O., S.54ff; Mann: a.a.O., s. 144ff.

motivationbedingten Verzerrungen unterworfen.[488] Auch Selbstwahrnehmung sei folglich immer subjektiv.

Ist nun sowohl Personenwahrnehmung als auch Selbstwahrnehmung immer subjektiv, so ist es zwangsläufig auch die Kombination beider, nämlich die Wahrnehmung der Beziehung zwischen den Personen, die soziale Wahrnehmung.

bb) Die Konsequenzen für das reflexive Verständnis

Das reflexive Verständnis[489] von den eigenen Beziehungen zu anderen Personen basiert nun - wie gezeigt - auf dieser sozialen Wahrnehmung; die Beurteilung der Person anderer Menschen ist Basis für die eigene Einordnung, bzw. das reflexive Verständnis ist schon teilweise im Begriff "Wahrnehmung" enthalten. Folglich wäre auch das reflexive Verständnis Verzerrungen unterlegen und - da jeder diesen Verzerrungen auf unterschiedliche Weise unterliegt - immer rein subjektiv.

Es ist nun gezeigt, daß eine Betrachtung des reflexiven Verständnisses aus sozialpsychologischer Sicht tatsächlich ergibt, daß dieses Verständnis aufgrund der Eigenart der Personenwahrnehmung immer rein subjektiv ist; nicht nur seine handlungsbegründende Seite, sondern auch die handlungsbeurteilende.
Für die Gültigkeit des selbstbezüglichen Verständnisses zöge dies zwei sich als Alternativen gegenüberstehende Konsequenzen nachsich: Entweder existiert überhaupt keine Gültigkeit selbstbezüglichen Verständnisses, oder aber es kommt jedem einzelnen Verständnis individuelle und damit allgemeine Gültigkeit zu.[490]
Für die Frage nach Täterschaft und Teilnahme würde dies entweder die Kapitulation einer Beteiligungslehre bedeuten (1.Alternative), oder aber man müßte sie vollständig und alleine nach der Wertung des Beteiligten beantworten (2.Alternative). Die Bestimmung der Beteiligungsform nach der 2.Alternative würde dann folgendermaßen vorsich gehen: Man fragt den Beteiligten, ob er

488) Dies gilt unabhängig davon, auf welche Weise wir Zugang zu unseren eigenen inneren Vorgängen finden. Vgl. hierzu Forgas: a.a.O., S.91ff.
489) Dies ist eine auch der Sozialpsychologie geläufige Figur.
490) Dehnt man letzteres auf jegliche Art des Erkennens aus, so kommt man zum dieses propagierenden Konstruktivismus. Siehe hierzu Watzlawick (hrsg.): Die erfundene Wirklichkeit, a.a.O..

sich als Täter verantwortlich betrachte. Antwortet er mit: "Nein" und sieht sich stattdessen nur als z.B. Gehilfe, so wäre damit die Entscheidung zugunsten der Teilnahme gefallen.

cc) Zur Kritik an den sozialpsychologischen Konsequenzen im Hinblick auf eine Beteiligungslehre

Es ist richtig, daß soziale Wahrnehmung motivationsbedingten Verzerrungen unterworfen und folglich immer subjektiv ist. Dennoch kann nicht so weit gegangen werden, daß man hinsichtlich dieser Wahrnehmung jedem einzelnen Wahrnehmenden bedingungslos seine eigene, vollständig gültige Wahrheit, seine eigene Wirklichkeit zuschreibt. Gäbe es nicht einmal eine gemeinsame Wahrheitsbasis, so wäre nämlich keine Kommunikation über Personen, keine diesbezügliche Verständigung zwischen Menschen möglich. Daß es aber eine solche Verständigung gibt, lehrt die Tatsache, daß das Leben der Menschen in der Gesellschaft - welches gerade auch auf der Kommunikation über Personen beruht - noch nicht zusammengebrochen ist. Es gibt also eine gemeinsame Wahrheitsbasis; auch wenn die konkrete Wahrnehmung des Einzelnen dann subjektiv gefärbt ist.

Daß es eine solche gemeinsame Wahrheitsbasis bezüglich sozialer Wahrnehmung gibt, und damit nicht nur individuelle Gültigkeit von Verständnis möglich ist, ist zugleich auch höchst notwendig für die Existenz einer (Straf-)Rechtsordnung sowie von Recht überhaupt:

Beteiligungsformen sind Formen des Unrechts oder jedenfalls der darauf aufbauenden Straf*rechts*schuld. Was Unrecht ist, und wann solches vorliegt, entscheidet aber die Rechtsordnung und nicht der Einzelne. Somit muß auch über die Beteiligungsfrage die Rechtsordnung entscheiden; zumindest bezüglich dessen, was man erfassen muß, um sich den Erfolg als Täter zuzuschreiben. Eine Rechtsordnung muß also möglichst allgemeingültige Grundsätze aufstellen. Sie muß dies folglich auch hinsichtlich der Beteiligungsformen tun. Stellt man die Abgrenzung der Beteiligungsformen selbst vollständig in die Bewertung des Einzelnen, so müßte nach dieser dann angewandten sozialpsychologisch-konstruktivistischen Sichtweise generell die Frage des Unrechts in die Beurteilung des Einzelnen fallen. Eine allgemeingültige Rechtsordnung existiert dann jedoch nicht mehr.

Auch dem Grundprinzip des Rechts als solchem wäre andernfalls der Boden entzogen: Recht - und damit auch die Feststellung von Unrecht - ist nur möglich, wenn die Menschen mit einem allgemeinen Gesetz erfaßt, und sie auch als Gemeinschaft gleicher Rechtssubjekte begriffen werden. Recht muß also jeden Menschen mit den anderen auf einer in ihm liegenden, ihn als Rechtssubjekt auszeichnenden Ebene verbinden; einer Ebene, welche allen Rechtssubjekten gemeinsam und zugänglich ist; eine Ebene, auf der dann a) allgemeingültige Ordnung möglich wird, welche b) dann dabei selbst wiederum an der gemeinsamen Wahrheitsbasis von sozialer Wahrnehmung anlegt, da Feststellung von Recht und Unrecht immer mit sozialer Wahrnehmung verbunden ist.

Für eine Beteiligungslehre heißt das: Die Beteiligungsabgrenzung darf nicht ins freie Belieben des Beteiligten gestellt werden, sondern sie muß diese Recht ermöglichende, weil uns verbindende, im Einzelnen vorhandene Ebene zu ihrer Grundlage machen, und bedarf dabei der gemeinsamen Wahrheitsbasis der sozialen Wahrnehmung. Die Beteiligungslehre muß das zwischen den Einzelnen bestehende Rechtsverhältnis berücksichtigen.
Da es bei der Beteiligungsabgrenzung um das Erkennen eines Ordnungsverhältnisses von Personen im Hinblick auf einen Erfolg geht, handelt es sich hierbei um eine Ebene der Ordnung, der Einordnung. Die Beteiligungslehre muß den Menschen auf dieser Ebene erfassen.

Für eine Beteiligungslehre, *die nach dem reflexiven Verständnis von Einordnung fragt*, bedeutet das bisher Gesagte konkret, daß sie auf einer Ebene im Verständnis des Einzelnen aufzubauen hat, welche die Allgemeingültigkeit der Selbsteinordnung gewährleistet; dabei bedarf sie als ihrer Grundlage der allen Personen gemeinsamen Wahrheitsbasis von sozialer Wahrnehmung. So ist allgemeingültiges reflexives Verständnis denkbar.

b) Die verständig-allgemeingültige Einordnung

An eine Beteiligungslehre sind also zwei Forderungen zu stellen; so widersprüchlich sie scheinen, so sind sie doch zu kombinieren: Eine Beteiligungslehre muß zunächst das reflexive Verständnis des Beteiligten beinhalten. Ferner muß sie aber zugleich allgemeingültige Grundsätze zur Beteiligungsabgrenzung bereitstellen. Auf der Suche nach einer diese Forderungen verbindenden Synthese ist folglich danach zu fragen, ob es im Verständnis des Beteiligten eine Ebene gibt, in der ein allgemeingültiger Maßstab zur Beteiligungsabgrenzung existiert bzw. angelegt werden kann, und damit eine allgemeingültige Beteiligungsabgrenzung möglich ist. Es gilt also die beurteilende Seite des reflexiven Verständnisses daraufhin aufzuschlüsseln. Das Ziel ist dabei in zwei Schritten zu erreichen.

aa) Die Ebenen des reflexiven Verständnisses von Einordnung (1.Schritt)

Das reflexive Verständnis kann genaugenommen als ein doppeltes konstruiert werden; dergestalt, daß man es in zwei Schichten, Ebenen aufteilt.

Die erste Ebene der beurteilenden Seite des reflexiven Verständnisses ist die der Einordnung, wie sie jeder Vernünftige - so auch der Beteiligte - vorgenommen hätte oder sie verständigerweise auch vornimmt.

Die zweite Ebene besteht darin, daß die Einordnung der ersten Ebene durch Wünsche und Triebe des Beteiligten hinsichtlich der Verantwortungszuschreibung modifiziert wird.

Bei der ersten Ebene wird der Beteiligte als ein Vernünftiger betrachtet. Er wird also allen Vernünftigen als ein gleichermaßen Vernünftiger gleichgesetzt. Sodann wird dabei angenommen, daß es einen (vernünftigen) allgemeingültigen Maßstab für eine Einordnung gibt - einen Maßstab, der auch dem Beteiligten als einem Vernünftigen zugänglich ist - und danach gefragt, welches beurteilende Verständnis von der Einordnung der Beteiligte als Vernünftiger hätte haben müssen oder sogar auch hatte. Daß sich der Beteiligte letzten Endes dann tatsächlich eine davon abweichende Art der Verantwortung zuschreibt, ist ein von rein subjektiven - nicht allgemeingültigen - Schlußfolgerungen bewirkter Akt der zweiten Ebene.[491]

Will man innerhalb des Verständnisses einen Punkt finden, der einen Ansatz zur allgemeingültigen Beteiligungsabgrenzung bietet, so zeigt das Zwei-Ebenen-Modell, daß das menschliche Verständnis von bestimmten subjektiven Verzerrungen - nämlich denen der zweiten Ebene - zu säubern ist: Sonach ist nach der Einordnung der ersten Ebene zu fragen. Nur hier kann eine allgemeingültigen Grundsätzen entsprechende Einordnung zu finden sein.

Die entscheidende Frage für die Beteiligungsabgrenzung lautet demnach:

---

491) Aufgrund seines von der Norm abweichenden Verantwortungsverständnisses spielt der Beteiligte z.B. seine sich aus der ersten Ebene ergebende Einordnung herunter.

Welches beurteilende reflexive Verständnis von der Einordnung hätte der Beteiligte als ein Vernünftiger bei seinen Vorstellungen (inklusive der Personenwahrnehmung) haben müssen,[492] welches reflexive Verständnis bezüglich der Einordnung hätte auch jeder andere Vernünftige bei gleichen Vorstellungen gehabt?

bb) Der allgemeingültige Bezugspunkt (Einordnungsmaßstab)für das reflexive Verständnis: die konkrete Ausgestaltung des Anerkennungs-(Gleichheits-)verhältnisses (2.Schritt)

Um diese Frage zu beantworten, bedarf es nun der Erarbeitung des besagten allgemeingültigen Einordnungsmaßstabs, eines Einordnungsrasters, das grundsätzlich jedem zugänglich ist.

(1) Das Anerkennungsverhältnis als Einordnungsmaßstab und seine nähere Ausgestaltung

Den genauen Maßstab findet man in dem zwischen den Menschen bestehenden Grundverhältnis, dem Anerkennungsverhältnis.

Dieses Grundverhältnis ist - wie die Überlegungen unter II. 2. zeigten - als ein Gleichheitsverhältnis ausgestaltet:

Ich erkenne den anderen als mir gleich an, billige ihm die gleiche Wirklichkeit zu. Ich betrachte ihn als mir gleichgesetzt, mir nebengeordnet.[493]

Das Anerkennungsverhältnis also ist ein Gleichordnungsverhältnis und damit ein (Ein-) Ordnungsmaßstab. Betrachten wir es näher, so zeigt sich folgende Konsequenz:

Jedem Menschen kommt als einem Vernünftigen und damit für seine Handlungen als Verwirklichung seiner Vernunft Verantwortlichen entsprechend der jeweiligen Handlung ein gleiches Maß an Verantwortung zu.

Da dies für die vorliegende Arbeit zu wesentlichen Konsequenzen führt und das Anerkennungsverhältnis zudem näher bestimmt, soll seine Aussage anhand Kantisch orientierter Überlegungen ausführlicher begründet werden:

---

492) Anders ausgedrückt: Wie hat er sich als Vernünftiger eigentlich auch eingeordnet? Daß diese Einordnung dann auf der zweiten Ebene allenfalls wieder "übertüncht" wurde, ist dabei ja nicht mehr zu berücksichtigen.

493) Vgl. hierzu auch Schulz: a.a.O., S.162ff.

Alle Menschen sind - wie gesagt - als Vernunftwesen gleich. Sodann muß ihnen als Vernunftwesen aber zugleich die gleiche Freiheit zuerkannt werden, denn nur dann ist jedem die gleiche Möglichkeit vernünftigen Handelns gegeben. Diese individuelle Freiheit basiert auf gleicher Autonomie aller. Jedem Menschen kommt also gleiche Autonomie zu, jeder hat den gleichen Anspruch auf autonome Selbstbestimmung.[494] Auch diese Erkenntnis ist dabei Teil der Anerkennungsleistung des Einzelnen.

Betrachten wir nun zunächst die Autonomie als solche, um anschließend die Konsequenz im Hinblick auf das Gleichheitsverhältnis zu ziehen:
Soll eine Handlung einem Menschen als einem freien Subjekt zugerechnet, sie als das Produkt eines solchen betrachtet werden, dann ist ihr im Idealfall ein Wille zugrundezulegen, der frei von jedweder naturhafter Determination ist. Solche vollendete Autonomie, solche vollendete Selbstgesetzgebung aus reiner praktischer Vernunft ist aber nicht möglich, da der menschliche Wille immer auch heteronomen Einwirkungen ausgesetzt ist. Der menschliche Wille kann sich also nie vollendet autonom zeigen.[495] Vollendete Autonomie bleibt lediglich das Entwicklungsziel, auf welches hin der Mensch bestimmt ist.[496]

Daß der menschliche Wille sich nicht vollendet autonom zeigt, gilt erst recht beim strafrechtliches Unrecht begehenden Menschen: Von Handeln gemäß dem kategorischen Imperativ kann nicht gesprochen werden.

Ist nun vollendete Autonomie nicht möglich, so liegen in jeder Handlung heteronome Bestimmungsgründe. Vollständige Heteronomie ist aber nur dann gegeben, wenn die Handlung blind-kausal war. Bei einer nicht blind-kausalen

---

494) Vgl. hierzu Luf: a.a.O., S.1ff mit den entsprechenden Nachweisen bei Kant.
495) Vgl. Luf: a.a.O., S.14, 29, 47.
496) Das hier und im folgenden zur Diskrepanz autonomer und heteronomer Bestimmungsgründe Gesagte bezieht sich jedoch nur auf die *Leistung* der Selbstgesetzgebung des Einzelnen. Hinsichtlich des *Gegenstandes* stellen Autonomie und Heteronomie keinen eigentlichen Gegensatz dar. Vielmehr nimmt hier die erstere die letztere in sich auf; beide bilden eine Einheit. Der Mensch ist nämlich immer vor eine konkrete empirische Situation gestellt, die er sodann zu bewältigen hat. Um heteronome Bestimmungsgründe als Ausgangspunkt seiner (autonomen) Handlung kommt er also nie herum. Bei der Frage des Gegenstandes der Selbstgesetzgebung kann vollendete Autonomie, vollendeter Indeterminimus im Sinne absoluter Richtigkeit somit auch noch nicht einmal das Entwicklungsziel menschlichen Handelns sein; ansonsten müßte der Mensch göttliches Wesen anstreben.

Handlung liegt also immer mehr oder minder verwirklichte Autonomie vor. Daß sinnliche, heteronome Bestimmungsgründe die (deshalb dann auf nicht vollendeter Autonomie beruhende) Handlung prägen, steht einer Zurechnung dieser Handlung als Produkt eines freien Subjektes jedoch nicht entgegen.[497]

Basiert jede nicht rein blind-kausale Handlung auf Freiheit und damit auf - wenn auch nur beschränkter - Autonomie, ist also die Handlung Produkt eines frei entscheidenden Subjektes, dann - und nur dann - ist auch Verantwortung möglich; dann kann der Mensch als selbstverantwortliches Subjekt seines Handelns betrachtet werden. Verantwortung wird möglich, und ist zugleich zwingend gegeben.
Handele ich nun mit autonomem Willen selbstgesetzgebend oder zumindest doch erkennend, daß ich auch nach anderen Gesetzen hätte handeln, also frei hätte wählen zu können, so werde ich durch die freie "Gesetzgebung" oder besser: die freie "Gesetzesauswahl" zum Verantwortung tragenden Herrn der Tat.

Mit Blick auf das Gleichheitsverhältnis bedeutet dies nun, daß jedem Menschen als einem Vernünftigen und damit für seine Handlungen als Verwirklichung seiner Vernunft Verantwortlichen entsprechend der jeweiligen Handlung ein gleiches Maß an Verantwortung zukommt.[498]

---

497) Zur diesbezüglichen Unterscheidung Kants von einerseits intelligiblem, andererseits auch empirischem Charakter des Menschen siehe Kant: Kritik der reinen Vernunft, a.a.O., S.522ff (1.Originalauflage (1781): S.532ff; 2.Originalauflage (1787): S.560ff), S.536 (1.Originalauflage (1781): S.550f; 2.Originalauflage (1787): S.578f); Kritik der praktischen Vernunft, a.a.O., S.94ff (1.Originalauflage (1788): S.169ff).

498) Zu diesem Ergebnis kommt man auch, wenn man - ohne den kantischen Ansatz - mit anderer Begründung die Willensfreiheit bejaht.
So ist z.B. Köstlins hegelorientierte Argumentation nicht zu verwerfen: Der Verbrecher gebe sich zwar einem Naturtrieb hin, setze sich also in Unfreiheit, doch geschehe dies selbst wiederum aus Freiheit, aus freier Selbstbestimmung (Köstlin: Neue Revision, a.a.O., S.129f), was in der Fähigkeit des Menschen zu denken begründet sei (vgl. Köstlin: Neue Revision, a.a.O., S.65). Die Unfreiheit sei eine freiwillige, da der Verbrecher zwischen Trieb und Vernunft wählen könne (Köstlin: Neue Revision, a.a.O., S.130). Auch der verbrecherische Wille habe also seinen Ursprung in der menschlichen Willkür, in der Wahlfreiheit (Köstlin: Neue Revision, a.a.O., S.129). "Willkür" stellt für Köstlin dabei eine von drei Freiheitsformen dar. Es handele sich bei ihr zwar nicht um die Form vollendeter Freiheit (absolute Freiheit), trotzdem aber um Freiheit (Köstlin: Neue Revision, a.a.O., S.70ff, 129).
Auch andere Ansätze, wie der Arthur Kaufmanns, welcher freilich von einem etwas anderen Begriff der Freiheit ausgeht, sind beachtenswert: Er spricht von Überdetermination der kausalen Determination durch den menschlichen Willen (Arthur Kaufmann: Schuldprinzip, a.a.O., S.280f).

Überhaupt erweist sich Verantwortung auch als ein Rechtsprinzip:[499] Die oben unter II. und hier dargelegten Erörterungen zum Anerkennungsverhältnis ergaben, daß jedem einzelnen Autonomie zugesprochen wird, und folglich jeder dem anderen die gleiche Freiheit zuerkennt. Autonomie, Selbstbestimmung macht also die Freiheit des Menschen aus. Durch sie wird zudem (Selbst-)Verantwortung möglich. Autonomie - und Verantwortung - zeigt sich aber nicht nur beim Einzelnen im Verhältnis zu sich selbst, sondern auch bei den Beziehungen zu anderen Menschen. Das Medium hierbei sind die einzelnen Handlungen. In diesen interpersonalen Beziehungen bedeutet Verantwortung: Betätigte Freiheit des Handelnden und dabei respektierte Freiheit des anderen. Ist Recht, welches ja interpersonal strukturiert ist, zudem die staatliche Verobjektivierung dieser Anerkennungsleistung des Einzelnen, so erweist sich auch Verantwortung als ein rechtsbegründendes Prinzip.

Zugleich ist aber zudem insgesamt gezeigt: Auch die Bestimmung des Wesens der Beteiligungsformen, bei denen es ja gerade um Handlungen im interpersonalen Verhältnis geht, muß sich an Autonomie und Verantwortung orientieren.

Häufig wird auch in dem Streit zwischen Indeterminismus und Determinismus ein Indiz für die Unerkennbarkeit des Menschen gesehen, welche dann selbst wiederum die menschliche Freiheit indiziere (Lange: Bockelmann-Festschrift, a.a.O., S.265).
Sicher aber scheint: Ohne Willensfreiheit, ohne ein "Auch-anders-handeln-Können" gibt es keine Verantwortlichkeit, kein Recht, damit auch keine Existenz als eine soziale, kein menschliches Zusammenleben (Dreher: a.a.O., S. 57f, 386, 395f m.w.Nachw.). Läßt sich zudem Determinismus nicht beweisen, so muß für das Strafrecht von Willensfreiheit ausgegangen werden. - Vgl. hierzu Dreher: a.a.O., S.58, 395f m.w.Nachw., der das Problem der Willensfreheit in seiner Monographie umfassend und "quer durch die Wissenschaften" würdigte . Dreher selbst sieht die Begründung für die Willensfreiheit darin, daß das Erlebnis von Freiheit, von Wahlfreiheit Teil unseres Wirklichkeitserlebnisses sei. Da aber nur unser Erleben unsere Wirklichkeit darstelle, sei Willensfreiheit wirklicht (Dreher: a.a.O., S.383f).
Nur, wenn die Handlung Produkt eines freien Subjektes ist, nur, wenn Handlung durch freie Entscheidung gestaltete Wirklichkeit ist, nur dann ist Verantwortung möglich und zwingend zugleich. Ist zudem Willensfreiheit ohne denkende Vernunft nicht möglich, und sind wir Menschen als Vernunftswesen alle gleich, so zeigt sich bestätigt, daß jedem Menschen als einem Vernünftigen und damit für seine Handlungen Verantwortlichen entsprechend der jeweiligen Handlung ein gleiches Maß von Verantwortung zukommt.

499) Die folgenden Ausführungen orientieren sich konkret an den Erörterungen Zaczyks: a.a.O., S.19ff.

Insgesamt kann somit bisher festgehalten werden: Das Anerkennungsverhältnis ist ein (Gleich-) Ordnungsverhältnis. Es stellt folglich einen (Ein-)Ordnungsmaßstab dar. Näher betrachtet ist es zudem ein Maßstab für durch Handlung begründete Verantwortung.

(2) Das allgemeingültige Erfassen dieses Einordnungsmaßstabs durch das Verständnis des Einzelnen

Da das Anerkennungs-(Gleichheits-)verhältnis zwischen allen Personen besteht, ist es folglich ein allgemeingültiger Maßstab.

Das Anerkennungsverhältnis aber wird durch das reflexive Verständnis des Einzelnen konstituiert. Es basiert auf der selbstbezüglichen Leistung, welche durch die jedem gegebene Vernunft möglich wird. Folglich ist auch das reflexive Verständnis von dem aus dem Anerkennungsverhältnis fließenden Gleichheitsverhältnis allgemeingültig.

In diesem Gleichheitsverhältnis liegt also eine Grundeinordnung, die ich aufgrund der jedem eingegebenen Vernunft erkennen kann; ist sie doch gerade meine - und jedes anderen - Leistung.

Ich habe also ein Verständnis der Nebenordnung, der Gleichordnung. Selbst wenn ich nicht gemäß dem kategorischen Imperativ, also aus reiner praktischer Vernunft handele, so bleibe ich doch ein vernünftiges Wesen, welches diese Nebenordnung (an-)erkennt.

Habe ich ein (Grund-)Verständnis von Nebenordnung, dann habe ich aber auch immer ein Verständnis von Veränderung dieses Gleichheitsverhältnisses, d.h. von Über- oder Unterordnung. Da die Vernunft es mir ermöglicht, diese Gleichordnung zu erkennen, und da diese Erkenntnis allgemeingültig ist, so kann ich auch die entsprechende Ausgestaltung der von mir selbst durch die Handlung hervorgerufenen Umordnung allgemeingültig erkennen.

Somit kann für das Bisherige festgehalten werden:

Das aus dem Anerkennungsverhältnis fließende Gleichheitsverhältnis (und seine Veränderungen) ist ein allgemeingültiger Einordnungsmaßstab für Verantwortung. Als vom reflexiven Verständnis konstituiert, wird es von ihm folglich allgemeingültig beurteilend erkannt. Erfaßt man das menschliche Verhältnis in dieser grundlegenden Bestimmung menschlichen Daseins im interpersonalen Verhältnis, so erfaßt man es auch allgemeingültig.

Das bisher Gesagte steht aber weiterhin noch unter dem schon oben genannten Vorbehalt: Bei den verschiedenen Beteiligungsformen muß es sich tatsächlich um (verschiedene) Veränderungen des Anerkennungs-(Gleichheits-)verhältnisses handeln.

cc) Das allgemeine Kriterium für die Art der Veränderung des Gleichheitsverhältnisses

Wann aber liegt nun eine zur Teilnahme führende Unterordnung, wann eine zur Täterschaft führende fehlende Unterordnung vor? Was muß man diesbezüglich erfassen? Wann verändert sich also hinsichtlich einer Erfolgsherbeiführung die Gleichordnung des Anerkennungsverhältnisses, wann hat man ein entsprechendes Verständnis davon?
Wann ist jemand hinsichtlich der Verantwortung für einen Erfolg dem anderen nicht untergeordnet? Wann ändert sich das Verhältnis gleicher Verantwortung, welches ja Ausfluß des Anerkennungsverhältnisses ist?

Ist Handlung Verwirklichung des Inneren, und sind die Beteiligungsformen die jeweiligen Verwirklichungsformen des Inneren, dann ist auch die Frage, ob jemand Herr über einen Erfolg ist, ob er die eigentliche Verantwortung trägt, und damit insgesamt dem anderen nicht untergeordnet ist, nach solchen Gesichtspunkten zu beurteilen: Ist Handlung die Verwirklichung des Inneren, des reflexiven Verständnisses, und liegt zur Täterschaft führende Handlung dann vor, wenn sie den Erfolg "in sich birgt", so ist zur Täterschaft führende Handlung dann zu bejahen, wenn der Erfolg die Verwirklichung des Inneren ist. Entscheidend ist, ob der Erfolg die Verkörperung des Willens des Beteiligten darstellt, der Wille selbständig auf die Hervorbringung des Erfolges gerichtet ist. Ist nun Handlung die durch freie Entscheidung gestaltete Wirklichkeit, so liegt zur Täterschaft führende Handlung dann vor, wenn die Entscheidung über den Erfolg getragen wurde.[500]

---

500) Ein entsprechender Ansatz fand sich ja auch schon bei Fuchs: a.a.O., S. 177 (vgl. oben 2 bb) und bei Frank: a.a.O., S.111 (vgl. oben 2 cc).

Da aber fast jeder Beteiligte durch sein Verhalten eine Entscheidung pro Erfolg fällt, ist es die Art der Entscheidung, ihre Bedeutung für den Erfolg, die hier den Ausschlag gibt.

In der Entscheidung für den Erfolg zeigt sich zudem die Selbstbestimmung des Einzelnen. Ist die Entscheidung für den Erfolg bedeutungsvoll, so kommt auch der diesbezüglichen Selbstbestimmung wesentliche Bedeutung zu. Ist die Entscheidung des einen sodann die wesentlichere, so ist seine Selbstbestimmung der des anderen übergeordnet. Damit aber liegt tatsächlich eine Veränderung des sich aus dem Anerkennungsverhältnis ergeben Gleichheitsverhältnisses zwischen den Beteiligten bezüglich der Verantwortung im Hinblick auf die Tat vor, denn im Rahmen der Anerkennungsleistung wird jedem die die gleiche Freiheit zur Selbstbestimmung zuerkannt (vgl. oben bb) (1)).
Diese *Veränderung* korrespondiert dabei mit der unterschiedlichen *Verletzung* der mit dem Opfer bestehenden Anerkennungsverhältnisse. Trifft man die wesentlich bedeutungsvollere Entscheidung, so liegt darin eine größere Verletzung des zwischen einem selbst und dem Opfer bestehenden Anerkennungsverhältnisses im Vergleich zu der des zwischen dem anderen Beteiligten und dem Opfer bestehenden.

Es ist somit dargelegt, wann eine Veränderung des Gleichheitsverhältnisses vorliegt.

Eine solche Unter- oder Nichtunterordnung aber kann ich als Vernünftiger auch allgemeingültig erfassen, da es ja die konkrete Umgestaltung des durch jeden geleisteten Gleichheitsverhältnisses ist, also selbst wiederum durch den Einzelnen geleistet wird. Ich habe folglich ein Verständnis davon, ob ich meine durch die Selbstbestimmung begründete Verantwortung ausgedehnt habe und deshalb dem anderen nicht mehr gleichgeordnet bin, das Gleichheitsverhältnis also verändert ist. Ich habe ein Verständnis davon, ob ich die Verantwortung nicht überwiegend auf andere abwälzen kann, ob der Erfolg auf mich selbst zurückgeht. Dieses ist dabei von dem Verständnis abhängig, ob ich eine Entscheidung trage, deren Bedeutsamkeit für den Erfolg keiner Entscheidung eines anderen untergeordnet ist, der Erfolg also in meinem Willen begründet liegt.

Das Verständnis von Veränderung des Anerkennungs-(Gleichheits-)Verhältnisses hinsichtlich der Tat korrespondiert sodann wieder mit dem Verständnis des Beteiligten davon, ob aus der Sicht des Opfers sein mit diesem bestehendes Anerkennungsverhältnis stärker verletzt ist, als das zwischen dem anderen Beteiligten und dem Opfer.

Eine so begründete Einordnung ist allgemeingültig. Es gibt folglich ein allgemeingültiges Verständnis von der konkreten Ausgestaltung des Gleichheitsverhältnisses, Anerkennungsverhältnisses im Hinblick auf die Verantwortung für eine Rechtsgutsverletzung. Dieses kann zur Grundlage der Beteiligungsabgrenzung gemacht werden, da es den Ausgangsanforderungen entspricht. Dem so verstandenen Inhalt des reflexiven Verständnisses kommt allgemeine Gültigkeit zu.

dd) Zusammenfassung

Halten wir als Ergebnis zur dritten Teilfrage fest: Eine Beteiligungslehre muß das reflexive Verständnis als Ganzes erfassen. Da es konkret um die Einordnung von Beteiligten im Hinblick auf eine Erfolgsherbeiführung geht, ist sodann die beurteilende Seite des reflexiven Verständnisses von Einordnung zu betrachten. Der Blick richtet sich hierbei auf das Verständnis eines Vernünftigen, welches als Bezugsmaßstab das zugleich durch das Verständnis selbst konstituierte Anerkennungs-(Gleichheits-)Verhältnis hat.

Die Erfassung des reflexiven Verständnisses von Einordnung auf solche, für das menschliche Dasein im interpersonalen Verhältnis grundlegende Weise ermöglicht die Beteiligungsabgrenzung: Verändert ist das Anerkennungs-(Gleichheits-)Verhältnis im Hinblick auf die Tat im Sinne von Täterschaft und Teilnahme, wenn die Selbstbestimmung des anderen hinsichtlich der Erfolgsherbeiführung der eigenen untergeordnet ist. Daraus folgt, daß man bezüglich der Verantwortung dem anderen übergeordnet ist. Der die Veränderung bewirkende Faktor ist dabei die Bedeutsamkeit der getragenen Entscheidung, besser: das entsprechende Verständnis davon, also die Antwort auf die Frage, ob der Erfolg im selbständigen Willen begründet liegt. Von der Veränderung hat man dann ein entsprechendes Verständnis; ist die Veränderung doch selbst durch das reflexive Verständnis konstituiert.

Fassen wir alles noch ein zweites Mal zusammen; auch im Hinblick darauf, wie bei der Feststellung der Beteiligungsform im konkreten Fall vorzugehen ist:
Man fragt nach dem reflexiven Verständnis des Beteiligten von Einordnung, also nach dem Verständnis von der Ausprägung des Gleichheitsverhältnisses im Hinblick auf den Erfolg und auf diesbezügliche Verantwortung. Dieses reflexive Verständnis von der Einordnung richtet sich danach, ob der Erfolg im Willen des Beteiligten begründet ist. Dafür aber ist ausschlaggebend, ob der Beteilgte das Verständnis hat, daß er eine Entscheidung trägt, deren Bedeutung für den Erfolg keiner anderen untergeordnet ist. Dies ist aber wiederum davon abhängig, welches Verständnis der Beteiligte von der Gesamtsituation hat, ist abhängig vom Verständnis davon, ob die Strukturen der Gesamtsituation so beschaffen sind, daß sie sich bei ihm zur nicht untergeordneten Entscheidungsgewalt verknüpfen.
Fragt man also nach dem reflexiven Verständnis des Beteiligten von der Einordnung, so erfaßt man ihn in seinem vollen reflexiven Verständnis.

Wieso aber wird nicht doch sinnvollerweise gleich darauf abgestellt, ob der Beteiligte "objektiv" - d.h. nach dem Verständnis der Rechtsgemeinschaft - die Entscheidung über den Erfolg in seinen Händen hielt, er also "objektiv" für den Erfolg verantwortlich zu machen ist? Antwort: Erstens ist die Aussage des reflexiven Verständnisses des Einzelnen gültig, da erst das reflexive Verständnis menschliche Objektivität gültig zum Ausdruck bringt. Zweitens kann nur so der Beteiligte in seinem ganzen Verständnis erfaßt werden, was notwendig ist, um die Beteiligungsformen als Verwirklichungen des Inneren zu begreifen. Nur, wenn man nach dem Verständnis des Beteiligten von Einordnung in der Tiefenstruktur der Vernunft fragt, erfaßt man, ob er den Erfolg aus seinem auf dem Verständnis basierenden Willen hervorgebracht hat, der Erfolg in seinem Willen begründet liegt.

Abschließend sei noch einmal der methodische Ansatzpunkt einer solchen Abgrenzung verdeutlicht:
Der Ausgangspunkt bleibt ein subjektiver: das konkrete reflexive Verständnis des Beteiligten. Dann aber wird nach etwas im Verständnis des Beteiligten gefragt, das allgemeine Gültigkeit besitzt: nach der objektiven Seite der Subjektivität, und nicht nach einem rein willkürlichen Verständnis. Hierdurch wird nicht etwas scheinbar Extra-Subjektives eingebaut. Vielmehr wird durch

die Betrachtung des Beteiligten als einem Vernünftigen - und damit dessen Gleichstellung zu den anderen Menschen - etwas in ihm tatsächlich Vorhandenes freigelegt und aktiviert.
Ausgangspunkt bleibt das subjektive Verständnis von der Einordnung: Nicht nach äußeren Kriterien, wie z.B. der Tatherrschaft[501]), wird gefragt. Dies ist ein subjektiver Ausgangspunkt, bei dem die Antwort auf die Frage der Einordnung auch nur mit Blick auf die Beziehung zum anderen zu finden ist: Welches Verständnis man von der konkreten Umgestaltung des Gleichheitsverhältnisses hat, kann begriffsnotwendigerweise nur festgestellt werden, wenn der andere in die Betrachtung miteinbezogen wird.

Es läßt sich somit insgesamt festhalten, daß das reflexive Verständnis des Beteiligten in seinem oben dargelegten Inhalt grundsätzlich als Abgrenzungskriterium für die Beteiligungsformen geeignet und erforderlich ist.

3. *Rückblickend vergleichende Betrachtung der zuvor erörterten Beteiligungslehren*

Der Ansatz für eine Beteiligungslehre, so wie er oben erarbeitet wurde, weist den Urheberlehren Abeggs und Köstlins vergleichbare Strukturen auf. Es zeigen sich Übereinstimmungen in wesentlichen Punkten:

- Täter (Urheber) ist, in wessen Willen der Erfolg gründet, in wessen Willen der Erfolg seinen geistigen Ursprung hat.[502])

- Beim Beteiligten besteht ein Verständnis von Einordnung und daraus folgender Verantwortungszuschreibung, welches - wenn man es als das Verständnis eines Vernünftigen betrachtet - gültig ist.

- Will man wissen, ob der Erfolg im Willen des Beteiligten gründet, muß nach dem Verständnis des Beteiligten von Einordnung gefragt werden, denn dieses ist abhängig vom willens-, handlungs- und eventuell erfolgsbegründenden

501) Hierauf wird später noch genau eingegangen werden.
502) Zur Ausnahme von diesem Grundsatz siehe unten das zur Abgrenzung von Anstiftung und mittelbarer Täterschaft Gesagte.

Verständnis, ist quasi dessen Produkt. Das Verständnis von Einordnung, welches ein reflexives ist, gibt also Auskunft, ob der Erfolg im Willen gründet.

- Mit der Frage nach dem Verständnis von Einordnung werden die Beteiligungsformen folglich als die Verwirklichungsformen des Inneren erfaßt.

- Im hier entwickelten Ansatz ist der Bezugsmaßstab für die Einordnung durch das Verständnis das Anerkennungs-(Gleichheits-)verhältnis. Grundlage ist dabei die Veränderung dieses Verhältnisses im Hinblick darauf, ob die Selbstbestimmung des einen hinsichtlich des Erfolges der des anderen über- oder untergeordnet ist.

In der Abeggschen Beteiligungslehre ist weder das reflexive Verständnis noch ein entsprechend dafür geeigneter Bezugsmaßstab genannt. Es läßt sich aus ihr jedoch die Bedeutung des Verständnisses herausleiten: das Verständnis von Über-/Unterordnung des Willens im Hinblick auf den Erfolg. Eine solche Über-/Unterordnung besagt nun aber inhaltlich nichts anderes, als Über-/Unterordnung von Freiheit zur Selbstbestimmung im Hinblick auf den Erfolg. Somit steckt in dem bei Abegg herausgearbeiteten Verständnis von Einordnung schon der Ausgangspunkt des hier vertretenen Ansatzes. Man muß ersteren lediglich konkretisieren und auf das Anerkennungsverhältnis als sein interpersonales Fundament stellen. Dadurch wird der Bedeutung des Verständnisses zudem weitere Rechtfertigung verliehen.

Bei Köstlin findet sich der Ausgangspunkt Abeggs schon weiter in Richtung des hier vertretenen Ansatzes vorangetrieben. Zwar spricht auch dieser Autor nicht ausdrücklich von reflexivem Verständnis und Anerkennungsverhältnis. Beides findet sich in seiner Lehre jedoch ähnlich wieder. Zum einen: Wenn das Ich seinem Willen - als Akt der Freiheit - den Inhalt gibt (Selbstbestimmung), sich dem freien Willen eines anderen gegenüber im Hinblick auf einen Erfolg in ein Verhältnis von Bestimmen oder Bestimmtsein zu setzen, so ist diese Selbstbestimmung nicht ohne das reflexive Verständnis denkbar (vgl. B) I. 2. c)). Zum anderen: Dieses Verhältnis der Beteiligten ist ähnlich dem von Über-/Unterordnung der Selbstbestimmung der Beteiligten und der damit hervorgerufenen Veränderung des Anerkennung-(Gleichheits)verhältnisses.[503]

---

503) Zum Unterschied zwischen der Köstlinschen und der eigenen Abgrenzung siehe unten das zu Anstiftung/mittelbare Täterschaft Gesagte.

Köstlin konkretisiert damit nicht nur das implizierte Abeggsche Kriterium von Über-/Unterordnung des Willens durch die Art der Selbstbestimmung. Er führt zugleich auch ganz eng an den oben entwickelten Ansatz heran.

- Der Erfolg gründet dann im Willen des Beteiligten, es liegt dann eine Veränderung des Anerkennungsverhältnisses vor, wenn der Beteiligte das Geschehen nach seinem Denken, seinem Verständnis von den Strukturzusammenhängen des Gesamtzusammenhanges (mit-)gestaltet. Dies aber wiederum ist der Fall, wenn der Beteiligte das Verständnis hat, daß er eine Entscheidung trägt, die wesentlich dafür ist, ob und wie das Geschehen zu gestalten ist.
Die Frage nach dem Verständnis des Beteiligten vom Tragen der Entscheidung konkretisiert also die Frage danach, ob der Erfolg im Willen, im Verständnis gründet.
Dies wird von Abegg und Köstlin nicht ausdrücklich gesagt. Es ließe sich aber in die Kriterien von Selbständigkeit/Unselbständigkeit und der Art der Selbstbestimmung hineininterpretieren. Es ist damit auch dieser Kriterien eigentliche Konkretisierung.

- Ein Zusammentreffen fast aller eben erörterten Punkte findet sich bei der Abgrenzung von Anstiftung und mittelbarer Täterschaft. Zudem zeigt sich an ihr eine konkret-inhaltliche Abweichung der oben erarbeiteten Lösung von den Lehren Abeggs und Köstlins. Auf diese Abgrenzungsproblematik soll eingegangen werden:
Oben wurde gesagt, daß Täter (Urheber) sei, in wessen Willen der Erfolg gründe, in wessen Willen der Erfolg seinen geistigen Ursprung habe. Definiert man den Täter auf diese Weise, so sieht man sich dem Einwand ausgesetzt, man vereinige wieder Täterschaft und Anstiftung. Dieses widerspreche jedoch der gesetzlichen Trennungsregelung.
Da in der Arbeit der Auffassung gefolgt wurde, daß Täter ist, in wessen Willen der Erfolg gründet, müßte tatsächlich der Anstifter als Täter charakterisert werden. Verbindet man dieses Kriterium aber mit den anderen oben genannten, so zeigt sich, daß die Anstiftung doch nicht zur Täterschaft gehört, wenngleich ein gewisser Zwittercharakter nicht geleugnet werden kann:
Der Anstifter zur schuldhaften Tat weiß, daß zwischen seiner Anstiftung und dem Erfolg noch der freie Wille eines anderen liegt, von welchem der Erfolg dann abhängig ist; ein freier Wille, der sich zur vollständigen Verwirklichung

der Tat entschließen muß. Die wesentlichste Entscheidung über den Erfolg trägt also ein anderer (Angestifteter). Trotz der Tatsache, daß der Erfolg im Willen des Anstifters seinen geistigen Ursprung hat, hat der Anstifter aufgrund des eben Genannten dennoch ein Verständnis von Unterordnung: Im Gegensatz zum mittelbaren Täter (bei schuldlosem Vordermann), weiß er, daß der Erfolg noch vollständig vom freien Willen eines anderen abhängig ist. Er weiß, daß er den Vordermann nicht wie ein Werkzeug in der Hand hat. Im Gegensatz zum mittelbaren Täter ordnet er sich der Freiheit des Vordermannes zur Selbstbestimmung im Hinblick auf den Erfolg unter. Der mittelbare Täter hingegen nutzt die nichtbestehende Freiheit des anderen aus. Der Anstifter hat ein anderes Verständnis von der Veränderung des Anerkennungsverhältnisses als der mittelbare Täter.
Anstiftung ist also keine Täterschaft.
Daß aber dennoch im Willen des Anstifters der geistige Ursprung des Erfolges liegt, macht ihn dem Täter ähnlich. Und genau hiermit läßt sich auch begründen, warum er gemäß §26 tätergleich bestraft wird. Die Zwitterstellung der Anstiftung wird damit deutlich.

Stellen wir die eben vorgenommene Argumentation noch einmal schematischer dar:
Liegt der Erfolg im Willen begründet, so ist grundsätzlich Täterschaft gegeben.[504] Weitere Voraussetzung zur Täterschaft ist jedoch auch, daß der Erfolg dergestalt im Willen gründet, daß auch das Anerkennungsverhältnis nicht zuungunsten einer Unterordnung verändert ist: Der andere darf einem also nicht in der Selbstbestimmung im Hinblick auf den Erfolg übergeordnet sein.
Eine Ausnahme von der Täterschaft liegt nur dann vor, wenn der Erfolg zwar im Willen im Sinne seines geistigen Ursprungs begründet, das Anerkennungs-(Gleichheits-)Verhältnis dennoch zugunsten einer Unterordnung verändert ist (Anstiftung).

In diesem Ergebnis verdeutlicht sich nun eine Abweichung von den Auffassungen Abeggs und Köstlins. Dies sei kurz am Beispiel der letzteren belegt:
Der Anstifter zur schuldhaften Tat wird von Köstlin mit dem mittelbaren Täter (bei schuldlosem Vordermann) als Urheber gleichgesetzt. Auch spricht Köstlin

---

504) Bei den Urheberlehren gibt es für diesen Grundsatz auch keine Ausnahmen: Immer liegt Urheberschaft vor.

beim Anstifter von Selbstbestimmung zum überwiegenden Bestimmen, was oben mit einem Verständnis von *Überordnung* gleichgesetzt wurde.
Der Grund für diesen Unterschied zwischen der unsrigen und der Köstlinschen Abgrenzung liegt in seinem Begriff des Bestimmens:
Bestimmen bedeutet für ihn, in einem anderen Menschen den freien Willen zu etwas hervorzurufen. Für uns kann dies als Kriterium mit Blick auf eine mögliche Veränderung des Anerkennungsverhältnisses zugunsten einer Überordnung des Anstifters aber nicht ausreichen: "Bestimmen" müßte dann nämlich dahingehend verstanden werden, daß die eigene Selbstbestimmung im Hinblick auf den Erfolg der des anderen wesentlich übergeordnet ist. Wer aber als Angestifteter die letztendliche Entscheidung trägt, welche sich zudem auf die vollständige, eigenhändige Verwirklichung beziehen muß, dessen Wille ist nie dem eines anderen untergeordnet; gibt es doch keine bedeutungsvollere Entscheidung. Bei der Anstiftung ist sogar das Gegenteil der Fall: Wer lediglich in einem anderen den Entschluß zur Tat hervorruft, sonst aber nichts zur Tat beiträgt, dessen Wille ist dem des anderen untergeordnet.
Auch wenn diese Unterordnung nicht mit der der Beihilfe identisch ist, da der Erfolg ja im Willen des Anstifters seinen geistigen Ursprung hat: Anstiftung erweist sich als Unterordnung. Während es für Köstlin aufgrund seines Begriffs von Bestimmen eine Überordnung über einen freien Willen gibt, dem die Entscheidung obliegt, ist für uns mit Blick auf eine Veränderung des Anerkennungs-(Gleichheits-)Verhältnisses eine solche nicht denkbar.

Trotz dieser Abweichung liegt unser Ansatz aber nicht allzuweit vom Köstlinschen entfernt:
Köstlin kannte die Differenzierung zwischen Überordnung über einen freien und über einen unfreien Willen. Sie führte bei ihm zur Unterscheidung von intellektueller und unmittelbarer Urheberschaft: Der Grund dafür lag darin, daß "von einem Kausalitätsverhältnisse in der Sphäre der Freiheit nie die Rede"[505] sei. Diese Differenzierung aber war der Ausgangspunkt für die Entwicklung der Folgezeit, den intellektuellen Urheber als Anstifter und Teilnehmer aus dem Bereich der Urheberschaft herauszunehmen. Der hier vertretene Ansatz steht also im Einklang mit dieser Folgeentwicklung und führt mit ihr die schon in der Köstlinschen Lehre gründende Überlegung durch, den Anstifter von der Täterschaft (Urheberschaft) zu trennen.

---

505) Köstlin: a.a.O., S.300

Somit kann nun insgesamt festgehalten werden:
Im Prinzip waren fast alle der in diesem Kapitel als für eine Beteiligungslehre erforderlich herausgearbeiteten Punkte in den Urheberlehren Abeggs und Köstlins enthalten - teilweise ausdrücklich, teilweise versteckt.
Legt man den eigentlichen Kern einer solchen Urheberlehre frei, ergänzt sie gerade auch mit dem für ausschlaggebend erachteten Kriterium des Tragens der Entscheidung und stellt sie auf das Fundament des Anerkennungsverhältnisses, so kann in ihrem Grundprinzip der Grundstein für eine die Beteiligungsstrukturen menschlichen Handelns voll erfassende Beteiligungslehre gesehen werden.

Diejenigen der bisher erörterten Beteiligungslehren aber, welche dem Erfordernis des reflexiven Verständnisses nicht genügten, sind schon allein aus eben diesem Grunde als in ihrem Ausgangspunkt unzureichend abzulehnen.
Als Gegenbeispiel muß aber hier nochmals die Lehre R.Schmidts hervorgehoben werden, welche einige Parallelen zu denen Abeggs und Köstlins aufwies.

D) Die heute herrschenden Beteiligungslehren und das reflexive Verständnis

Nachdem sich gezeigt hat, daß eine Beteiligungslehre das Element des reflexiven Verständnisses beinhalten muß, damit die Struktur menschlicher Beteiligung voll erfaßt werden kann, können nun die subjektive Theorie der Rechtsprechung und die Tatherrschaftslehre betrachtet und untersucht werden.

Es handelt sich hierbei um die Theorien, die - einerseits Erkenntnisse des 19.Jahrhunderts fortführend (subjektive Theorie), andererseits erst im 20.Jahrhundert entwickelt (Tatherrschaftslehre) - im Laufe des 20. Jahrhunderts mehr und mehr an Bedeutung gewannen und heute die Beteiligungsdogmatik dominieren. Gemäß dem Grundanliegen der vorliegenden Arbeit (vgl. A I) ist somit gerade bezüglich dieser Theorien der Frage nach der begrifflichen Erfassung der Beteiligungsstrukturen nachzugehen.

I. Die subjektive Theorie der Rechtsprechung

1. Die Rechtsprechung des Reichsgerichtes

Nach der subjektiven Beteiligungstheorie des Reichsgerichts ist Täter, wer mit Täterwillen (animus auctoris) handelt, d.h. die Tat als eigene will. Teilnehmer hingegen ist, wer die Tat nur als fremde will, also mit bloßem animus socii agiert.

Diese schon im Gemeinen Recht verwendete Abgrenzung (vgl. B) I. 2. c) aa)) wurde seinerzeit von v.Buri aufgegriffen und ging sodann in Gestalt seiner Lehre in die Rechtsprechung des Reichsgerichts ein.

Diese Entwicklung gilt es genauer zu betrachten.

Es sei vorab jedoch noch angemerkt, daß die subjektive Abgrenzung des Reichsgerichts sich zunächst an der Differenzierung von Mittäterschaft und Beihilfe entwickelte. Erst später wurde sie dann auch auf die Unterscheidung von mittelbarer Täterschaft und Anstiftung ausgedehnt.

Basis der Reichsgerichtsabgrenzung also ist die subjektive Theorie des Gemeinen Rechts in der dolus-Formel.[506]

V.Buri, nachdem er zunächst die subjektive Theorie in der Interessenform vertrat,[507] griff den dolus-Ansatz auf und verarbeitete ihn: "Die Verschiedenheit des Urhebers [Täters] von dem Gehülfen kann nur in der Selbständigkeit des urheberischen und der Unselbständigkeit des beihelfenden Willens gefunden werden. Der Gehülfe will den Erfolg nur für den Fall ihn der Urheber will, und für den Fall ihn der Urheber nicht will, will er ihn auch nicht. Die Entscheidung, ob der Erfolg eintreten solle oder nicht, muß er darum dem Urheber anheimstellen. Wenn er aber nicht erwartet, daß der von ihm geäußerten Wirksamkeit eine urheberische nachfolgen werde, er also insonderheit seinen Willen auf die Begehung der Haupthandlung richtet, so besitzt er einen über den geäußerten Willen des Urhebers hinausgreifenden und sonach den entscheidenden Willen."[508] Der Gehilfe müsse "stets auf eine der seinigen nachfolgende Wirksamkeit des Urhebers reflektieren".[509]

Wohl aber sei gemerkt: Bei v.Buri steht die Formulierung "die Tat als eigene wollen" noch nicht im Vordergrund; er verwendet sie nicht einmal ausdrücklich. Vielmehr ist bei ihm allein die Selbständigkeit bzw. Unselbständigkeit des Willens des Beteiligten entscheidend.[510]

V. Buri stellte zudem nochmals ausdrücklich klar, worauf eine subjektive Abgrenzungstheorie zu basieren habe: Objektiv bestehe hinsichtlich aller für den Erfolg kausalen[511] Faktoren Gleichwertigkeit (Äquivalenztheorie); folglich könne nur im subjektiven Bereich ein Unterschied zwischen den Beteiligungsformen gefunden werden.[512] Auf das Maß der Mitwirkung komme es also nicht an, solange nur auf irgendeine Weise kausal bei der Verwirklichung des Tatbestandes mitgewirkt werde.

---

506) Die ebenfalls damals vertretene subjektive Theorie in der Interessenformel (vgl. B) I. 2.)c aa)) verlor in der Wissenschaft schon früh an Bedeutung. Sie galt schon zu Beginn des 20.Jahrhunderts als wissenschaftlich überwunden und wurde als eigenständige Theorie in der Rechtsprechung nie vertreten. Wie sich jedoch zeigen wird, ging das Interesse der Beteiligten an der Tat als Indiz für den Täterwillen in die Rechtsprechung ein.

507) v.Buri: Teilnahme, a.a.O., S.9ff

508) v.Buri: Die Causalität, a.a.O., S.41

509) v.Buri: Die Causalität, a.a.O., S.41

510) Es zeigt sich hier die Nähe zur Abeggschen Beteiligungslehre (vgl. B) I. 2. b)).

511) Da auch Anstifter und Gehilfen nach v.Buri den Erfolg "verursachen" (v.Buri: Die Causalität, a.a.O., S.39), steht eine solche konsequente subjektive Theorie der von der Unterbrechung des Kausalzusammenhanges (vgl. B) I. 2. d)) entgegen.

512) V.Buri: Die Causalität, a.a.O., S.38ff

Die Theorie v.Buris drang nun - über dessen Tätigkeit als Reichsgerichtsrat - in die Rechtsprechung des Reichsgerichts ein. Deutlich findet sie sich in RGSt 3, 181ff dahingehend wieder, "daß der Gehilfe nur einen von demjenigen des Thäters abhängigen Willen haben darf, er also seinen Willen demjenigen des Thäters dergestalt unterwirft, daß er es ihm anheimstellt, ob die That zur Vollendung kommen solle oder nicht. Im Gegensatz zu diesem abhängigen Willen des Gehilfen erkennt hingegen der Mittäter einen den seinigen beherrschenden Willen nicht an."[513)]
Anders als bei v.Buri stellt für das Reichsgericht diese Charakterisierung nun aber die Konkretisierung der Formel dar, die sie aus den Gesetzgebungsmotiven entlehnt und schon in einer vorausgehenden Entscheidung[514)] als das entscheidende Abgrenzungskriterium nennt: Der Täter begehe die Tat als seine eigene, der Gehilfe hingegen wolle nur die Tat eines anderen unterstützen.[515)]
Das Reichsgericht verknüpfte also die Theorie v.Buris mit dem "Die-Tat-als-eigene-Wollen" und stellte letzteres als Oberdefinition voran. Erst jetzt gewann diese, bisher nur ein Schattendasein führende Formulierung an Bedeutung. Auf ihr aber baute sodann die ganze weitere Reichsgerichtsrechtsprechung auf.[516)]

Mit der Zeit jedoch verselbständigte sich die Formulierung des Täterwillens. Die Kriterien v.Buris im Hinblick auf die Unabhängigkeit/fehlende Unterwerfung des Willens wurden vernachlässigt.[517)] Stattdessen gewann inzident die Interessentheorie mehr und mehr an Bedeutung: Indiz für den Täterwillen sei der Grad des eigenen Interesses am Erfolg.[518)]
Diese inzidente Anwendung der Interessentheorie gipfelte sodann im Badewannen-Urteil: "Ob jemand die Tat als eigene will, richtet sich vornehmlich, wenn auch nicht ausschließlich, nach dem Grade seines eigenen Interesses am Erfolg."[519)] Somit kann bloßer Gehilfe sein, wer zwar alle Tatbestandsmerkmale selbst erfüllt, jedoch nur mit animus socii handelt.

---

513) RGSt 3, 181 (182f)
514) RGSt 2, 160
515) RGSt 3, 181 (182)
516) Siehe nur RGSt 4, 261; 9,109; 11, 87; 14, 28; 15, 295; 18, 273; 29, 419; 31, 82; 37, 58; 44, 71; 55, 06; 39, 196; 40, 392; 41, 64; 52, 153; 53, 12; 55, 60; 57, 274; 63, 102; 66, 236; 73, 06.
517) Vgl. nur RGSt 37, 55 (58); 54, 152 (153); 64, 273 (274).
518) RGSt 42, 156; 63, 101 (102f); 63, 217; RG JW 37, 2509.
519) RGSt 74, 84 (85)

Ebenso kann Täter sein, wer zwar keinerlei Tatbestandsmerkmale verwirklicht, jedoch Täterwillen besitzt.[520]

2. Die Rechtsprechung des Bundesgerichtshofs

Eine Darstellung der Beteiligungstheorie des Bundesgerichtshofs ist schwieriger. Findet sich doch in seinen Entscheidungen keine einheitliche, konkrete Linie, und ergibt die Gesamtbetrachtung ein sehr verwirrendes Bild. Die folgende kurze BGH-Darstellung lehnt sich an die Chronologie an, soll also Grundtendenzen aufzeigen, versucht aber auch die Uneinheitlichkeit deutlich zu machen.

Die Rechtsprechung des Bundesgerichtshofes setzte grundsätzlich die des Reichsgerichtes fort. Abgrenzungskriterium war die rein auf subjektive Faktoren basierende animus-Formel, welche aber meist ohne nähere Bestimmung verwendet wurde.[521] Im Laufe der weiteren Rechtsprechung wurden jedoch immer stärker objektive Kriterien als Indizien zur Konkretisierung des Täterwillens herangezogen. Solche waren z.B. das Mitbeherrschen des Tatgeschehens und der Umfang der Tatbeteiligung.[522] [523] Besonders seit dem Urteil des 5. Strafsenates vom 17.5.55[524] aber begann dann die Konkretisierung der animus-Formel durch objektive Kriterien Schule zu machen. Dies geschah in Form der sogenannten normativen Kombinationstheorie,[525] welche eine Verbindung subjektiver Rechtsprechungstradition mit Elementen der in der Literatur mehr und mehr an Bedeutung gewinnenden Tatherrschaftslehre darstellte. Nach dieser Theorie ist Täter, wer mit Täterwillen handelt, also die Tat als eigene will, wobei dies eine Frage wertender Beurteilung sei. Maßgebliches Indiz für diese wertende Beurteilung ist dann aber, inwieweit der Betreffende das Tatgeschehen mitbeherrsche[526].

---

520) RGSt 63, 101; 66, 240
521) BGHSt 2, 170; 4, 21; 4, 42; 6, 248.
522) BGH NJW 54, 1374 (1375); BGH MDR 54, 529
523) Ansätze hierzu zeigten sich aber auch schon ganz zu Beginn der BGH-Rechtsprechung (BGHSt 2, 150 und sogar in zwei Entscheidungen des Reichsgerichts (RGSt 15, 295 (297, 303); 71, 364 (365).
524) BGH JR 55, 304 (305)
525) Vgl. LK (Roxin): a.a.O., Rn 18 zu §25; Bloy: a.a.O., S.102ff.
526) BGH JR 55, 304 (305)

Die weitere Rechtsprechung folgte im Grunde dieser Kombinationstheorie.[527] Es handelt sich hierbei aber nur um eine Grundtendenz. Immer wieder gab es Entscheidungen des Bundesgerichtshofs, die diesen Weg der objektiven animus-Konkretisierung verließen: Teilweise konkretisierte man den Täterwillen wieder durch fehlende Willensunterordnung;[528] teilweise stellte man aber auch wieder - wie seinerzeit das Reichsgericht - allein auf das Eigeninteresse des Beteiligten ab[529] und ließ den objektiven Tatablauf bei der konkreten Entscheidung völlig außer acht.[530] Dies führte - wie im Staschinskij-Fall[531] - zu den Konsequenzen des vom Reichsgericht entschiedenen Badewannen-Falles zurück.[532] Andere Urteile wiederum wendeten sich ausdrücklich - zumindest im Grundsatz - gegen die Beachtung des Eigeninteresses.[533] Für den Fall des §216 soll sogar die Tatherrschaftslehre der animus-Formel überhaupt vorzuziehen sein.[534]

Zusammenfassend ergibt sich, daß der Bundesgerichtshof meist objektive Elemente und den Grad des Eigeninteresses als Konkretisierungsindizien der animus-Formel nebeneinanderstellte, und sodann - je nach Fallgestaltung - der eine oder der andere Parameter zur Entscheidungsfindung herangezogen wurde.

Hinsichtlich der *neueren Rechtsprechung* des Bundesgerichtshofs ist zu erkennen, daß sich die sogenannte normative Kombinationstheorie als Grundtendenz durchzusetzen scheint: Entscheidend ist der Täterwille, welcher nach wertender Betrachtung aller Umstände zu bestimmen sei. Indizien für diese Wertung seien sodann die Tatherrschaft oder zumindest der Wille zur Tatherrschaft, der Umfang der Tatbeteiligung, aber auch das eigene Interesse am Taterfolg.[535]

---

527) BGHSt 8, 391; 8, 393 (395ff); 9, 370 (380); 14, 129; BGH GA 63, 187; BGH MDR 60, 940.
528) BGH MDR 53, 400f; 54, 529; BGH GA 63, 188.
529) Als Mitindiz auch schon bei BGH JR 55, 304 und weiteren Entscheidungen.
530) BGHSt 8, 73; 18, 87 (94ff); BGH MDR 73, 729; BGH GA 74, 370 (371).
531) BGHSt 18, 87
532) Vgl oben unter 1..
533) BGHSt 8, 393
534) BGHSt 19, 138
535) BGHSt 28, 346 (349); 34, 124 (125); BGH GA 77, 306; 84, 287; BGH NStZ 81, 394 (starke Beachtung des Eigeninteresses); 82, 243; 84, 415; 85, 165; 87, 364; BGH StV 81, 602; 82, 17; 83, 501;; BGH NJW 66, 1763; 79, 1259; BGH MDR 74, 547.

Für die Rechtsprechung des Bundesgerichtshofs kann damit insgesamt festgehalten werden, daß der Bundesgerichtshof zwar die animus-Formel beibehält, jedoch zu ihrer Konkretisierung solche objektiven Abgrenzungskriterien in den Vordergrund stellt, die im Ergebnis eine starke Annäherung an die Tatherrschaftslehre der Literatur bewirken.
Dies aber ist nur eine Grundtendenz. Die Abgrenzungskriterien bleiben weiter uneinheitlich, schwankend. Auch gerade durch die immerwieder auftretende Betonung des Interesses des Beteiligten erweckt die Rechtsprechung den Eindruck, als wolle sie exakte Kriterien lieber zugunsten einer ganzheitlichen Betrachtungsweise vermeiden.

3. Zur Kritik an der Rechtsprechung

a) In der Literatur allgemein vorgebrachte Kritik

Das Schriftum zusammenfassend lassen sich zunächst folgende Punkte der Kritik an der Rechtsprechung nennen; Kritik, auf die wir im weiteren dann aber nicht näher eingehen wollen:

- Die nach der Äquivalenztheorie bestehende Gleichwertigkeit aller Bedingungen für einen Erfolg gilt nur bezüglich der Zurechnung dieses Erfolges. Hinsichtlich der Abgrenzung der Beteiligungsformen jedoch ist damit nichts ausgesagt. Vielmehr wird sogar durch die Beachtung der Tatherrschaft als Wertungskriterium eine Gleichwertigkeit der Erfolgsbedingungen hinsichtlich der Beteiligungsabgrenzung verneint.[536)]

- Nach dem neuen StGB vom 1.1.75 ist eine allein den Ausschlag gebende Beachtung des Interesses des Beteiligten - Anwendung der subjektiven Theorie in ihrer extremsten Form - dann nicht mehr möglich, wenn der Beteiligte die Tatbestandsmerkmale vollständig in eigener Person verwirklicht. Nach dem neuen §25 I 1.Alt.StGB ist auf jeden Fall Täter, wer die Tat selbst begeht. Das Interesse wird hier unbeachtlich.[537)] §25 I wird sodann allgemein als Hinweis

---

536) SK (Samson): a.a.O., Rn 17 zu §25

537) Siehe hierzu besonders Lackner: a.a.O., Nr.1a zu §25; aber auch Schönke-Schröder (Cramer): a.a.O., Rn 58 vor §§25ff; LK (Roxin): a.a.O., Rn 25 zu §25; Jescheck: 4.Aufl., a.a.O., S.589. Ebenfalls in die Kritik einstimmend BGHSt 27, 205 (206f); OLG Stuttgart NJW 78, 715; BGH NJW 93, 74.

an die Rechtsprechung gedeutet, sich doch überhaupt von der subjektiven Theorie abzuwenden.

- Gegen eine Beachtung des Interesses als Abgrenzungskriterium wird weiterhin angeführt, daß bestimmte Delikte ein Handeln in fremden Interesse für eine Täterschaft ausreichen lassen; so §§216, 253, 259, 263, 289.[538]
Ferner läßt sich - allgemein betrachtet - gegen eine Beachtung des Interesses folgendes einwenden:
Da Tatvorsatz Verwirklichungswille ist, reicht auch zum Tätervorsatz Verwirklichungswille aus; ein Interesse ist nicht erforderlich.[539] Auf der anderen Seite liegt zudem bei fast jeder Tatbeteiligung auch ein gewisses Eigeninteresse vor;[540] wie sollte man sonst zu einer Tatbeteiligung motiviert sein. Anders ausgedrückt: Außer bei der Absicht fehlt bei allen Vorsatzformen das Interesse am Handlungserfolg; am Handlungsvollzug hingegen besteht jedoch fast immer Interesse.[541]
Als Abgrenzungskriterium ist das Interesse also ungeeignet.

- Gerade auch durch das Abstellen auf dieses Kriterium sowie allgemein auf den Täterwillen, führt die subjektive Theorie - wird sie nicht durch objektive Kriterien konkretisiert - zu einer Loslösung von den objektiv umschriebenen Tatbeständen des Besonderen Teils. Die erforderliche Gesetzesbestimmtheit ist nicht mehr gewährleistet.[542] Stellt man hinsichtlich der objektiven Tatseite allein auf das Verursachen des Erfolges ab, werden die teilweise von den Tatbeständen vorformulierten typischen Begehungsweisen übergangen.[543]

- Der zuvor genannte Punkt geht sodann in folgende Kritik an einer Mißachtung der objektiven Tatseite über:
Tatbegehung ist Handlung. Handlung ist aber nicht bloßes Verursachen, sondern (sozial-)finale Sinneinheit. Damit ist auch Tatbegehung finale Sinneinheit und nicht bloße Verursachung. Verschiedene Handlungen

---

538) LK (Roxin): a.a.O., Rn 23 zu §25; Welzel: Lehrbuch, a.a.O., S.109; Jescheck: 4.Aufl., a.a.O., S.589; a.A. Jakobs: a.a.O., 21/30.
539) Welzel: Lehrbuch, a.a.O., S.109f
540) LK (Roxin): a.a.O., Rn 23 zu §25
541) Jakobs: a.a. O., 21/30
542) Jeschek: 4.Aufl., a.a.O., S.589; Wessels: AT, a.a.O., S.151.
543) Gallas: a.a.O., S. 121ff

(Tatbegehungen) besitzen als finale Sinneinheiten verschiedene (Handlungs-) Individualitäten und sind damit auch auf objektiver Seite abgrenzbar.[544]

- Die subjektive Theorie der Rechtsprechung ist aber auch einem Gegenargument ausgesetzt, welchem als grundsätzlichstem besondere Beachtung zukommt:
Die Entwicklung der Reichsgerichtsrechtsprechung zeigte zunächst eine Verselbständigung der animus-Formel; sie wurde inhaltsleer.[545] Gerade auch die des Bundesgerichtshofes versuchte sodann, sie mit bestimmten Kriterien zu konkretisieren. Die Entwicklung zeigte jedoch, daß - auch trotz einer durch die Art der Konkretisierung herbeigeführten Annäherung an die Tatherrschaftslehre - von Exaktheit und Einheitlichkeit nicht gesprochen werden kann. Es gelang der Rechtsprechung nicht, hinreichend bestimmte und dann konsequent angewandte Abgrenzungskriterien zu entwickeln. Stattdessen zeigte sich eine Vielzahl unterschiedlichster Begründungsansätze. Hierbei gaben dann Strafwürdigkeits- und Strafzumessungserwägungen sowie überhaupt das Rechtsgefühl den Ausschlag, welchem Kriterium im konkreten Fall der Vorzug zu geben ist. Das Ergebnis ist fehlende gesetzliche Bestimmtheit und Beliebigkeit der Abgrenzung.[546] Auch auf diesem Wege wird die animus-Formel also genaugenommen wieder inhaltsleer. Der Rechtsprechung fehlt ein einheitlicher Maßstab, ein festes Prinzip. Sie zeigt Konturenlosigkeit. Konturenlosigkeit aber steht für mangelnde begriffliche Erfassung.

b) Subjektive Theorie und Kritik vom Standpunkt des reflexiven Verständnisses

Damit ist bezüglich der subjektiven Theorie gezeigt, was in der Einleitung unter I. als eine Teilthese aufgestellt wurde: Die heute herrschenden Beteiligungstheorien leiden an mangelnder begrifflicher Erfassung der Beteiligungsstrukturen.

---

544) Gallas: a.a.O., S.125ff
545) So auch schon die Kritik in RGSt 15, 295 (303).
546) LK (Roxin): a.a.O., Rn 21, 23 zu §25; Lackner: a.a.O., Nr.2b zu §25; Jeschek: 4.Aufl., a.a.O., S.589; Stratenwerth: a.a.O., Rn 747; H.Mayer: Strafrecht, a.a.O., S.315. Ähnlich - m.E. aber hauptsächlich auf den inhaltsleeren Zustand der animus-Formel vor der normativen Kombinationstheorie abstellend: Gallas: a.a.O., S.130f; Welzel: Lehrbuch, a.a.O., S.109.

Ebenfalls in der Einleitung wurde bezüglich der subjektiven Theorie eine zweite Teilthese dahingehend aufgestellt, der Grund für die mangelnde begriffliche Erfassung liege darin, daß die subjektive Theorie den Einzelnen nur im Verhältnis zu sich und zum Erfolg begreife. Das Verhältnis zum anderen und damit auch das dieses tragende Verständnis vom Verhältnis zum anderen bleibe hingegen außer acht. Sollte sich jetzt auch diese zweite Teilthese begründen lassen, so kann aus der Kombination beider folgende Schlußfolgerung gezogen werden: Das Verständnis des Beteiligten vom Verhältnis zum anderen, das nach dem unter C) Erkannten von einer Beteiligungslehre erfaßt werden muß, von der subjektiven Theorie aber nicht erfaßt wird, ist ein Element (nicht zwingend das Einzige), das zur besseren begrifflichen Erfassung der Beteiligung erforderlich ist.

Um nun festzustellen, ob die subjektive Theorie den Einzelnen tatsächlich nicht in seinem reflexiven Verständnis erfaßt, sind die verschiedenen Stufen der Rechtsprechungsentwicklung einzeln daraufhin zu untersuchen, wobei die ursprüngliche Formel aus RGSt 3, 181 aber erst am Ende behandelt werden soll.

aa) Die animus-Formel als "sinnentleerte Hülse"

Wird die animus-Formel ohne nähere inhaltliche Konkretisierung verwendet, so wird mit ihr nichts ausgesagt, da sie völlig interpretationsbedürrftig bleibt. Was es heißt, den Täterwillen zu besitzen, wie also ein Täterwille aussieht, bleibt offen. Ob hierbei das reflexive Verständnis vom Verhältnis zu anderen erfaßt wird, kann nicht beantwortet werden, weil die Formel ohne Konkretisierung keine Antwort gibt.
Hinzu kommt, daß sie mit ihrer Formulierung des "als eigene *Wollen*" eher eine Wunschtheorie darstellt.

bb) Konkretisierung der animus-Formel durch den Grad des eigenen Interesses

Stellt man (allein) auf den Grad des eigenen Interesses ab, so geschieht hinsichtlich der Betrachtung des Beteiligten folgendes:
Die Handlungen aller Beteiligten werden - und dies ist die Basis der subjektiven Theorie - auf ihren kausalen Beitrag zum Erfolg reduziert. Alle Tathandlungen sind somit als Erfolgsverursachungen vereinheitlicht. Sodann wird betrachtet, welches Interesse der Beteiligte am Erfolg hatte. Man isoliert also zunächst den

Beteiligten und betrachtet dann in diesem isolierten Zustand seine Einstellung zum Erfolg, seine persönliche Beziehung zu diesem. Welches Verhältnis er aber zu den anderen Beteiligten hat bzw. welches Verständnis davon, ist dabei unbeachtlich. Entscheidend ist allein seine Beziehung zum Erfolg. Der andere spielt keine Rolle.

cc) Konkretisierung durch objektive Kriterien

Stellen wir noch einmal exakt die normative Kombinationstheorie anhand einer älteren und einer neueren Entscheidung des Bundesgerichtshofes dar:[547]

Täter ist, wer die Tat als eigene will. Entscheidend ist die innere Einstellung zum Gesamtgeschehen, welche derart sein muß, daß ein enges Verhältnis zur Tat besteht. Ob das der Fall ist, ist nach den gesamten Umständen wertend zu beurteilen. Zu dieser Wertung heranzuziehende Indizien sind der Grad des eigenen Interesses am Erfolg, der Umfang der Tatbeteiligung und die Tatherrschaft oder zumindest der Wille zur Tatherrschaft, so daß Tathergang und Taterfolg maßgeblich vom Willen des Beteiligten abhängen.
Soweit die Darstellung.

Da wir den Grad des Interesses - wie bereits gezeigt - als ungenügend außer acht lassen können, läßt sich die Konkretisierung der animus-Formel inhaltlich wie folgt verkürzen: Man will die Tat als eigene, man hat ein enges - inneres - Verhältnis zu ihr, wenn der Tatbeitrag einen entsprechenden Umfang hat, bzw. man die Tatherrschaft besitzt, also die Tat maßgeblich vom eigenen Willen abhängt.

(1) Die objektiven Konkretisierungen im einzelnen: der Umfang des Tatbeitrages und die Tatherrschaft

- Ergibt sich der Täterwille aus dem Umfang des Tatbeitrages, dann ist allein das äußere, funktionale Tun in seiner Quantität entscheidend. Es bedarf keiner näheren Untersuchung, daß dieses Indiz für den Täterwillen die Beziehung des Beteiligten und erst recht sein reflexives Verständnis davon völlig außer acht läßt.

- Ergibt sich der Täterwille aus der Tatherrschaft, so stellt die Beteiligungstheorie der Rechtsprechung nichts anderes als die Anwendung der

547) BGH JR 55, 304; BGH NStZ 82, 243.

Tatherrschaftslehre dar; es handelt sich lediglich um eine subjektiv eingekleidete Form.

An dieser Stelle müßte jetzt folglich inzident die Tatherrschaftslehre untersucht werden, um für diese Konkretisierung der subjektiven Theorie eine Antwort hinsichtlich des Verständnisses geben zu können. Aufgrund ihrer Bedeutung verdient es die Tatherrschaftslehre aber, gesondert behandelt zu werden. Dies macht einen Verweis nach vorne unausweichlich.
Für jetzt muß es genügen, die in der Einleitung bezüglich der Tatherrschaftslehre aufgestellte These quasi als Variable einzusetzen, um das durch diese postulierte Ergebnis dann später untermauert und bestätigt zu sehen: Die Tatherrschaftslehre erfaßt den Einzelnen nur in seiner Beziehung zur Außenwelt, nur rein funktional, und damit nicht in seinem reflexiven Verständnis.
Erweist sich diese These als zutreffend, so gelingt es auch der Konkretisierung durch die Tatherrschaft nicht, dem reflexiven Verständnis in der subjektiven Theorie Geltung zu verschaffen.

(2) Das Kriteriengesamtbild der Willensabhängigkeit

Alle Konkretisierungsindizien zusammengefaßt ergeben nach der normativen Kombinationstheorie dann den Täterwillen, wenn die Tat maßgeblich vom Willen des Beteiligten abhängt.
Ist das Kriterium der Willensabhängigkeit die Zusammenfassung aller Einzelindizien, so bleibt auch für dieses als Schlußfolgerung nur festzustellen: Wenn die Einzelindizien nicht das reflexive Verständnis beinhalten, dann beinhaltet es auch deren Zusammenfassung nicht.
Doch betrachten wir einmal das Abhängigsein vom Willen des Beteiligten als ein eigenständiges Abgrenzungskriterium der subjektiven Theorie: Täter also ist, von wessen Willen die Tat maßgeblich abhängt. Hängt die Tat maßgeblich von meinem Willen ab, so heißt das, daß sich mein Wille nicht dem eines anderen unterordnet. Es findet sich demnach das Kriterium wieder, das bei v.Buri und RGSt 3, 180 das Abgrenzungskriterium darstellte, also am Beginn der Rechtsprechungsentwicklung stand. Ihm ist sich ausführlicher zu widmen.

dd) Die Abgrenzung aus RG 3, 181 in Verbindung mit der Lehre v.Buris

Die Abgrenzung aus RG 3, 181 und die mit ihr verbundene Beteiligungslehre v.Buris wurden bereits oben unter 1. zitiert. Nochmals kurz zusammengefaßt bieten sie folgende Kriterien:

Der Gehilfe unterwirft seinen Willen dem des Täters. Der Wille des Gehilfen ist von dem des Täters abhängig,[548] während letzterer Selbständigkeit besitzt.[549] Der Gehilfe stellt die Entscheidung bezüglich der Vollendung der Tatbestandsverwirklichung dem Täter anheim.[550] Der Gehilfe erkennt also den Willen des Täters als den herrschenden an,[551] da er erwartet - darauf "reflektiert"[552]-, daß sich an seine (des Gehilfen) Handlung noch eine täterschaftliche anschließt.[553] Entscheidend ist also eine Unterordnung des Willens des Gehilfen unter den des Täters. Fehlt eine solche, dann will man die Tat als eigene und ist damit Täter.[554]

Ob dies nach Auffassung des Reichsgerichts so tatsächlich auch für die Abgrenzung von Anstiftung und mittelbarer Täterschaft gilt, muß offen bleiben, da die Urteile hierauf nicht näher eingehen. Nach Mezger[555] und Bockelmann[556] - diese Vertreter der subjektiven Theorie werden später noch besprochen - sei dies aber der Fall, da auch bei der Anstiftung eine Willensunterordnung vorliege.

V.Buri hingegen trennt nicht zwischen mittelbarer Täterschaft und Anstiftung, sondern bleibt bei der Auffassung des Gemeinen Rechts, Anstiftung sei (intellektuelle) Urheberschaft und damit Täterschaft.[557] Daß der Anstifter seinen Willen nicht dem eines anderen unterordne, begründet er damit, daß der Anstifter seinen Willen hinsichtlich des Erfolges unabhängig von dem des anderen habe, er den Willen des anderen nicht als maßgebend für den seinigen betrachte.[558] V.Buri liegt damit in der Tradition Köstlins vom überwiegenden Bestimmen des Anstifters.[559]

---

548) RGSt 3, 181 (182f)
549) v.Buri: Die Causalität, a.a.O., S.41
550) RGSt 3, 181 (182f); v.Buri: Die Causalität, a.a.O., S. 41
551) RGSt 3, 181 (182f); v.Buri zitiert nach: Birkmeyer: Teilnahme, a.a.O., S.42.
552) v.Buri: Die Causalität, a.a.O., S.41
553) v.Buri: Die Causalität, a.a.O., S.41
554) RGSt 3, 181 (182f)
555) Mezger: a.a.O., S.231
556) Bockelmann: Über das Verhältnis, a.a.O., S.77
557) v.Buri: Über Kausalität, a.a.O., S.275
558) v.Buri: Über Kausalität, a.a.O., S.274
559) Vgl. oben C) III. 3..

Während sich die Literatur im allgemeinen ablehnend gegenüber der subjektiven Theorie der Rechtsprechung äußert, stoßen die Kriterien bezüglich einer Willensunterordnung aber auf gewisse Zustimmung: Man finde im Vergleich zu sonstigen Ausgestaltungen der subjektiven Theorie eine klarere Abgrenzung;[560] es werde eine Rangfolge zwischen den Beteiligten hergestellt;[561] die Kriterien der rein objektiven Theorien fänden sich zusammengefaßt und auf der subjektiven Seite gespiegelt;[562] als subjektive Theorie sei diese Abgrenzung unübertroffen.[563]

Bei genauerer Betrachtung läßt sich erkennen, daß man auch vom Grundanliegen der vorliegenden Arbeit aus einer solchen Ausprägung der subjektiven Theorie Zustimmung zukommenlassen muß. Findet sich doch in ihr das reflexive Verständnis des Beteiligten wieder, bzw. finden sich diesbezüglich ausbaufähige Ansätze.

(1) Die einzelnen Kriterien

Analysieren wir dazu die Kriterien im einzelnen:

- Konkretestes und zugleich zentrales Kriterium für den Gehilfenwillen ist das "Die-Entscheidung-über-den-Erfolg-dem-anderen-Anheimstellen".

Was nun setzt es bezüglich des psychischen Geschehens beim Gehilfenwillen voraus, wenn er dem anderen die Entscheidung bewußt anheimstellt?

Zunächst ist ein Verständnis davon gefordert, daß man im Zusammenspiel mit dem anderen auf irgendeine Weise den Erfolg herbeiführen kann; ferner ein Verständnis davon, daß der andere in der Lage ist, die Entscheidung über den Erfolgseintritt zu treffen. Zuletzt bedarf es auch des Verständnisses, daß die Entscheidung den Ausschlag darüber gibt, ob es erstens zu dem Erfolg kommt, und damit zweitens, ob die Handlung des jeweils anderen sich bezüglich des Taterfolges auswirkt oder sie entweder "im Sande verläuft" bzw. erst gar nicht stattfindet. Anheimstellen bedeutet zudem, auf der Basis des eben aufgezeigten Verständnisses dem anderen die Entscheidungsgewalt freiwillig zu übergeben bzw. zu überlassen. Anheimstellen ist also auch ein *gestaltender* Akt des Willens.

---

560) Welzel: Lehrbuch, a.a.O., S.108
561) Jakobs: a.a.O., 21/28
562) Roxin: TuT, a.a.O., S.53f
563) Stratenwerth: a.a.O., Rn 744ff

Zusammengefaßt: "Anheimstellen" impliziert das Verständnis von der Beziehung zwischen einem selbst, dem anderen und dem Erfolg hinsichtlich des Tragens der Entscheidung über die Erfolgsherbeiführung.

- Lasse ich den anderen die Entscheidung über das Ob des Erfolges fällen, stelle ich sie ihm anheim, so ist ebenfalls das nächste Kriterium erfüllt: Ich erwarte, daß sich an meine Handlung noch die "entscheidende" des Täters anschließt.[564] Der Beteiligte erwartet dies, er "reflektiert"[565] darüber.
Diesem Kriterium liegt das Verständnis davon zugrunde, ob und wie der andere handelt, und daß diese Handlung im Verhältnis zu der eigenen den Ausschlag über die Erfolgsherbeiführung gibt.

- Überlasse ich dem anderen die Entscheidung, so liegt auch das nächste Kriterium vor: Ich erkenne den Willen des anderen als den herrschenden an.
Anerkennen impliziert Erkennen. Erkennen aber basiert auf Verständnis. Bezieht sich das Erkennen auf das Verhältnis von mir zu jemand anderem - der andere herrscht über mich -, so ist das Verständnis ein reflexives. Anerkennen basiert also auf dem reflexiven Verständnis von diesen Beziehungen.
Herrschen heißt Übergeordnetsein. Ein reflexives Verständnis von Herrschaftsverhältnissen ist ein reflexives Verständnis von Einordnung. Korrespondiert sodann die durch das "Den-anderen-herrschen-Lassen" bewirkte Unterordnung mit dem "Den-anderen-die-Entscheidung-tragen-Lassen", so korrespondiert damit das reflexive Verständnis von der Einordnung mit dem reflexiven Verständnis bezüglich des Tragens der Entscheidung.

- Faßt man die bisher behandelten Kriterien zusammen, so zeigt sich, daß der Wille des Gehilfen/Teilnehmers sich dem des Täters hinsichtlich der Erfolgsherbeiführung bewußt unterwirft. Ein weiteres Kriterium ist erfüllt: Unterwerfung, besser: Unterordnung.
"Willensunterordnung" aber ist die *Zusammenfassung* der eben behandelten Kriterien: Basieren diese auf dem reflexiven Verständnis, dann muß es auch deren Zusammenfassung tun.

---

564) M.E. muß es sich hier aber nicht unbedingt um eine zeitliche Nachfolge handeln (so aber wohl v.Buri: Die Causalität, a.a.O., S.41). Die Handlung des Täters, also die, in der sich die Entscheidung über das Ob des Erfolges kundtut, kann auch zeitgleich liegen.

565) v.Buri: Die Causalität, a.a.O., S.41

Die Kombination der Kriterien erfaßt das reflexive Verständnis des Beteiligten zudem in allen Aspekten: das Verständnis 1. von den Strukturen des Gesamtzusammenhanges, 2. davon, wer die Entscheidung über den Erfolgseintritt trägt, 3. davon, zu welcher Einordnung dieses führt. Insgesamt fragen die Kriterien damit nach dem reflexiven Verständnis davon, auf wessen Wille der Erfolg zurückgeht und damit, wer die Verantwortung trägt.

Die Art der Beteiligungsform beruht also auf dem selbstbezüglichen Verständnis des Beteiligten. Zu welchen Konsequenzen führt dies hinsichtlich der Frage, wie bei der Abgrenzung der Beteiligungsfragen vorzugehen ist?
Die Untersuchungen haben klar ergeben:
Man muß nach dem reflexiven Verständnis des Beteiligten von der Einordnung, d.h. von Unterordnung oder fehlender Unterordnung fragen. Dieses ist dabei davon abhängig, wem der Beteiligte die Entscheidungsgewalt zuschreibt.

(2) Der Vergleich mit den Beteiligungslehren Abeggs und Köstlins sowie mit dem eigenen Ansatz

Vergleicht man die RG 3, 181-Abgrenzung mit der oben erarbeiteten Lösung und mit den Lehren Abeggs und Köstlins, so zeigt sich:
Der Ansatzpunkt aller Abgrenzungen ist die Frage nach dem reflexiven Verständnis des Beteiligten von Einordnung. Gegenüber Abegg und Köstlin hat RG 3, 181 sodann zwei Vorteile: Erstens spricht es ausdrücklich von Unterwerfung des Willens; zweitens ist das entscheidende Abgrenzungskriterium das Tragen der Entscheidung hinsichtlich des Erfolgseintritts bzw. das diesbezügliche Verständnis des Beteiligten.

Wendet man das letzte Kriterium konsequent an, so kommt man zudem bei der Abgrenzung von Anstiftung und mittelbarer Täterschaft zu dem unter C) III. 3. vorgetragenen Ergebnis: Da der Anstifter noch des Willens eines anderen bedarf, welcher die Entscheidung über den Erfolg treffen soll, ist Anstiftung keine Täterschaft. Vielmehr liegt Willensunterordnung und damit Teilnahme vor. Hier also ist v.Buri, welcher die Anstiftung als intellektuelle Urheberschaft der unmittelbaren Urheberschaft gleichsetzte, an seiner eigenen Lehre zu korrigieren.

Die RG 3,181-Abgrenzung erweist sich also als Fortschritt gegenüber den Lösungen Abeggs und Köstlins. Auch beinhaltet sie schon nahezu alle zur Erfassung menschlicher Beteiligungsstrukturen notwendigen Grundelemente. Lediglich an zwei Stellen ist sie ergänzungsbedürftig: Sie bedarf zum einen der Miteinbeziehung des Anerkennungsverhältnisses. Ist das Anerkennungs-(Gleichheits-)verhältnis doch der grundlegende Maßstab für Über-/Unterordnungsverhältnisse von Menschen, dessen ursprünglich bestehende Geichordnung dann durch das Verständnis vom Tragen der Entscheidung verändert wird. Das Anerkennungsverhältnis ist also das Verbindungsglied zwischen dem Verständnis vom Tragen der Entscheidung und dem von Einordnung. Außerdem wird dadurch deutlich gemacht, daß *Willens*unterordnung zugleich die Unterordnung der gesamten Stellung im Hinblick auf den Erfolg bedeutet.

Zum anderen muß klargestellt werden, daß das Verständnis nicht über das rein subjektive Empfinden des Beteiligten bestimmt werden darf. Vielmehr muß hier nach der allgemeingültigen Stufe, welche ja auch das Anerkennungsverhältnis konstituiert, gefragt werden.

Nimmt man diese Ergänzungen vor, welche sich problemlos einfügen lassen, so erweist sich die RG 3, 181-Abgrenzung als eine Beteiligungslehre, die die oben gestellten Anforderungen erfüllt.

(3) In der Literatur vorgebrachte Kritik an der RG 3, 181-Abgrenzung

(3 1)Darstellung

Oben wurde gesagt, die RGSt3, 181-Kriterien stießen in der Literatur auf gewisse Zustimmung. Trotzdem wird ihr auch wieder Kritik zu teil; Kritik, welche an schon Angedeutetem ansetzt:

Der subjektiven Einordnungsbeurteilung des Einzelnen könnten die tatsächlichen Handlungsvollzüge entgegenstehen. Nicht nur der Wille, sondern gerade auch die Handlungsvollzüge entschieden aber darüber, wer das Geschehen bestimme.[566] Überhaupt würde ein Abstellen auf die subjektive Beurteilung des Beteiligten einen Verzicht auf rechtliche Maßstäbe darstellen.[567] Eine Beachtung des Willens des Beteiligten sei allenfalls dann möglich, wenn man auf objektiv allgemeinverbindliche Weise festlege, wie ein

566) Jakobs: a.a.O., 21/28; Roxin: TuT, a.a.O., S.54f.
567) Stratenwerth: a.a.O., Rn 745f

Täterwille auszusehen habe. Dieses könne aber nur über die tatsächlichen Verhaltensweisen, auf die sich der Wille ja beziehe, bestimmt werden. Der Täterwille sei also nach objektiven, außenweltlichen Maßstäben zu charakterisieren.[568)]

Ähnlich kritisierend, wenngleich der subjektiven Theorie nahekommend, ist die Lehre Mezgers:
Spräche man von Unterordnung/Einordnung des Willens, so sei das rein tatsächlich zu verstehen. Entscheidend sei allein, ob das Gewollte objektiv eine Unterordnung unter den Willen eines anderen darstelle; nicht, ob der Beteiligte selbst sein Verhalten als Unterordnung ansehe. Letzteres, die subjektive Würdigung der eigenen Rolle, sei allenfalls ein Indiz.[569)]
Damit soll also dem, was wir oben die beurteilende Seite des reflexiven Verständnisses genannt haben, kaum Beachtung geschenkt werden. Entscheidend sei vielmehr, als was sich die Einordnung objektiv darstellt. Für das "Als-eigene-Wollen" gebe nicht das Bewußtsein des Handelden den Ausschlag; es komme "überhaupt nicht auf *seine* Reflexion" an.[570)] Wesentlich sei vielmehr, welchen objektiven Sinn das vom Handelnden Gewollte besitze; also das Gewollte in seiner objektiven Bedeutung.[571)] Denn nicht der Beteiligte habe über sein Verhalten zu urteilen, sondern die Rechtsordnung.[572)]
Der objektive Sinn (des Gewollten) aber bestimme sich sodann nach der Tatherrschaft.[573)] Entscheidendes Kriterium werde somit insgesamt der Wille zur Tatherrschaft.[574)] Nur auf diese Weise ließe sich eine subjektive Theorie halten.

Bei dieser Lehre handelt es sich im Prinzip um die normative Kombinationstheorie des Bundesgerichtshofs.[575)] Ein Unterschied liegt aber in folgendem: Laut Bundesgerichtshof deutet die tatsächlich gegebene, objektive Lage (die tatsächlich gegebene Tatherrschaft) auf den Täterwillen hin;[576)]

---

568) Stratenwerth: a.a.O., Rn 746
569) LK8 (Mezger): a.a.O., Nr.2c zu §47
570) LK8 (Mezger): a.a.O., Nr.2b zu §47
571) LK8 (Mezger): a.a.O., Nr.2b zu §47; Mezger: a.a.O., S.231.
572) Mezger: a.a.O., S.231
573) LK8 (Mezger): a.a.O., Nr.2 zu §47
574) LK8 (Mezger): a.a.O., Nr.2 zu §47
575) Dies wird sowohl vom Bundesgerichtshof (BGHSt 8, 393 396)) als auch von Mezger (LK8 (Mezger): a.a.O., Nr.2 zu §47) bestätigt.
576) So ja auch die zu Beginn von (3 1) dargestellte Kritik. Zur Auseinandersetzung mit dieser s.o. unter cc).

Mezger hingegen stellt konsequenterweise auf die objektive Bedeutung allein des Gewollten ab. Er unterscheidet also zwischen den Fragen "Wer ist nach der objektiv gegebenen Lage Täter?" und "Wer ist als Täter zu bestrafen?" Die erstere ist nur eine Zwischenfrage; die zweite die letztlich entscheidende.[577]) [578]) Trotzdem: Der Täterwille wird auch bei Mezger allein nach einem objektiven, außenweltlichen Maßstab bestimmt.

(3 2) Auseinandersetzung

Das eben Dargestellte läßt sich kurz wie folgt in einen Kritikpunkt und einen Kompromißvorschlag zusammenfassen:

Fragt man nur nach dem Verständnis des Beteiligten von Einordnung, so fehlt es bei der Beteiligungsabgrenzung an rechtlichen Maßstäben. Eine subjektive Beteilgungslehre ließe sich hingegen nur halten, wenn man den Täterwillen nach der objektiven Bedeutung des Gewollten anhand der Tatherrschaft - bestimme.[579])

Diesem ist jedoch nicht zuzustimmen. Schon der Kritikpunkt kann bei einer richtig verstandenen RG 3, 181-Abgrenzung nicht überzeugen:

Zwar ist es zutreffend, daß das Urteil über die Beteiligungsform nicht im freien Belieben des Beteiligten stehen darf. Ein Rückgriff auf allgemeingültige Elemente ist also nötig. Daraus darf jedoch nicht der Schluß gezogen werden, daß der subjektive Ausgangspunkt der Selbstbewertung als überflüssig aufgegeben werden muß; erwies er sich zudem doch unter C) als notwendig. Vielmehr können ein eigenständiger subjektiver Ausgangspunkt und allgemeingültige Elemente entsprechend miteinander verbunden werden: Diese Verbindung geschieht durch die Beachtung des reflexiven Verständnisses des Beteiligten auf der ersten Stufe unter Bezugnahme auf den Maßstab des Anerkennungsverhältnisses. Durch die hierbei gewährleistete Allgemeingültigkeit der Einordnungsbeurteilung kann die beurteilende Seite des reflexiven Verständnisses nicht in den Bereich freier Willkür abgleiten. Zugleich gibt das reflexive Verständnis sich aber auch nicht als einen

---

577) LK8 (Mezger): a.a.O., Nr.4 vor §47

578) Beim Bundesgerichtshof klingt das Abstellen auf die objektive Bedeutung des Gewollten allenfalls dann an, wenn er bei fehlender Tatherrschaft "zumindest den Willen zur Tatherrschaft" als Indiz für den Täterwillen heranzieht.

579) Wir beschränken uns hier auf die Lehre Mezgers. Zur Auseinandersetzung mit der Konkretisierung des Täterwillens durch die objektiv-äußerlich gegebene Lage (Tatherrschaft) s.o. unter cc).

eigenständigen subjektiven Ausgangspunkt auf: Die Bewertung und damit auch die Abgrenzung findet sich allein im beteiligten Subjekt selbst.
Eine so verstandene RG 3, 181-Abgrenzung - also die Ergänzung der RG 3, 181-Theorie durch das reflexive Verständnis der ersten Stufe - kann der Kritik fehlender rechtlicher Maßstäbe standhalten. Und mehr noch: Legt man der Beteiligungsabgrenzung das Anerkennungsverhältnis als ja die Grundlage des interpersonalen Rechtsverhältnisses zugrunde, so wird dadurch der entscheidende rechtliche Maßstab gerade erst geschaffen.

Aber nicht nur der Kritikpunkt erweist sich als nicht durchgreifend. Auch der Kompromißvorschlag kann nicht voll überzeugen:
Mezger nahm - wie gezeigt - die Abgrenzung anhand der objektiven Bedeutung des vom Beteiligten Gewollten vor, wobei das Kriterium der objektiven Bedeutung die Tatherrschaft sei.
Hiergegen läßt sich aber ein Einwand vorbringen:
Nach Mezger ist Täter, wer mit Täterwillen handelt.[580] Es wird also ein subjektiver Ausgangspunkt gewählt. Auch charakterisiert Mezger den Täterwillen dadurch, daß der Beteiligte (Täter) seinen Willen nicht dem eines anderen unterordnen wolle.[581] Da dieses Wollen der Unterordnung aber ein Verständnis von Einordnung im Verhältnis zum anderen voraussetzt, erkennt er erstens mit der Formulierung, der Gehilfe *wolle* sich unterordnen, an, daß die Handlung des Beteiligten mit einer subjektiven Einordnung verbunden ist. Zweitens fragt er mit dieser Formulierung nach genau dieser Einordnung. Inkonsequenterweise bestimmt Mezger die Beteiligungsform dann jedoch nicht nach ihr - er nennt sie subjektive Würdigung -, sondern nach einer objektiven Einordnung. Der Maßstab ist dabei die Tatherrschaft. Wenn aber zuerst schon danach gefragt wird, ob der Beteiligte sich unterordnen will, dann darf die Unterordnung nicht anhand eines rein äußerlichen Maßstabs bestimmt werden, sondern muß nach dem Verständnis von Einordnung fragen.
Zwar operiert der oben erarbeitete eigene Ansatz auch mit einem allgemeingültigen Abgrenzungsmaßstab, doch ist dies ein im gestaltenden Willen selbst liegender.

Zusammenfassend kann somit festgehalten werden:

---

580) Mezger: a.a.O., S.230; LK8 (Mezger): a.a.O., Nr.2 zu §47.
581) Mezger: a.a.O., S.231; LK8 (Mezger): a.a.O., Nr.2c zu §47.

Die auf das reflexive Verständnis hin ausgelegte RGSt 3, 181-Abgrenzung, sowie überhaupt eine Theorie des reflexiven Verständnisses, ist nicht - wie Mezger - dem Argument der Inkonsequenz, aber auch nicht dem Argument eines Abgleitens in den Bereich des Verzichts auf rechtliche Maßstäbe ausgesetzt.[582]

4. Exkurs: Die subjektive Theorie in der Wissenschaft des 20. Jahrhunderts

In der Wissenschaft des 20. Jahrhunderts erlangte die subjektive Theorie nur untergeordnete Bedeutung. Auch wies sie keine wesentlichen Unterschiede zu den bisher genannten Varianten auf und tendierte ebenfalls grundsätzlich zu einer Konkretisierung der animus-Formel durch objektive Kriterien.
Als die wichtigsten Vertreter der subjektiven Theorie seien Baumann-Weber, Bockelmann, Kohlrausch-Lange und Mezger genannt.

Auf Mezger wurde schon oben eingegangen. Ebenso wie er ist auch Baumann-Weber[583] [584] grundsätzlich der normativen Kombinationtheorie zuzuordnen. Ähnlich, da auch auf eine Konkretisierung der subjektiven Theorie mit objektiven Elementen bedacht, ist auch die Lehre Kohlrausch-Langes.[585]

---

582) Erwähnt sei in diesem Zusammenhange auch, daß ebenfalls die Kritik nicht durchgreift, welche befürchtet, daß als Gehilfe auch derjenige bezeichnet werden müßte, welcher die Tatbestandshandlung alleine ausführe, sich innerlich aber dem Willen eines anderen unterordne (vgl. Roxin: TuT, a.a.O., S.55). Denn auch bei Fehlen jeglichen Interesses am Taterfolg: Wer die Tatbestandshandlung alleine ausführt, trägt die konkrete Entscheidung über den Erfolgseintritt selbst und weiß dies auch. Als Vernünftiger kann er folglich nie ein Verständnis von Unterordnung haben. Dies ist nur denkbar, wenn die Abhängigkeit im Einzelfall den freien Willen ausschließt. Man trägt die Verantwortung für die eigene Entscheidung und die eigene Tat, die Verantwortung für das eigene Verhalten.
Rechtspolitische Konsequenz: Auch die "untergeordnet Ausführenden" sind als Täter verantwortlich, denn ohne sie würde der "übergeordnete Apparat" zusammenbrechen.

583) Baumann-Weber: a.a.O., S.535ff

584) Ansatzweise taucht hier jedoch auch einmal das Element des reflexiven Verständnisses auf - sogar in Verbindung mit der Frage, wer die Entscheidung über den Erfolg trägt: Liege beim "Tatmittler nur verminderte Schuldfähigkeit vor und rechnet der Veranlasser mit eigener Entscheidung des T, so wird in der Regel Anstiftung gegeben sein" (Baumann/Weber: a.a.O., S.546).

585) Kohlrausch-Lange: a.a.O., §47 I

Bauman-Weber und Kohlrausch-Lange sind somit hinsichtlich der Beachtung des reflexiven Verständnisses gleicher Kritik wie der Bundesgerichtshof bzw. Mezger ausgesetzt.

Etwas näher soll jedoch auf *Bockelmann* eingegangen werden. Dieser Autor greift nämlich den Ansatz aus RGSt 3, 181 auf, auf welchen er sich auch ausdrücklich bezieht: Das maßgebliche Abgrenzungskriterium bestehe "in einem ganz konkreten, psychischen Sachverhalt, nämlich in der Unterordnung des Vorsatzes, den der Gehilfe faßt, unter den Tatentschluß des Haupttäters."[586] Eine solche Unterordnung aber liege vor, wenn der Gehilfe die Entscheidung über das Ob der Tat dem Täter überlasse. Dieses erfordere ein Bewußtsein, daß die Tat nur dann geschehe, wenn sich der andere zu ihr entschließe.[587]

Wie Bockelmann die Erfüllung dieser Kriterien im Einzelfall beim Beteiligten konstatieren will, sagt er nicht. Er behauptet lediglich, daß einer Reflexion des Einzelnen hinsichtlich des "Als-eigene-Wollens" - so es sie überhaupt gäbe - bei der Beteiligungsabgrenzung keine rechtliche Bedeutung zukomme.[588] Dies deutet darauf hin, daß für ihn auch eine Reflexion des Beteiligten bezüglich dessen Willenseinordnung - also die beurteilende Seite des reflexiven Verständnisses - unbeachtlich sein soll. Behauptet Bockelmann zudem, daß "der bloße Wille, die Tat nicht als eigene zu begehen, Täterschuld nicht in Teilnehmerschuld umwandeln" könne,[589] so wird dadurch deutlich, daß er die Frage nach Täterschaft oder Teilnahme unabhängig von der Reflexion beantwortet sieht.

Bezieht sich diese Aussage allein auf eine Reflexion im Sinne einer kriterienlosen Überlegung des Beteiligten, so hat Bockelmann freilich recht. Dennoch können seiner Lehre drei Gegenargumente vorgehalten werden. Erstens: Wie unter C) gezeigt, ist das Verständnis des Beteiligten ein notwendiges und geeignetes Abgrenzungskriterium. Zweitens: Auch Bockelmann kommt ohne Beachtung irgendeiner "Reflexion" des Beteiligten nicht zu einer Abgrenzung der Beteiligungsformen in dem von ihm geforderten Sinne.

---

586) Bockelmann: Über das Verhältnis, a.a.O., S.76
587) Bockelmann: Über das Verhältnis, a.a.O., S.76
588) Bockelmann: Über das Verhältnis, a.a.O., S.76
589) Bockelmann: Über das Verhältnis, a.a.O., S.76

Es kann nämlich nur über das Verständnis des Beteiligten herausgefunden werden, ob der Beteiligte das *Bewußtsein* hat, die Tat geschehe nur, wenn der andere sich zu ihr entschließe. Drittens: Bockelmann verhält sich zu seiner Ausgangsbehauptung inkonsequent: Er postuliert nämlich auch, daß der Wille des Beteiligten überhaupt nur dann von Bedeutung sein soll, wenn er nicht in Widerspruch zur objektiv gegebenen Sachlage stehe.[590]) Damit widerspricht Bockelmann seinem eigenen Ansatz, was zur Selbstaufhebung des subjektiven Standpunktes führt.

- Zu den zuvor genannten Autoren sei noch Nowakowski als ein weiterer Vertreter subjektiver Beteiligungsdifferenzierung hinzugezogen. Es ist sein entscheidender Abgrenzungsterminus "Urhebergefühl", der ins Auge fällt, da dieser zunächst eine Ähnlichkeit mit der in der vorliegenden Arbeit angestrebten Beteiligungsdifferenzierung vermuten läßt.

Den Unterschied von Täterschaft und Teilnahme sieht auch Nowakowski in der Willensrichtung des Beteiligten und dabei in der Differenzierung von animus auctoris und animus socii.[591]) Den animus auctoris konkretisiert er dann aber durch das Kriterium des Urhebergefühls.[592]) [593]) Das Urhebergefühl besitze, "wer sich an der Tat im Bewußtsein seiner eigenen Tatherrschaft" beteilige, sich nicht dem Tatvorsatz eines anderen unterordne und sich damit als "Herr der Tat", als den "eigentlich Maßgebenden" betrachte, sich hauptverantwortlich fühle.[594]) Es handele sich hierbei um einen Erlebnisakzent, eine psychologische Eindrücklichkeit.[595])
Konkretestes Kriterium zur Feststellung des Urhebergefühls ist dabei das Bewußtsein der eigenen Tatherrschaft. Letztere läge dann vor, wenn die Ausführungshandlung selbst vorgenommen oder der Ausführende beherrscht werde.[596])

---

590) Bockelmann: Die moderne Entwicklung, a.a.O., S.120
591) Nowakowski: Strafrecht, a.a.O., S.95: ders.: Tatherrschaft, a.a.O., S.545ff.
592) Nowakowski: Strafrecht, a.a.O., S.95
593) Beachte: In "Tatherrschaft", a.a.O. taucht der Begriff des Urhebergefühls nicht auf.
594) Nowakowski: Strafrecht, a.a.O., S.95
595) Nowakowski: Tatherrschaft, a.a.O., S.546
596) Nowakowski: Tatherrschaft, a.a.O., S.548f

Ist nun dargestellt, *wodurch* Nowakowski das Urhebergefühl feststellen will, so bleibt zu betrachten, *wie* er dabei vorgeht:
Bezüglich des Urhebergefühls kommt es für ihn "nicht auf das tatsächliche Erlebnis, sondern darauf an, ob das Recht den betreffenden Gefühlsakzent erwartet oder nicht".[597] Bei der Bestimmung des Täterwillens sei allein entscheidend, ob aufgrund der Vorstellung des Handelnden "von ihm nach einem objektiven Maß erwartet und verlangt werden kann", die Tat als eigene zu erleben, zu empfinden.[598]

Sieht man einmal von diversen Zwischenüberlegungen ab,[599] so bleibt noch festzustellen, daß auch Nowakowski den Täterwillen durch objektive Kriterien - nämlich die Tatherrschaft - konkretisiert. Damit besteht zum einen eine gewisse Vergleichbarkeit mit der normativen Kombinationstheorie.[600] Zum anderen wird Nowakowski aber auch gerne von Vertretern der Tatherrschaftslehre auf deren eigene Seite gezogen.[601] Da Nowakowski Tatherrschaft mit fehlender Willensunterordnung gleichsetzt, zeigt sich zudem eine Parallele zu Bockelmann.[602]

Betrachten wir die einzelnen Kriterien in Nowakowskis Lehre, so weisen Formulierungen wie "sich als hauptverantwortlich fühlen" und "sich nicht dem Tatvorsatz eines anderen unterordnen" aber auch auf eine Nähe zu dem von uns geforderten Ansatz einer Beteiligungslehre. Auch kann Nowakowskis Forderung, bei der Feststellung des Urhebergefühls habe es allein darauf anzukommen, ob dieses Gefühl von ihm erwartet werde, ob er also

---

597) Nowakowski: Strafrecht, a.a.O., S.95
598) Nowakowski: Tatherrschaft, a.a.O., S.547
599) Als solche seien genannt:
- Sind die Kriterien des Ausführens und des "Den-anderen-Beherrschens" - und nur diese beiden - tatsächlich die gleichen wie die der Tatherrschaftslehre? (So Nowakowski: Tatherrschaft, a.a.O., S.548, obwohl er die Tatsache, daß der Beteiligte gestaltenden Einfluß auf den Ablauf der Tat hat, für kaum beachtlich hält. Kritisch Roxin: TuT, a.a.O., S.86.)
- Geht es beim Urhebergefühl nur um die subjektive Spiegelung dieser Kriterien als Vorstellingsinhalte? (So Nowakowski: Tatherrschaft, a.a.O., S.548.)
- Ist die Frage nach diesen Vorstellungsinhalten tatsächlich auf der Ebene der Schuld (so Nowakowski: Tatherrschaft, a.a.O., S.547; ders.: Strafrecht a.a.O., S.95) und nicht der des Unrechts (so Bloy: a.a.O., S.106) zu behandeln?
600) Hierauf wird gleich noch eingegangen werden.
601) So z.B. von Roxin: TuT, a.a.O., S.84ff i.V.m. Überschrift auf S.84.
602) So auch ausdrücklich Nowakowski: Tatherrschaft, a.a.O., S.549 i.V.m. Fn 71.

entsprechend empfinden müsse, in unserem Sinne ausgelegt werden: Man fragt nach der beurteilenden Seite des reflexiven Verständnisses auf der ersten Stufe. Zwar besteht - wie gesagt - auch große Ähnlichkeit zwischen Nowakowskis Theorie auf der einen, und der des Bundesgerichtshofs und der Mezgers auf der anderen Seite.[603] Doch liegt ein entscheidender Unterschied darin, daß es Nowakowski - im Gegensatz zu Mezger und dem Bundesgerichtshof - nicht nur um eine objektive Bestimmung des Willens geht, sondern um das entsprechende Bewußtsein des Beteiligten. Nowakowski will etwas Allgemeingültiges im subjektiven Willen des Beteiligten aktivieren. Er kehrt damit - zumindest vordergründig - wieder zum Willen als Ausgangspunkt zurück.

Doch leider eben nur vordergründig. Letzten Endes kann nämlich auch diese Lehre nicht unbeanstandet bleiben:
Nowakowski will das Bewußtsein der Tatherrschaft allgemein bestimmen. Kriterium dafür - das gefordete objektive Maß - ist die Tatherrschaft. Das bedeutet: Wenn Tatherrschaft vorliegt, hätte der Beteiligte das Bewußtsein der Tatherrschaft und damit das Urhebergefühl haben müssen. Damit richtet sich aber das Urhebergefühl allein nach der Tatherrschaft. Der Wille wird rein objektiv und zudem funktional bestimmt; die subjektive Theorie als solche wird aufgegeben.[604]

5. Zusammenfassung

Betrachtet man die geschichtliche Entwicklung subjektiver Beteiligungstheorien, so lassen sich bezüglich der Beachtung des reflexiven Verständnisses Linien von Abegg über Köstlin, über v.Buri bis zu RGSt 3, 181 ziehen.[605] Danach allerdings ging dieses Element für die subjektive Theorie verloren. Lediglich in vereinzelten Entscheidungen findet sich noch das Kriterium der Willensunterordnung als ein selbständiges wieder,[606] was eine Interpretation hinsichtlich des reflexiven Verständnisses möglich macht.[607]

---

603) So auch ausdrücklich Nowakowski: Tatherrschaft, a.a.O., S.547.

604) Siehe dazu auch Roxin: TuT, a.a.O., S.318.

605) Vollständigkeit beansprucht diese Aufzählung nicht.

606) BGH NJW 51, 323; besonders deutlich an RGSt 3, 181 anklingend: BGH MDR 53, 400 (401).

607) Besonders ist hier BGH 3 StR 757/53 zu erwähnen. Zwar fragt diese Entscheidung zunächst herkömmlich nach der Willensrichtung der Beteiligten (BGH 3 StR 757/53, S.6). Interessant ist dann aber die Ausgestaltung dieses Kriteriums: "Wirkt er [der

Positive Ansätze - gerade auch in der Literatur - werden jedoch unter dem Einfluß der Tatherrschaftslehre nicht konsequent durchgeführt: Erstens gibt die subjektive Theorie sich selbst auf, wenn sie nicht in letzter Konsequenz nach dem Verständnis von Einordnung, sondern der Tatherrschaft fragt. Zweitens darf auf jeden Fall als allgemeingültiger Maßstab nur ein solcher in betracht kommen, der im gestaltenden Willen selbst liegt und diesen nicht nur funktional erfaßt.

Somit ist insgesamt auch die in der Einleitung aufgestellte zweite Teilthese, das Verständnis des Beteiligten vom Verhältnis zum anderen werde von der subjektiven Theorie nicht mehr erfaßt, begründet.
Die Kombination dieser mit der Teilthese, daß die heutige Ausgestaltung der subjektiven Theorie der Rechtsprechung an mangelnder begrifflicher Erfassung der Beteiligungsstrukturen leide, und mit der unter 3. gewonnenen Erkenntnis über die Bedeutung des reflexiven Verständnisses, ergibt somit folgende Schlußfolgerung:

Handelnde] mit, weil er sich als mitverantwortlich an dem Gelingen des Unternehmens betrachtet, so daß er sich die von den anderen Mittätern übernommenen Handlungen zurechnen lassen will, so handelt er als Mittäter. Geht sein Wille dagegen nur auf bloße Förderung der Haupttat, ohne Übernahme der Tatverantwortung, so ist er Gehilfe" (BGH 3 StR 757/53, S.7).
Zwar bleibt hier kritisch anzumerken, daß auch der Gehilfe mitverantwortlich für das Gelingen der Tat sein kann; auch der Gehilfe ist nicht bar jeder Tatverantwortung. Zudem macht das Urteil leider keine näheren Ausführungen zur Konkretisierung seines Abgrenzungskriteriums; abgesehen davon, daß es das Interesse des Beteiligten für nicht unbeachtlich hinsichtlich der Bestimmung der Willensrichtung zu betrachten scheint (BGH 3 StR 757/53) S.7). Auch auf das Kriterium der Willenseinordnung wird nicht eingegangen. Aufgrund der nur vagen Formulierungen ist eine genaue und konkrete Interpretation also nicht möglich.
Dennoch: "Wirkt er mit, weil er sich als mitverantwortlich ... betrachtet, ..., so handelt er als Mittäter" (BGH 3 StR 757/53, S.7). Ausschlaggebend für die Täterschaft ist also das Verständnis des Beteiligten von seiner Verantwortung, die er im Verhältnis zu den anderen hinsichtlich des Tatgeschehens trägt. Entscheidend ist also, ob er sich selbst Verantwortung zuschreibt, den Erfolg für auf sich zurückgehend hält. Es wird hierbei sogar ausdrücklich nach der eigenen Beurteilung des Beteiligten gefragt, nicht danach, wie sich die Verteilung von Verantwortung objektiv darstellt.
BGH 3 StR 757/53 scheint also - ganz im Sinne der vorliegenden Arbeit - die Beteiligungsabgrenzung durch die Beachtung des reflexiven Verständnisses vornehmen zu wollen. Doch kann dies nicht sicher beantwortet werden. Aufgrund der nur vagen Formulierungen muß nämlich offenbleiben, ob der Bundergerichtshof auch tatsächlich nach dem Verständnis der ersten Stufe fragt. Der Wortlaut ließe sich aber auch genausogut dahingehend interpretieren, daß es allein auf die rein subjektive Verantwortungszuschreibung ankomme; lösgelöst von jeder Allgemeingültigkeit. Wäre dies zutreffend, so muß auch diesem Urteil die Möglichkeit zur Willkür der Beteiligungsabgrenzung angekreidet werden. Trotzdem verdient es insofern Beachtung, als es in unserem Sinne interpretiert werden könnte.

Das reflexive Verständnis des Beteiligten vom Verhältnis zum anderen ist ein wichtiges Element für die vollständige begriffliche Erfassung der Beteiligungsstrukturen.

II. Die Tatherrschaftslehre

Wenden wir uns der heute in der Literatur herrschenden Tatherrschaftslehre zu. Auch bezüglich dieser wurde in der Einleitung unter I. die Teilthese aufgestellt, daß sie an mangelnder begrifflicher Erfassung der Beteiligungsstrukturen leide. Als Grund dafür wurde angeführt, daß die Tatherrschaftslehre den Einzelnen nur in seinem Verhältnis zur Außenwelt, ihn nur funktional betrachte. Das das Verhältnis zum anderen tragende reflexive Verständnis bliebe hingegen außer acht.
Nachdem bereits unter C) gezeigt wurde, daß die Beachtung des reflexiven Verständnisses zur vollständigen begrifflichen Erfassung gehört, soll nun die Tatherrschaftslehre daraufhin untersucht werden, ob sie den Einzelnen tatsächlich nur funktional begreift.

1. Allgemeine Darstellung

Während bei den bisher vorgestellten Theorien entweder der objektive oder der subjektive Aspekt im Vordergrund stand, behauptet die Tatherrschaftslehre von sich, eine Synthese subjektiver und objektiver Momente zu sein.[608] Nur so könne man den durch die jeweilige Einseitigkeit der anderen Theorien bedingten Mängel aus dem Wege gehen.
Nach der Tatherrschaftslehre ist Täter, wer die Tatherrschaft besitzt.[609] Dies sei der Fall, wenn der Beteiligte den tatbestandsmäßigen Geschehensablauf

608) Maurach-Gössel-Zipf: AT 2, a.a.O., S.247f; Jescheck: 4.Aufl., a.a.O., S.590; Wessels: a.a.O., S.150ff; Bockelmann-Volk: a.a.O., S.178; LK (Roxin): a.a.O., Rn 27 zu §25.

609) Siehe zum Ganzen vor allem Roxin: TuT, a.a.O., S.60ff, 307ff.

vorsatzumfaßt in den Händen halte,[610] das tatbestandmäßige Geschehen final steuere.[611] Kriterium dafür sei wiederum, daß der Täter die Tatbestandsverwirklichung nach seinem Willen ablaufen, hemmen oder unterbrechen, er also über das Ob und Wie der Tat maßgeblich entscheiden könne.[612] Täter sei die Zentralgestalt tatbestandsmäßigen Geschehens.[613]
Ein solcher Tatherrschaftsbegriff, welcher gerade auch der objektiven Tatseite große Bedeutung zukommen läßt,[614] sucht nach einem Leitprinzip, das die verschiedenen Merkmale der einzelnen Täterschaftsformen vereinigt,[615] und dessen Anwendung auch immer einen Wertungsakt erforderlich macht.[616] Aufgrund der damit verbundenen Schwierigkeit wird der Tatherrschaftsbegriff in den unterschiedlichsten Ausprägungen vorgetragen. Trotzdem läßt er sich in der oben vorgetragenen Definitionskette vereinheitlichen[617] und kann in dieser Form als in der Literatur heute absolut herrschend angesehen werden.[618]

Tatherrschaft ist als Tätermerkmal Tatbestandsmerkmal. Sie besteht folglich aus einer objektiven Komponente - als Teil des objektiven Tatbestandes - und einer sich auf diese beziehenden subjektiven - als Teil des subjektiven Tatbestands.[619] Die objektive Komponente ist das faktische In-den-Händen-Halten des tatbestandsmäßigen Geschehensablaufs; die subjektive Komponente ist der diesbezügliche Wille, also der Wille zur Tatherrschaft.[620]

---

610) Maurach-Gössel-Zipf: AT 2, a.a.O., S.247; Wessels: AT, a.a.O., S.150ff; SK (Samson): a.a.O., Rn 10 zu §25; Bockelmann-Volk: a.a.O., S.177f.
611) Welzel: Lehrbuch, a.a.O., S.99; Maurach-Gössel-Zipf: AT2, a.a.O., S.247; Stratenwerth: a.a.O., Rn 750.
612) Maurach-Gössel-Zipf: a.a.O., S.247; Wessels: AT, a.a.O., S.150; SK (Samson): a.a.O., Rn 10 zu §25.
613) LK (Roxin): a.a.O., Rn 28 zu §25
614) Maurach-Gössel-Zipf: AT 2, a.a.O., S.246; Jescheck: 4.Aufl., a.a.O., S.590.
615) LK (Roxin): a.a.O., Rn28 zu §25; ähnlich Maurach-Gössel-Zipf: AT 2, a.a.O., S.246.
616) Wessels: AT, a.a.O., S.152; SK (Samson): a.a.O., Rn 19 zu §25.
617) Schönke-Schröder (Cramer): a.a.O., Rn 70 vor §§25ff kritisiert, daß sich der Tatherrschaftsbegriff als ein bloßer Leitgedanke derart "verflüchtigt" habe, daß er mittlerweile auf "esotherischer Ebene" angelangt sei.
618) Vgl. hierzu die vielen Nachweise bei LK (Roxin): a.a.O., Rn 10 zu §25 und Jescheck: 4.Aufl., a.a.O., S.590.
619) Maurach-Gössel-Zipf: AT 2, a.a.O., S.247
620) Dies findet sich am deutlichsten bei Maurach-Gössel-Zipf: AT 2, a.a.O., S.248f dargestellt. Siehe auch LK (Roxin): a.a.O. Rn 27 zu §25. Teilweise jedoch abweichend, nämlich die subjektive mit der objektiven Komponente vermischend Roxin: TuT, a.a.O., S.316.

Entsprechend den einzelnen Täterschaftstypen nimmt auch die Tatherrschaft verschiedene Formen an:
Bei vollständig eigenhändiger Tatbestandsverwirklichung, also bei Alleintäterschaft im Sinne des §25 I 1.Alt, liegt Tatherrschaft in Form von Handlungsherrschaft vor. Bei mittelbarer Täterschaft im Sinne des §25 I 2.Alt. handelt es sich um Herrschaft kraft überlegenen Willens oder Wissens. Mittäterschaft im Sinne des §25 II erfordert hingegen sogenannte funktionelle Tatherrschaft: gemeinsamer Tatentschluß und sich gegenseitig ergänzende (objektive) Tatbeiträge.[621])
Neben diesen anerkannten Fallgruppen wird eine vierte Tatherrschaftsform diskutiert; die sogenannte normative Tatherrschaft: Trotz fehlender faktischer Tatherrschaft sei (mittelbarer) Täter, wer - anders als der Vordermann - die für die vollständige Tatbestandsverwirklichung besonderen Absichten oder Plfichtenstellungen besitze.[622]) Da nur durch das Vorliegen dieser Merkmale beim Hintermann das strafrechtliche Geschehen erst in Gang gekommen sei, habe dieser die normative Tatherrschaft.[623])
Ähnlich geht Roxin vor: Bei der Deliktsgruppe, die unter den von ihm eingeführten Begriff der "Pflichtdelikte" fällt,[624]) sei die Tatherrschaft überhaupt ein ungeeignetes Kriterium zur Feststellung von Täterschaft. Vielmehr sei hier Täter, wer die dem Tatbestand vorgelagerte Sonderpflicht verletze.[625])

Ist mit diesen Ausführungen die Tatherrschaftslehre als solche knapp umrissen, so soll jetzt das ihr zugrunde liegende Prinzip ausführlicher dargestellt und untersucht werden. Dies wird anhand der Lehren zweier ihrer bedeutendsten Vertreter geschehen; zwei Autoren, die zugleich zwei völlig verschiedene Ausprägungen der Tatherrschaftslehre repräsentieren: Welzel - in Form eines Neuansatzes der Subjektivierung - und Roxin - in Form stärkerer Betonung objektiver Elemente und wertender Vorgehensweise.

---

621) Siehe zu dieser Aufteilung grundlegend Roxin: TuT, a.a.O., S.127-307; zusammenfassend SK (Samson): a.a.O., Rn 11ff zu §25; Wessels: AT, a.a.O., S. 150.

622) Welzel: Lehrbuch, a.a.O., S.104, welcher von "sozialer Tatherrschaft" spricht; Jescheck: 4.Aufl., a.a.O., S.606f.

623) Siehe Fn 622

624) Hierzu gehören zwar nicht die Delikte mit den besonderen Absichten, dafür werden jedoch - über die Delikte mit den eigentlichen Pflichtenstellungen hinaus - andere Delikte in diesen Kreis miteinbezogen (vgl. Roxin: TuT, a.a.O., S.384ff).

625) Roxin: TuT, a.a.O., S.352ff.

2. Die Tatherrschaftslehre Welzels

Zu Beginn des 20.Jahrhunderts tauchte in der Strafrechtswissenschaft der Begriff der Tatherrschaft auf[626]), wobei ihm jedoch erst im Laufe der Zeit die Rolle eines Abgrenzungsterminus für Täterschaft/
Teilnahme zugewiesen wurde. Es konnte hier aber noch nicht von einer Tatherrschaftslehre in mit der heutigen vergleichbarer Form gesprochen werden.[627]) Erst die Ausführungen Lobes[628]) sind als gültige Ausprägung des Tatherrschaftsgedankens im Sinne einer Tatherrschaftslehre betrachtbar.[629]) Dennoch gewannen sie keinen Einfluß auf die Dogmatik.[630]) Dieses wiederum gelang erst Welzel, welcher in seiner Schrift "Studien zum System des Strafrechts"[631]) unabhängig von der Lehre Lobes ebenfalls den Begriff der Tatherrschaft zu dem entscheidenden seiner Beteiligungslehre machte. So kann Welzel heute als der Begründer der Tatherrschaftslehre angesehen werden.[632])

a) Die Lehre als solche[633])

"Unrecht ist personales Unrecht, d.h. ihm ist die Bezogenheit auf den Täter wesentlich. [...] Die Täterlehre hat das personale Aktionszentrum des Unrechts herauszustellen."[634]) Diese Forderung kombiniert Welzel mit einer anderen: "Nicht in irgendwelchen positiv-gesetzlichen Bestimmungen sondern in [...] [den] wesensmäßigen Erscheinungsformen finalen Handelns innerhalb der sozialen Welt liegt der strukturelle Unterschied zwischen Täterschaft und Teilnahme."[635]) Der Täterbegriff sei nämlich kein Wertbegriff, sondern ontologisch festzustellen.[636]) Liege nun das Wesen der Handlung in der Aus-

---

626) Zuerst wohl bei Hegler: Die Merkmale, a.a.O., S.19-44, 184-232.
627) Vgl. die Darstellung und die entsprechenden Nachweise bei Roxin: TuT, a.a.O., S.60ff.
628) Lobe: a.a.O., S.123
629) Vgl: Roxin: TuT, a.a.O., S.63ff.
630) Vgl. Roxin: TuT, a.a.O., S.66.
631) Welzel: Studien, a.a.O.
632) Vgl. Roxin: TuT, a.a.O., S.65.
633) Als Textgrundlage soll uns der seine Lehre begründende Aufsatz "Studien zum System des Strafrechts" (a.a.O.) von 1939 und sein die Lehre in abschließender Form darstellendes Lehrbuch (a.a.O.) dienen.
634) Welzel: Lehrbuch, a.a.O., S.98
635) Welzel: Studien, a.a.O., S.161
636) Welzel: Über Wertungen im Strafrecht, a.a.O., S.341

übung von Zwecktätigkeit, in dem bewußt vom Ziel her gelenkten Wirken,[637] und ist Täterschaft sodann die umfassendste Form solcher finaler Tatherrschaft,[638] dann gelte folgendes: Täter ist, wer "durch zweckbewußte Lenkung des Kausalgeschehens auf den tatbestandsmäßigen Erfolg hin Herr über die Tatbestandsverwirklichung ist",[639] wer die Tat "in ihrem Dasein und Sosein zweckbewußt gestaltet."[640] Die Tat müsse sich als zwecktätige Durchführung des Verwirklichungswillens des Betreffenden darstellen.[641] [642]

Welzel entwickelte seine Beteiligungslehre also aus dem finalen Handlungsbegriff.[643] Dem zweckbewußten Lenken, konkret: dem Zweckbewußten, kommt dabei die entscheidende Bedeutung zu. Bei Welzels Tatherrschaftsbegriff liegt also die Betonung auf dessen subjektiver Seite; das Augenmerk liegt auf dem "Täterwillen". Dieser Täterwille wird jedoch nicht als "bloße subjektive Reflexion" im Sinne eines "Die-Tat-als-eigene-Wollen" begriffen. Vielmehr wird ihm eine objektive Bedeutung zugeschrieben:[644] Wenn ein das Kausalgeschehen zweckbewußt auf einen tatbestandsmäßigen

---

637) Welzel: Lehrbuch, a.a.O., S.33
638) Welzel: Studien, a.a.O., S.161
639) Welzel: Lehrbuch, a.a.O., S.99
640) Welzel: Studien, a.a.O., S.161
641) Welzel: Lehrbuch, a.a.O., S.102
642) Dieser Grunddefinition sind zwei Einschränkungen bzw. Ergänzungen hinzuzufügen:
- Finale Tatherrschaft des Beteiligten finde sich nur bei vorsätzlichem, also finalem Handeln. Bei fahrlässigen Delikten könne es folglich eine solche Unterscheidung nicht geben; hier müßte ein extensiver Täterbegriff gelten (Welzel: Lehrbuch: a.a.O., S.99; ders.: Studien, a.a.O., 159ff).
- Finalität sei nur ein "Moment innerhalb der ganzen sozialbedeutsamen Handlung" (Welzel: Studien, a.a.O., S.164). Folglich sei finale Tatherrschaft zwar das generelle, nicht jedoch das einzige personale Unrechtsmoment für die Täterschaft. Manche Tatbestände forderten nämlich auch bestimmte objektive oder subjektive persönliche Unrechtsmerkmale, Tätermomente: Qualifizierungen und besondere Absichten (Welzel: Lehrbuch, a.a.O., S.100f; ders.: Studien, a.a.O., S.164). Erst wenn auch diese vom Beteiligten verwirklicht seien, könne letzten Endes von erforderlich sozialer - nicht bloß finaler - Tatherrschaft gesprochen werden (Welzel: Studien, a.a.O., S.164). In seinem Lehrbuch weicht Welzel hiervon etwas ab: Von sozialer Tatherrschaft spricht er nur noch im Falle des Vorliegens der persönlichen Unrechtsmerkmale *bei mittelbarer Täterschaft* (Welzel: Lehrbuch, a.a.O., S.100f, 104). Auch scheint dann Täterschaft unabhängig von der finalen Tatherrschaft vorzuliegen (vgl. Welzel: Lehrbuch, a.a.O., S.104).
643) Während auch alle vorherigen Ansätze in der Literatur bezüglich des Tatherrschaftsbegriffs unterschiedliche dogmatische Ausgangspunkte aufwiesen (vgl. hierzu Maurach-Gössel-Zipf: AT 2, a.a.O., S.246; Roxin: TuT, a.a.O., S.64), fügt Welzel somit noch einen weiteren hinzu.
644) Welzel: Studien, a.a.O., S.163

Erfolg hin lenkender Wille *objektiv vorliegt*, dann kann von Täterwillen und damit von Täterschaft gesprochen werden.[645] Ob eine solch zweckbewußte Lenkung vorliegt, kann objektiv, allgemeingültig festgestellt werden. Die Objektivität dieser Feststellung wird zudem dadurch gewährleistet, daß durch die Täterdefinition das Vorliegen eines Täterwillens sachlich an das tatsächliche Geschehen gebunden wird. Das Vorliegen des Täterwillens, also eines das tatbestandsmäßige Geschehen zweckbewußt lenkenden Willens, kann gemäß der Definition nämlich nur mit Bezug auf das tatsächliche Geschehen bestimmt werden kann. Der Wille demnach wird in seiner rein begründenden, gestaltenden Funktion erfaßt. Nur, wenn man nach der objektiven Funktion des Willens im konkreten Geschehensablauf frage, könne beantwortet werden, ob "die Tat wirklich objektiv das Werk des Täters ist."[646] Die Abgrenzung richte sich nach dem objektiven Vorhandensein eines zweckbewußt lenkenden Willens.

b) Zur Kritik an der Tatherrschaftslehre Welzels

aa) Zur allgemein vorgebrachten Kritik

Bezüglich der subjektiven Theorie der Rechtsprechung wurde kurz auf die allgemein in der Lieratur vorgebrachte Kritik eingegangen. Dies diente dazu, schon einmal vorab zu zeigen, daß dieser Theorie keine eindeutige und klare begriffliche Erfassung der Beteiligungsstrukturen gelingt. Bezüglich der Tatherrschaftslehre Welzels sowie dann auch der Tatherrschaftslehre Roxins stellt sich die Frage gleichen Vorgehens. Grundsätzlich mangelnde begriffliche Erfassung der Beteiligungsstrukturen durch die Tatherrschaftslehre läßt sich aber anhand der ungenügenden Beachtung des reflexiven Verständnisses zeigen. Hierauf kann sich folglich beschränkt werden.[647]

---

645) Welzel kann seine Beteiligungslehre somit zurecht als "erweiterte subjektive Theorie" bezeichnen (Welzel: SJZ 47, Spalte 648).

646) Welzel: Studien, a.a.O., S.163

647) Bezüglich der Lehre Welzels sei auf die kritischen Anmerkungen Roxins (TuT, a.a.O., S.68, 294ff) und Bloys (a.a.O., S.196ff) verwiesen.

bb) Die Tatherrschaftslehre Welzels und die Kritik vom Standpunkt des reflexiven Verständnisses

(1) Die Grundforderungen Welzels an eine Beteiligungslehre

Eine Analyse der Tatherrschaftslehre Welzels im Hinblick auf die Beachtung des selbstbezüglichen Verständnisses des Beteiligten hat mit den Grundforderungen dieser Lehre zu beginnen. Die erste lautete wie folgt: Die Täterlehre hat das personale Aktionszentrum des Unrechts herauszustellen.

Soll eine Täterlehre das personale Aktionszentrum des Unrechts heraustellen, so muß sie den Beteiligten als handelnde Person, und damit als Quelle begreifen, aus der das Unrecht hervorgeht, in der das Unrecht seinen Ursprung hat. Eine Beteiligungslehre muß damit den Beteiligten in seinem Wesen als Menschen erfassen. Das Augenmerk ist hierbei gerade auch auf die psychologischen Grundlagen der Handlung zu legen. Nur so kann gesichert werden - und dies fordert Welzel auch[648])-, daß die Täterlehre als Teil der Unrechtslehre klarstellt, wie der Einzelne zum Täter wird. Was es aber ausmacht, den Einzelnen in seinem Wesen als Menschen, als handelnde, unrechtgebärende Person zu erfassen, das wurde bereits oben ausführlich gezeigt: Notwendiges Element einer Beteiligungslehre ist das Verständnis des Beteiligten von der Beziehung zum anderen.

Betrachtet man also die erste Grundforderung Welzels, so läßt sich unsere Forderung nach Beachtung des reflexiven Verständnisses mit ihr in Einklang bringen. Dies gilt auf jeden Fall für die begründende Seite des Verständnisses.

Auch aus Welzels zweiter Grundforderung läßt sich das selbstbezügliche Verständnis herausleiten:

Eine Beteiligungslehre soll sich bezüglich der Abgrenzung der Beteiligungsformen nach den wesensmäßigen Erscheinungsformen finalen Handelns, gerade auch innerhalb der sozialen Welt, richten.[649]) Dies aber geht nur - und die Ausführungen zu C) II. haben es gezeigt - über eine Beachtung des reflexiven Verständnisses des Beteiligten.

Bezüglich der Grundthesen Welzels kann somit als Ergebnis festgehalten werden:

---

[648]) Welzel: Lehrbuch, a.a.O., S.98

[649]) Welzel: Studien, a.a.O., S.161

Beide liefern die Voraussetzung, der Beachtung des reflexiven Verständnisses des Beteiligten von der Beziehung zum anderen eine entscheidende Bedeutung zukommen zu lassen.

(2) Welzels konkreter Täterbegriff

Obwohl Welzel der Entwicklung des Täterbegriffs somit einen guten Ausgangspunkt zugrunde legt, wird seine Täterdefinition dennoch den oben gestellten Anforderungen nicht gerecht:
Täter ist nach Welzel, wer das Kausalgeschehen zweckbewußt auf den tatbestandsmäßigen Erfolg hinlenkt und dabei die Tat in ihrem Dasein und Sosein zweckbewußt gestaltet. Liegt also objektiv ein entsprechend ausgerichteter Wille vor (Täterwille), könne von Täterschaft gesprochen werden. Eine solche Täterdefinition erfaßt den Willen des Einzelnen und damit den Einzelnen selbst aber nur auf funktionaler Ebene, erfaßt die Handlung des Täters nur als auf äußere Vermittlung zur Tatbestandsverwirklichung bezogen. Entscheidend ist allein, ob objektiv ein zweckbewußt lenkender Wille vorlag, ob der Wille solch eine lenkende *Funktion* hatte. Das beurteilende Verständnis von der Beziehung zum anderen bleibt außer acht.
Zwar mag man anführen, daß zum "Kausalgeschehen" auch das Verhalten der anderen Beteiligten zu zählen sei, und folglich über den Begriff der "zweckbewußten Lenkung des Kausalgeschehens" das zweckbewußte Einspannen der anderen und damit doch auch "die anderen" erfaßt werden. Trotzdem aber kommt selbst bei dieser Interpretation dem Willen wieder nur funktionale Bedeutung zu, wird allenfalls die äußere Vermittlung zu den anderen Beteiligten herausgestellt. Die auf das Verhältnis der Beteiligten gerichteten Elemente der nichtfunktionalen Ebene des Willens bleiben dagegen außer acht. Welzels Täterdefinition fragt nur danach, ob objektiv ein zweckbewußt lenkender Wille vorlag, ob der Wille im konkreten Fall diese Funktion hatte. Eine innere Bezogenheit auf den anderen besteht hierbei nicht mehr. Auf das Verhältnis der Personen zueinander als solches, auf das dieses tragende jeweilige Verständnis von Einordnung wird nicht eingegangen.

Der in Welzels Handlungsbegriff liegende Ansatz zur Beachtung des reflexiven Verständnisses (s. C) II. 1.), welcher noch in seinen Grundforderungen zur Beteiligungslehre zum tragen kommt, wird folglich nicht konsequent mit in die Ausgestaltung der Beteiligungslehre übernommen. Zwar hat Welzel recht, daß die rein subjektive Reflexion des Beteiligten nichts darüber aussagen kann, wann die Tat wirklich das Werk des Beteiligten, und dieser damit Täter ist.[650] Trotzdem darf aber nicht jedwede Reflexionsebene ausgeschlossen, und der Wille rein funktional begriffen werden; wurde doch unter C) III. gezeigt, daß "Reflexion" auch auf allgemeingültiger Ebene erfaßt werden kann.

3. *Die Tatherrschaftslehre Roxins*

Wenn auch mit teilweise anderen Ansatzpunkten und in der Ausarbeitung unterschiedlichen Ausprägungen: Die Tatherrschaftslehre trat nach Welzels "Studien" ihren Siegeszug in der Literatur an.[651] Ihre große monographische Aufarbeitung fand sie in Roxins "Täterschaft und Tatherrschaft".[652] Da Roxin heute auch ihr einflußreichster Vertreter ist, zudem den Begriff der Tatherrschaft aus anderer Sicht betrachtet als Welzel, soll gerade auch seine Lehre in die vorliegende Arbeit miteinbezogen werden.

a) Die Lehre als solche

aa) Allgemeines

Im Gegensatz zu Welzel, der seinen Tatherrschaftsbegriff von einem mehr oder minder ontologischen Standpunkt aus entwickelte,[653] wählt Roxin folgenden methodologischen Ausgangspunkt: Während der "Sinngehalt rechtlicher Materie"[654] zwar ontologisch vorgegeben sei, hänge es dennoch immer von den Wertungen des Gesetzgebers ab, welche der ontologisch vorgegebenen Differenzierungen er seinen Regelungen zugrunde legt.[655] Dies gelte auch bei der Täterlehre.[656] Auch hier seien die "maßgebenden Wertungskriterien [...] [d.h.] die für die rechtliche Regelung leitenden vorgegebenen Differenzierungen herauszuarbeiten."[657] Diese fänden sich dabei in den Vorschriften des

---

650) Welzel: Studien, a.a.O., S.163
651) Vgl. nur Maurach-Gössel-Zipf: AT 2, a.a.O., S.246.
652) Roxin: TuT, a.a.O..
653) Vgl. hierzu auch Roxin: TuT, a.a.O., S.319.
654) Roxin: Tut, a.a.O., S.20
655) Roxin: TuT, a.a.O., S.20
656) Roxin: TuT, a.a.O., S.22
657) Roxin: TuT, a.a.O., S.22

Allgemeinen Teils über Täterschaft und Teilnahme und in den Tatbeständen des Besonderen Teils.[658]

Die Gestaltung des Tatherrschaftsbegriffs und damit auch die Abgrenzung der Beteiligungsformen sei also sowohl nach strukturerfassender als auch nach wertender Methode vorzunehmen.[659] Der zu entwickelnde Täterbegriff solle eine Synthese aus ontologischer und wertender Betrachtung sein.[660] Eine nur einseitige Vorgehensweise führe hingegen nicht zum Ziel.[661]

Auf diesen Überlegungen basierend - sie werden auch anschließend noch eine entscheidende Rolle spielen - stellt Roxin nun "ein Leitprinzip für die Bestimmung des Täterbegriffs"[662] auf: "Der Täter ist die Zentralgestalt des handlungsmäßigen Geschehens."[663]

Als ein Leitprinzip lasse diese Formel allerdings noch offen, wie der Begriff der Zentralgestalt inhaltlich zu konkretisieren sei.[664] Hierfür wählt Roxin folgende Vorgehensweise:

Zentralgestalt - und damit Täter - sei, wer die Tat beherrsche,[665] wer also die Tatherrschaft besitze. Der Tatherrschaftsbegriff selbst aber dürfe sodann kein "unbestimmter Begriff"[666] sein; wäre er sonst doch zu vage und ungreifbar.[667] [668] Auf der anderen Seite dürfte er auch nicht als ein "fixierter Begriff"[669] aufgefaßt werden; würde der Täterbegriff durch starre Kriterien festgelegt, so könnten bei seiner Anwendung oft die konkreten Umstände des Einzelfalles nicht berücksichtigt werden.[670] Es müsse sich also vielmehr um einen "offenen" Begriff handeln.[671] Ein Begriff sei dann als ein "offener" zu bezeichnen, wenn er "beschreibe".[672] Unter "beschreiben" versteht Roxin die Aufzählung verschiedenster, dem Einzelfall angepaßter Kriterien: "Die

---

658) Roxin: TuT, a.a.O., S.22
659) Roxin: TuT, a.a.O., S.19f
660) Roxin: TuT, a.a.O., S.319
661) Zu den jeweiligen Begründungen siehe Roxin: TuT, a.a.O., S.7ff, 13ff.
662) Roxin: TuT, a.a.O., S.25
663) Roxin: TuT, a.a.O., S.25
664) Roxin: TuT, a.a.O., S.26
665) LK (Roxin) a.a.O., Rn 7 zu §25
666) Roxin: TuT, a.a.O., S.108
667) Roxin: TuT, a.a.O., S.108ff
668) Dies wirft Roxin auch Welzel vor (Roxin: TuT, a.a.O., S.109f).
669) Roxin: TuT, a.a.O., S.119
670) Roxin: TuT, a.a.O., S.121
671) Roxin: TuT, a.a.O., S.123
672) Roxin: TuT, a.a.O., S.123

Tatherrschaft hat, wer a), b), c), usw. tut."[673] Nur so könne gewährleistet sein, daß der Begriff den verschiedensten Lebenserscheinungen gerecht werde, aber trotzdem bestimmt sei; nur so bestehe die Möglichkeit gerechter Einzelfallwürdigung durch Anpassung an die unterschiedlichsten Fallgestaltungen, wobei trotzdem "typisch wiederkehrende Grundformen einer generalisierenden Regelung" unterworfen seien.[674]
Um den Tatherrschaftsbegriff und damit auch den der Zentralgestalt zu konkretisieren, seien also die einzelnen Beteiligungsfallgruppen zu untersuchen "und für jede Fallgruppe gesondert zu beschreiben, wie sich der Tatherrschaftsgedanke auswirkt."[675]

bb) Die einzelnen Tatherrschaftsfallgruppen

Der folgenden Darstellung der Fallgruppenuntersuchung Roxins muß zuvor noch dies vorangestellt werden:

- Für Roxin ist der Täter das Subjekt der Deliktsbeschreibungen des Besonderen Teils; Roxins Ausgangspunkt ist also die formal-objektive Theorie. Sie sei jedoch aufgrund des §25 I von der bloßen Eigenhändigkeit der Tatbegehung zu lösen und auf die Fälle zu erweitern, in denen - ohne Eigenhändigkeit - der tatbestandliche Erfolg unter Herrschaft oder Mitherrschaft hervorgerufen wird. Auch wer diese Herrschaft besitze, sei Subjekt der Deliktsbeschreibungen des Besonderen Teils.[676]
- Als Abgrenzungskriterium ungeeignet sei der Tatherrschaftsgedanke bei den (sogenannten) Pflichtdelikten[677] und den eigenhändigen Delikten.[678]

Betrachten wir nun Roxins beschreibenden Tatherrschaftsbegriff:
Entsprechend der gesetzlichen Täterschaftsformen gibt es für Roxin auch drei (Grund-)Tatherrschaftsformen: die Handlungsherrschaft bei der Alleintäterschaft im Sinne des §25 I 1.Alt., die Willensherrschaft bei der mittelbaren

---

673) Roxin: TuT, a.a.O., S.123
674) Roxin: TuT, a.a.O., S.122f
675) Roxin: TuT, a.a.O., S.126; LK (Roxin): a.a.O., Rn 28 zu §25.
676) LK (Roxin): a.a.O., Rn 26 zu §25; so auch Gallas: a.a.O., S.128.
677) LK (Roxin): a.a.O., Rn 29ff zu §25. Zur Begündung siehe vorallem Roxin: TuT, a.a.O., S.352ff. Vgl. auch oben unter 1..
678 LK (Roxin): a.a.O., Rn 31ff zu §25. Zur Begündung siehe vor allem Roxin: TuT, a.a.O., S.399ff.

Täterschaft im Sinne des §25 I 2.Alt. und die funktionelle Tatherrschaft bei der Mittäterschaft im Sinne des § 25 II.[679]

- *Unmittelbare (Allein-)Täterschaft im Sinne des §25 I 1.Alt.*
Wer den Tatbestand selbst, d.h. vollständig eigenhändig verwirkliche, sei immer Täter.[680] Die Tatherrschaft, also die Beherrschung der Tatausführung, ergebe sich dabei kraft der Handlung als solcher.[681] Die Handlung des Beteiligten ist also aktgleich mit der Tatbestandsverwirklichung. Der Beteiligte besitze die sogenannte Handlungsherrschaft.[682]

- *Mittelbare Täterschaft im Sinne des §25 I 2.Alt.*
Tatherrschaft und damit Täterschaft sei aber auch trotz fehlender Ausführungshandlung des Beteiligten möglich. Dieses ist der Fall, wenn der Beteiligte als Hintermann kraft überlegenen Willens über einen ausführenden Vordermann und damit auch über die Tatbestandsverwirklichung herrsche. Hier besitze der Beteiligte sogenannte Willensherrschaft.[683]
Wann aber Tatherrschaft in Form von Willensherrschaft vorliege, könne nicht einheitlich beantwortet werden. Wieder gäbe es für verschiedene Fallgruppen verschiedene Ausprägungen. Deren Bestimmung richte sich nach den jeweiligen gesetzlichen Wertvorstellungen.[684]
Roxin stellt drei Fallgruppen auf: Willensherrschaft kraft Nötigung, Willensherrschaft kraft Erregung oder Ausnutzung eines Irrtums und Willensherrschaft kraft organisatorischen Machtapparates.

Willensherrschaft kraft Nötigung:
Auch hierbei gibt es verschiedene Fallgruppen. Auf einen gemeinsamen Nenner gebracht liege ihnen die Situation zugrunde, daß dem Vordermann aufgrund unzumutbaren Drucks §35 zugute komme: Der Hintermann habe die Notstandslage durch Nötigung oder sonstwie herbeigeführt oder sie bloß ausgenutzt.[685] Kommt dem Vordermann §35 zugute, so zeige der Gesetzgeber dadurch zugleich, daß dem den sich den Druck zu eigen gemacht habenden

---

679) Es handelt sich bei dieser Aufteilung um die der oben (1.) vorangestellten Gesamtdarstellung der Tatherrschaftslehre.
680) LK (Roxin): a.a.O., Rn 38 zu § 25
681) LK (Roxin): a.a.O., Rn 40 zu § 25
682) LK (Roxin): a.a.O., Rn 40 zu § 25. Grundlegend Roxin: TuT, a.a.O., S.127ff.
683) LK (Roxin): a.a.O., Rn 45, 48 zu §25
684) LK (Roxin): a.a.O., Rn 48 zu §25
685) LK (Roxin): a.a.O., Rn 49ff zu § 25

Hintermann die Verantwortung der Tat zugerechnet werden solle. Der Gesetzgeber nehme also mit § 35 eine Umverteilung von Verantwortung zu. Aus diesem Verantwortungsprinzip des §35 als einer gesetzgeberischen Wertung ergebe sich die Tatherrschaft des Hintermannes.[686] Die Willensherrschaft des Hintermannes überlagere dabei die Tatherrschaft des ausführenden Vordermannes.[687]

Willensherrschaft kraft Erregung oder Ausnutzung eines Irrtums beim Vordermann:
Auch hier verschiedene Fallgruppen. Ihre Grundkonstellation: Irrtum des Vordermannes, welchen der Hintermann zur gewollten Deliktsherbeiführung ausnutzt. Der Irrtum des Vordermannes ermögliche es dem Hintermann, durch seine überlegene Sachverhaltskenntnis das Verhalten des anderen "sinngestaltend zu überdeterminieren"[688] und damit das Tatgeschehen zu lenken.[689] Sogar wenn der Vordermann (als Täter) vollverantwortlich handele, könne - unter bestimmten Voraussetzungen[690]- aufgrund des vollständigen Überblickens der Sachlage durch den Hintermann von einer höherstufigen Tatherrschaft dessen und damit von Täterschaft gesprochen werden.[691] Dem Hintermann wird also Verantwortung zugewiesen, ohne daß sie dem Vordermann abgesprochen wird. Eine Umverteilung wie beim Verantwortungsprinzip des §35 liegt hier folglich nicht vor.[692]

Zu dieser, und zur vorherigen Form der Willensherrschaft, bleibt anzumerken: Nicht als eine eigenständige Fallgruppe behandelt Roxin die Willensherrschaft kraft mangelnder Widerstandskraft oder Einsicht des Vordermannes (z.B. Kinder oder Geisteskranke). Vielmehr ordnet er sie separat den beiden obigen zu. So sollen bei den Fällen mangelnder Widerstandskraft die Grundsätze der Nötigungsherrschaft, bei den Fällen mangelnder Einsicht die Grundsätze der Irrtumsherrschaft Anwendung finden.[693] Weitere Differenzierungen nimmt Roxin noch bezüglich der Anwendung des §21 auf den Vordermann an.[694]

686) LK (Roxin): a.a.O., Rn 49, 52, 58 zu § 25
687) LK (Roxin): a.a.O., Rn 49 zu §25
688) LK (Roxin): a.a.O., Rn 69 zu §25
689) LK (Roxin): a.a.O., Rn 58, 65, 69, 72, 74f, 82 zu §25
690) LK (Roxin): a.a.O., Rn 68f, 75, 78, 82 zu §25
691) LK (Roxin): a.a.O., Rn 69, 73, 75, 82 zu §25
692) LK (Roxin): a.a.O., Rn 58, 69 zu §25
693) LK (Roxin): a.a.O., Rn 84 zu §25
694) LK (Roxin): a.a.O., Rn 86 zu §25

Willensherrschaft kraft organisatorischen Machtapparates
Bei dieser letzten Fallgruppe werde die Tatherrschaft des Hintermannes durch die "Fungibilität des Vordermannes"[695] begründet: "Die Struktur des Apparates garantiert den Vollzug des Befehls unabhängig von der Individualität des unmittelbar Handelnden."[696]

- *Mittäterschaft im Sinne des §25 II*
Tatherrschaft könne man aber auch gemeinsam mit anderen besitzen. Solch eine gemeinsame Tatherrschaft läge dann vor, wenn es sich um ein arbeitsteiliges Zusammenwirken der Beteiligten im Ausführungsstadium handele. Hierbei müsse jeder Beteiligte bei der Tatbestandsverwirklichung eine für das Gelingen des Deliktsplanes wesentliche Funktion ausüben. Der jeweilige Beteiligte besäße dann sogenannte funktionelle Tatherrschaft.[697] Der Mittäter habe also deshalb Tatherrschaft, weil er kraft seines Tatanteils auch die Gesamttat beherrsche.[698]

Aus ihrer Definition ergeben sich sodann zwei entscheidende Konkretisierungskriterien für die funktionelle Tatherrschaft:
Es ist zum einen der gemeinsame Tatplan oder Tatentschluß: arbeitsteiliges *Zusammen*wirken setze nämlich einen übergreifenden Gesamtplan voraus.[699] Zum anderen ist es die arbeitsteilige Mitwirkung im Ausführungsstadium,[700] wobei dem jeweiligen Tatbeitrag eine wesentliche Funktion zukommen müsse.[701] Bei diesem Kriterium der arbeitsteiligen Mitwirkung aber gelte, daß als eine solche keine bloße Vorbereitungshandlung ausreiche.[702] Da Täterschaft Tatbestandsverwirklichung sei, erfordere Tatherrschaft für die Mittäterschaft auch Mitherrschaft bei der die Tatbestandsverwirklichung vollziehenden Ausführungshandlung.[703]

---

695) LK (Roxin): a.a.O., Rn 88 zu §25
696) LK (Roxin): a.a.O., Rn 88 zu §25
697) LK (Roxin): a.a.O., Rn 88 108, 131 zu §25. Grundlegend Roxin: TuT, a.a.O., S.257ff; in eine Formel gebracht: TuT, a.a.O., S.544.
698) LK (Roxin): a.a.O., Rn 108 zu §25
699) LK (Roxin): a.a.O., Rn 109 zu §25
700) LK (Roxin): a.a.O., Rn 128 zu §25
701) LK (Roxin): a.a.O., Rn 131 zu §25
702) So ja die subjektive Theorie der Rechtsprechung. Vgl. BGHSt 11, 268 (271); 6, 12.
703) LK (Roxin): a.a.O., Rn 127

- Zusammenfassende Nachbetrachtung

Die Darstellung der Fallgruppen zeigte Roxins Beschreibungen der jeweiligen Auswirkung des Tatherrschaftsgedankens. Wie die Aufstellung des Leitprinzips, so würden auch die einzelnen, gerade genannten Ausprägungen einerseits auf ontologischen Strukturen basieren, andererseits sich aber auch gerade nach den gesetzgeberischen Wertvorstellungen richten. So betont Roxin zum einen, daß seine Tatherrschaftslehre "vorrechtlich gegliedertes, bedeutungshaltiges ontisches Material"[704] verwende: das sinnvolle Ineinandergreifen der Tatanteile bei der Mittäterschaft, psychologische Erkenntnisse über den freien Willen bei der mittelbaren Täterschaft (bezüglich der Nötigungsherrschaft), Handlungsstruktur und Begriff der Herrschaft, beides hinsichtlich aller Täterschaftsformen.[705] Zum anderen seien aber auch gerade zum Teil die spezifisch rechtlichen Wertungen des Gesetzgebers berücksichtigt, welche die jeweiligen ontologischen Begriffselemente für die Frage der Tatherrschaft im Hinblick auf den Einzelfall erst präzisieren.[706] Die Bedeutsamkeit des Handlungsaktes des jeweiligen Beteiligten sei an dessen "Relevanz für die Tatbestandserfüllung und damit an einer Norm zu messen."[707] So basiere bei den Nötigungsfällen die Feststellung der Willensherrschaft nicht nur auf dem psychischen Befund, sondern richte sich gerade durch die Beachtung des Verantwortungsprinzips des §35 nach den Vorstellungen des Gesetzgebers. Auch seien detaillierte Beschreibungen des sozialen Bedeutungsgehaltes des Generalbegriffs "Herrschaft" nur unter Berücksichtigung des einzelnen Gesetzeszwecks möglich.[708]

Die jeweilige Ausprägung des Tatherrschaftsgedankens findet somit bei Roxin ihre entscheidende Präzisierung erst durch die konkret anzuwendende Norm, in welcher sich die jeweilige Wertung des Gesetzebers zeige.

b) Die Tatherrschaftslehre Roxins und Kritik vom Standpunkt des reflexiven Verständnisses

Die Darstellung der Roxinschen Lehre zeigte deren methodologische Besonderheit, ontologische Vorgehensweise mit wertender Betrachtung zu verknüpfen. Hierbei ist es gerade die wertende Betrachtungsweise, mit der der

---

[704]) Roxin: TuT, a.a.O., S.320
[705]) Roxin: TuT, a.a.O., S.320
[706]) Roxin: TuT, a.a.O., S.320
[707]) Roxin: TuT, a.a.O., S.320
[708]) Roxin: TuT, a.a.O., S.320

Tatherrschaftsgedanke für den konkreten Einzelfall anhand der Vorschriften des Allgemeinen und des Besonderen Teils zu präzisieren ist.
Ein solches Vorgehen führt konsequenterweise dazu, den Tatherrschaftsbegriff in eine Vielzahl von (Unter-)Untergruppen aufzugliedern. Zugleich bedingt dies notwendigerweise wiederum, den Tatherrschaftsbegriff - in Form eines bloßen Leitprinzips - so vage wie möglich halten zu müssen. Beides ist von Roxin durchgeführt worden.
Zwar ist nun richtig, daß es dadurch ermöglicht wird, auf die Besonderheiten des konkreten Einzelfalls einzugehen. Dennoch: Eine Täterlehre, die nur einen vagen Oberbegriff und viele konkrete Unterbegriffe besitzt, ist dann nicht vorzugswürdig, wenn sie es damit umgeht, den Kern der menschlicher Beteiligungsstrukturen zu erfassen.

Um beantworten zu können, ob die Tatherrschaftslehre Roxins tatsächlich solch einem Einwand unterlegen ist, ist jetzt nach den bisher in der Arbeit erzielten Ergebnissen auch hier (modifiziert) zu fragen: Findet in der Tatherrschaftslehre Roxins das reflexive Verständnis des Beteiligten seine erforderliche Beachtung?

aa) Analyse des Begriffs der Herrschaft

Zur Feststellung der konkreten Ausgestaltung des Tatherrschaftsgedankens sucht Roxin nach den Wertungen des Gesetzgebers, welche sich in den jeweils in Betracht kommenden Normen des StGB fänden. So sei auch gerade die Auslegung des grundlegenden Begriffs der Herrschaft nur unter Berücksichtigung des einzelnen Gesetzeszwecks möglich.[709] Bezugspunkt für diesen Begriff sei das vom Gesetzgeber in den Tatbeständen beschriebene Geschehen.[710]
Das in den Tatbeständen beschriebene Geschehen ist nun aber grundsätzlich nur ein äußerliches; meist werden äußere Vorgänge beschrieben. Ist der Herrschaftsbegriff dann anhand dieses Geschehens zu konkretisieren, so kann auch er nur äußerlich und funktional aufgefaßt werden. Zwar kommen im subjektiven Tatbestand Vorsatz und eventuelle subjektive Unrechtsmerkmale hinzu. Der Vorsatz ist jedoch nichts anderes als die Kenntnis (und das Wollen) des objektiv beschriebenen Geschehens, die subjektiven Unrechtsmerkmale nur die

709) Roxin: TuT, a.a.O., S.320
710) Roxin: TuT, a.a.O., S.294

nähere Charakterisierung des Willens im Hinblick auf die Begehungsweise der Tat oder auf das Rechtsgut in Form von Absichten, Beweggründen, Tendenzen. Fragt Roxin nach den Wertungen des Gesetzgebers hinsichtlich des Herrschaftsbegriffs, so richtet sich die Antwort - selbst bezüglich des subjektiven Tatbestands - damit auf keinen Fall nach dem Verständnis des Beteiligten vom Verhältnis zu den anderen; hiervon findet sich im dem Geschehen der Tatbestände nämlich nichts.
Auch in der Tatsache, daß Roxin die Tatherrschaft nach der "Bedeutsamkeit einer Funktion [der Handlung] im Handlungsganzen"[711]) bemessen will, zeigt, daß die Tatherrschaftslehre den Einzelnen nur funktional erfaßt.

bb) Analyse der Tatherrschaftsfallgruppen

Daß eine solch funktionale Ausrichtung bei Roxin ganz im Vordergrund steht, ergibt sich auch aus der Untersuchung einzelner konkreter Ausprägungen des Tatherrschaftsgedankens:
Bei der *mittelbaren Täterschaft* ist zum einen die Notstandslage im Sinne des §35 das entscheidende Kriterium, das die Willensherrschaft des Hintermannes - hier in Form der Nötigungsherrschaft - begründet. Eine solche Notstandslage aber kann festgestellt werden, ohne auf das Verständnis der Beteiligten von der Beziehung zu anderen und der damit verbundenen Einordnung Rücksicht nehmen zu müssen.
Für die Feststellung der Willensherrschaft in Form der Irrtumsherrschaft ist es die überlegene Sachverhaltskenntnis des Hintermannes, welche den Ausschlag gibt: Wieder kann das reflexive Verständnis außer acht bleiben.

Die Begutachtung der Beteiligten unter rein funktionalen Kriterien durch die Tatherrschaftslehre Roxins wird am deutlichsten aber bei der *Mittäterschaft*. Dies erweist sich schon an der Grundsatzforderung, nach welcher der Tatbeitrag des Beteiligten bei der gemeinsamen Ausführung der Tat eine wesentliche Funktion innehaben muß.[712]) Gerade deshalb wird ja auch von *funktioneller* Tatherrschaft gesprochen. Hat der Tatbeitrag eine wesentliche Funktion, so begründet er die Tatherrschaft des Mittäters, weil letzterer "durch seinen Tatanteil gleichzeitig die Gesamttat beherrscht."[713]) Zwischen der Gesamttat und dem Tatanteil des Mittäters bestünde nämlich eine "funktionsbedingte

---

711) Roxin: TuT, a.a.O., S.320
712) LK (Roxin): a.a.O., Rn 108, 130 zu §25
713) LK (Roxin): a.a.O., Rn 108 zu §25

Abhängigkeit".[714] Nur wenn Hergang und Erfolg der Tat maßgeblich vom Verhalten des Beteiligten abhängen würden, könne von Mittäterschaft gesprochen werden.[715] Ob der Tatbeitrag aber eine wesentliche Funktion bei der Ausführung hat, ist rein äußerlich zu bestimmen, ist eine Frage der Funktionalität.

Gerade auch die "Entstehungsgeschichte" der Formulierung Roxins, daß Hergang und Erfolg der Tat maßgeblich vom Verhalten des Beteiligten abhängen müssen, zeigt, daß der Beteiligte nur funktional erfaßt werden soll. Roxin lehnt sich nämlich mit seiner Formulierung an die Wendung der Rechtsprechung an, (Mit-)Täterschaft bestehe, wenn Hergang und Erfolg der Tat maßgeblich vom Willen des Beteiligten abhängen.[716] Er streicht nun aber "Wille" und ersetzt es durch "Verhalten": eindeutig eine Wendung zu funktionaler Betrachtungsweise. Zwar behauptet Roxin sodann, auch die Verwendung des Begriffs "Wille" sei nicht unbedingt falsch, was er damit begründet, daß das Verhalten (des Beteiligten) ja willensgesteuert sei. Dennoch sei der Wille lediglich zweitrangig: Er werde nämlich "nur deshalb mächtig, weil der Handelnde eine bestimmte objektiv bedeutsame Funktion bei der Tatbestandsverwirklichung erfüllt."[717] Dies zeigt ausdrücklich, daß für Roxins Beteiligungslehre der Wille hinter dem äußerlich erkennbaren Verhalten zurücksteht: Das funktionale Element dominiert. Zwar will Roxin die Bedeutung des Willens wohl nicht ganz verwerfen, doch sieht er sie lediglich darin, daß der Wille das Verhalten steuert, und somit in letzterem zum Ausdruck kommt. Wird der Wille aber nur in seiner verhaltenssteuernden Funktion begriffen, so zeigt dies, daß der einzelne Beteiligte auch auf der Willensebene lediglich funktional erfaßt wird.

Ein letzter Satz Roxins, welcher das bisher zur Mittäterschaft Gesagte zusammenfassend bestätigt: Mittäter sei "jeder, der bei der Ausführung eine taterhebliche Funktion ausübt, [...] ohne daß es dazu eines zusätzlichen "Täterwillens" bedürfe."[718]

---

[714] Roxin: TuT, a.a.O., S.308
[715] Roxin: TuT, a.a.O., S.308
[716] Roxin: TuT, a.a.O., S.307f
[717] Roxin: TuT, a.a.O., S.308
[718] LK (Roxin): a.a.O., Rn 132 zu §25

cc) Analyse der subjektiven Komponente des Tatherrschaftsbegriffs und Zusammenfassung

Es bleibt kurz zu untersuchen, ob das Verständnis des Beteiligten nicht darüber Bedeutung erlangt, daß der Begriff der Tatherrschaft auch durch eine subjektive Komponente geprägt ist.

Ausübung von Herrschaft setze Kenntnis dieser voraus; Kenntnis der herrschaftsbegründenden Umstände.[719]) Dies sei das subjektive Element der Tatherrschaft. Während es Roxin heute einem objektiven Element (der Tatherrschaft) *an die Seite zu stellen* scheint,[720]) so sah er es früher als Teil der objektiven Tatherrschaft an.[721]) Beiden Varianten ist jedoch gemein, daß es bei dem subjektiven Element nur um "die finale Beziehung zum Erfolg"[722]) geht. Darüber hinausgehende subjektive Einstellungen des Beteiligten, die die Beziehungen zu anderen betreffen, bleiben aber außer acht. Roxins Tatherrschaftsbegriff erfaßt mit seiner subjektiven Komponente nur die inneren Einstellungen die sich allein auf die Geschehenssteuerung beziehen.[723]) Damit wird der Wille lediglich in seiner Funktion als bloßes Steuerinstrument und folglich ebenfalls nur funktional erfaßt.

Somit kann zusammenfassend für das Vorgehen der Roxinschen Tatherrschaftslehre festgehalten werden:

An das Beteiligungsgeschehen werden von außen Wertungen herangetragen; auf den Willenshorizont der Beteiligten wird nicht abgestellt. Der Einzelne wird nur funktional erfaßt; sein reflexives Verständnis bleibt außer acht.

Ein wesentliches Moment menschlicher Beteiligungsstrukturen wird damit nicht begriffen. Der Tatherrschaftsbegriff geht an dem zu erfassenden Problem vorbei.

Zwar kann Tat*herrschaft* eines Beteiligten nur festgestellt werden, wenn seine Handlung in einen Vergleich und damit in eine Beziehung zu den anderen Beteiligten gesetzt wird. Dennoch geht es dann dabei legiglich um das Verhältnis der Tatbeiträge. Dieses aber ist ein Verhältnis der Außenwelt: Was für ein Verständnis der Beteiligte von seiner Beziehung zu anderen hat, und wie er sich ihnen gegenüber einordnet, ist unerheblich.

---

719) LK (Roxin): a.a.O., Rn 27, 96 zu §25
720) Vgl. LK (Roxin): a.a.O., Rn 27 zu §25
721) Roxin: TuT, a.a.O., S.316, 330f.
722) Roxin: TuT, a.a.O,. S.330f
723) Vgl. auch Bloy: a.a.O., S.203.

4. Zusammenfassung der Ausführungen zur Tatherrschaftslehre und Nachbetrachtung zur normativen Kombinationstheorie

Die in diesem Abschnitt vorgebrachten Überlegungen haben gezeigt, daß die Tatherrschaftslehre - exemplifiziert an den Welzelschen und den Roxinschen Ausprägungen - dem reflexiven Verständnis des Beteiligten keine Bedeutung beimißt.
Damit soll aber nicht behauptet werden, daß der Gedanke der Tatherrschaft als solcher für eine Beteiligungslehre zu verwerfen ist. Ohne hier eine entsprechende Diskussion zu führen, sei gesagt, daß in ihm wichtige Elemente zur sinnvollen Erfassung menschlicher Beteiligungsstrukturen enthalten sind. Der Nachteil der Tatherrschaftslehre liegt jedoch darin, daß sie die Funktionalität und nicht das vom selbstbezüglichen Verständnis getragene Verhältnis der beteiligten Personen *zu ihrer Grundlage* macht. Vollständige Erfassung menschlicher Beteiligungsstrukturen ist damit nicht möglich.
Die in der Einleitung aufgestellte Teilthese, die Tatherrschaftslehre leide unter mangelnder begrifflicher Erfassung der Beteiligungsstrukturen, weil sie den Einzelnen nur im Verhältnis zur Außenwelt, nur funktional begreife, statt auch auf seinen Willenshorizont bezüglich des Verhältnisses zu anderen Beteiligten abzustellen, ist somit insgesamt begründet.

Dieses Ergebnis kann nun auch in die Stellen der kritischen Würdigung der subjektiven Theorie eingesetzt werden, welche bisher nur mit der Variablen der noch unbegründeten These belegt waren. Dies hat sodann folgende Konsequenz: Konkretisiert die subjektive Theorie den Täterwillen durch die Tatherrschaft des Beteiligten (normative Kombinationstheorie), so gelingt es ihr auch mit dieser Wendung nicht, dem reflexiven Verständnis Geltung zu verschaffen.

5. *Die Kriterien der Tatherrschaftslehre bei der Abgrenzung von täterschaftlicher Tötung auf Verlangen gemäß §216 und Teilnahme am Suizid*

Die Tatherrschaftslehre erwies sich leider als nicht ausreichend. Nun gibt es Fallkonstellationen, bei denen auch die Vertreter dieser Lehre selbst erkennen, daß sie mit den bisher aufgestellten Kriterien nicht gelöst werden können: Es sind dies die Fallkonstellationen, die eine Abgrenzung von (täterschaftlicher) Tötung auf Verlangen gemäß §216 und (strafloser) Beihilfe zum Suizid erfordern.

a) Die Selbstaufgabe der Tatherrschaftslehre

Für die Abgrenzung von Tötung auf Verlangen und Beihilfe zum Suizid stellen die Vertreter der Tatherrschaftslehre eine relativ einheitliche Lösung vor, welche gerade die Fälle betrifft, in denen der nichtgetötete Beteiligte ins *Tötungsgeschehen* mit einbezogen ist, also aktiv mitwirkt:

Der nichtgetötete Beteiligte ist lediglich Gehilfe beim Suizid, wenn dem Getöteten nach dem letzten Beitrag des Nichtgetöteten noch die freie Entscheidung über Leben und Tod verbleibt. Ansonsten ist der Nichtgetötete Täter einer Tötung auf Verlangen. Entscheidendes Abgrenzungskriterium ist somit die Herrschaft über den (aus der Sicht des Getöteten) unmittelbar lebensbeendenden Akt.[724)]

Die Vertreter der Tatherrschaftslehre gestehen selbst ein, daß es sich hierbei um ein Kriterium handelt, welches mit keinem der bisher von ihnen zur Abgrenzung der Beteiligungsformen angewendeten gleichgesetzt werden kann. Da die bisherigen Kriterien aufgrund der besonderen Struktur des §216 zu keiner gerechten Lösung führen würden,[725)] bedürfe es nämlich hier einer neuartigen Abgrenzungsweise. Dies bedeute aber nicht, daß auch vom Tatherrschaftsgedanken abgewichen werde. Vielmehr stelle es dessen "Harmonisierung" mit der besonderen Struktur des §216 dar.[726)]

---

724) Vgl. nur Schönke-Schröder (Eser): a.a.O., Rn 11 zu §216; SK (Horn): a.a.O., Rn 9f zu §216; Lackner: a.a.O., Nr.2b zu §216; Welzel: Lehrbuch, a.a.O., S.286; Roxin: TuT, a.a.O., S.569ff; ders.: NStZ, a.a.O., S.347; Blei: a.a.O., S.29f; wohl auch Wessels: BT 1, a.a.O., S.37.

725) Vgl. vorhergehende Fn.

726) Ausdrücklich Blei: a.a.O.,. S.30; Roxin: TuT, a.a.O., S.571; ders.: Sterbehilfe, a.a.O., S.347. Siehe auch Schönke-Schröder (Eser): a.a.O., Rn 11 zu §216.

Betrachten wir zunächst kritisch die Begründung, die zu dieser Abwendung von den bisherigen Kriterien führte, um dann zu untersuchen, ob es sich hier tatsächlich um eine bloße "Modifizierung des Tatherrschaftsgedankens"[727] handelt.

Die Begründung für die Abwendung - und dies soll an der Argumentation Roxins erörtert werden[728] - hat ihren Ausgangspunkt darin, daß der Getötete an seiner eigenen Tötung beteiligt war und dies auch wollte. Es besteht folglich eine Identität zwischen Täter und Opfer. Da aufgrund dieser Tatsache der Getötete sein Leben bis zum unmittelbaren Tötungsakt selbst in der Hand habe - was sonst nie der Fall sei -, könnten alle bis zu diesem Akt erfolgten Tätigkeitsakte dem Nichtgetöteten keine Herrschaft über Leben und Tod des Getöteten verschaffen.[729] "Die Tatherrschaft, für die sonst eine (Mit-)Herrschaft im Ausführungsstadium genügt, verengt sich somit beim Tatbestand des §216 auf die Herrschaft über den entscheidenden Augenblick".[730]
Würde Roxin auf die hier zugrunde liegende Fallkonstellation die normalen Tatherrschaftskriterien anwenden, so müßte er, da ein arbeitsteiliges Zusammenwirken der Beteiligten vorliegt, beiden Beteiligten die Tatherrschaft zusprechen: Es läge Mittäterschaft vor.[731] Im vorliegenden Fall aber habe Tatherrschaft nur der, der den letzten Akt vollziehe. Vorherige Akte könnten hier keine Tatherrschaft verschaffen,[732] da das Opfer bis zuletzt sein Leben in der Hand habe.

Während normalerweise die ganze Ausführungshandlung zur Ermittlung der Tatherrschaft herangezogen wurde, ist in dem hier behandelten Spezialfall nur noch der letzte Akt entscheidend. Mit Argumenten reiner Ontologie läßt sich diese Unterscheidung aber nicht rechtfertigen: Für die Frage des arbeitsteiligen Zusammenwirkens (Mittäterschaft) ist es unerheblich, ob Täter und Opfer identisch sind.
Die Unterscheidung kann allenfalls durch das Hinzufügen einer Wertung begründet werden: Solange der Rechtsgutträger das Ob der Tat, und damit das

---

[727]) Roxin: Sterbehilfe, a.a.O., S.347
[728]) Zu weiteren Begründungsansätzen siehe Blei: BT, a.a.O., S.30; SK (Horn): a.a.O., Rn 10 zu §216.
[729]) Roxin: TuT, a.a.O., S.570f
[730]) Roxin: TuT, a.a.O., S.570
[731]) Vgl. Roxin: Sterbehilfe, a.a.O., S.347
[732]) Roxin: TuT, a.a.O., S.571

der Rechtsgutsverletzung in der Hand hat, wird niemandem die Tatherrschaft wertend zugeschrieben. Tatherrschaft kann erst jenseits der Entscheidungsgewalt des Opfers beginnen. Tatherrschaft wäre dann nur bei Unrecht möglich.
Dies aber hat zur Konsequenz, daß bei Vollzug des letzten Aktes durch den Getöteten niemand die Tatherrschaft besitzen würde; auch nicht der Getötete selbst. Eine solche Wertung, die Tatherrschaft nur bei Unrecht gewährt,[733] ist nicht haltbar; löscht sie doch jegliche Beachtung ontologischer Vorfindbarkeit aus, hebt letztere völlig auf.
Das wiederum bedeutet, daß das hier gewählte Abgrenzungskriterium mit dem Begriff der Tatherrschaft, so wie er bisher verstanden wurde, nichts mehr gemein hat. Überhaupt läuft die vorgenommene Wertung plötzlich auf die Abgrenzung von Recht und Unrecht, und nicht mehr auf die von Täterschaft und Teilnahme hinaus.

Konsequent ist dann auch der Abgrenzungsvorschlag Ulfried Neumanns: Neumann präzisiert nicht nur das Kriterium für die hier untersuchte Abgrenzung als das der Eigenverantwortlichkeit des Opfers.[734] [735] Anders als die meisten anderen bezeichnet er dieses auch ausdrücklich nicht als ein Kriterium der Tatherrschaft.[736]

Unabhängig aber davon, wie die hier angewendete Abgrenzung dogmatisch einzuordnen ist, so lautet doch ihre Kernaussage: Täterschaftliche Verantwortung wird dem Nichtgetöteten dann zugeschrieben, wenn er die letztendliche freie Entscheidung über die Rechtsgutsverletzung trifft. Verallgemeinert man diese Kernaussage, so lautet sie: Täterschaftliche Verantwortung trägt, wer die letztendliche freie Entscheidung über die Rechtsgutsverletzung trifft. Sie kann aber auch noch eine weitere Verallgemeinerung erfahren: Die Abgrenzung strafrechtlicher Verantwortungsbereiche richtet sich nach dem Tragen von freien Entscheidungen.

---

733) Hierauf läuft auch Roxins Ansicht hinaus, daß die Mittäterschaftsregeln für die vorliegende Abgrenzungsfrage deshalb keine Anwendung fänden, weil es bei der Mittäterschaft um Unrechtszurechnung gehe, der Getötete aber kein Unrecht begeht (Roxin: Sterbehilfe, a.a.O., S.347).

734) Neumann: a.a.O., S.248f

735) Sich diesem Begriff nähernd: Roxin: Sterbehilfe, a.a.O., S.347.

736) Neumann: a.a.O., S.248

Was dies für die vorliegende Arbeit bedeutet, wird sich am Ende der Erörterungen zu §216 ergeben.

b) Das Prinzip der Selbstverantwortung als Abgrenzungskriterium und seine abgeleitete Bedeutung für eine Beteiligungslehre

aa) Die Lehre Zaczyks

Die Lösung für die hier problematisierte Abgrenzung ist nur über die interpersonale Beziehung der am Tötungsgeschehen beteiligten Personen (Täter-Opfer) zu finden, wobei es gilt, die jeweiligen strafrechtlichen Verantwortungsbereiche abzustecken. Einen detaillierten Begründungsversuch zur Abgrenzungsfrage von fremdem (täterschaftlichem) Unrecht und selbstverantwortlicher Selbstverletzung unternahm in jüngster Zeit Rainer Zaczyk. Er setzte hierbei am Begriff der Selbstverantwortung an, welches er als ein Prinzip des interpersonal strukturierten Rechts nachwies. Auf dieser Grundlage baute er sodann den Eigenverantwortlichkeitsansatz der §216-Abgrenzung konsequent aus.

Die Grundaussagen Zaczyks lauten:

Da im Rahmen der gegenseitigen Anerkennung auch die Freiheit des Einzelnen zur Selbstbestimmung anerkannt wird, ist im Anerkennungsverhältnis immer die (Selbst-)Verantwortung des Einzelnen mitgedacht. Das Anerkennungsverhältnis aber ist die Grundlage des interpersonal strukturierten Rechts. (Selbst-)Verantwortung ist folglich ein Rechtsprinzip. Verantwortung bedeutet hier: Betätigte Freiheit des einen, und respektierte Freiheit des anderen.[737])

Unrecht liegt nun vor, wenn die Freiheit des anderen gemindert, wenn in dessen Freiheit zur Selbstbestimmung und damit in seinen Verantwortungsbereich eingegriffen wurde. Unrecht ist die Verfehlung der praktischen Anerkennungsleistung und damit die Veränderung des Anerkennungs-(Gleichheits-)Verhältnisses in ein Verhältnis der Über-/Unterordnung.[738])

Unrecht ist also die aus eigener Freiheit (Selbstverantwortung) vorgenommene Unterordnung der Freiheit des anderen.

---

737) Zaczyk: a.a.O., S.19ff. Siehe hierzu auch schon oben C) III. 2. b) bb) (1).

738) Zaczyk: a.a.O., S.25ff

Konkret bedeutet dies: Eine selbstverantwortliche Selbstverletzung - und damit kein Unrecht - liegt dann vor, wenn durch die freie Entscheidung des Opfers ein selbstbestimmter, selbstverantwortlicher, einheitsstiftender Zusammenhang von Wille, Handlung und Erfolg hergestellt ist.[739] Fremde Verantwortung ist hingegen nur dann möglich, wenn diese selbstbestimmte Einheit aufgelöst,[740] die Selbstverantwortung des Opfers beeinträchtigt ist.[741] [742] Unrecht (Täterschaft des Nichtopfers) liegt also nur vor, wenn das Nichtopfer über den Eintritt des Erfolges entscheidet, besser: "wenn das Opfer in seiner Entscheidung im Verhältnis zu der vom Täter [Nichtopfer] handelnd verwirklichten Entscheidung gegen das Rechtsgut in die unterlegene Position gerät."[743]

bb) Die Ableitung für eine Beteiligungslehre

Die Ausführungen Zaczyks bezogen sich auf das Verhältnis Täter-Opfer. Was aber ergibt sich, wenn man sie von der Problematik der §216-Abgrenzung löst und ihren Inhalt auf das Verhältnis (besser: die Verhältnisse) Beteiligter-Beteiligter-Opfer überträgt?

Zunächst: Wer allgemein Unrecht begeht, mindert die Freiheit des anderen zur Selbstbestimmung, greift in dessen Bereich der Selbstverantwortung ein. Er verletzt das Anerkennungsverhältnis und übernimmt damit die strafrechtliche Verantwortung für den Erfolg.

Sodann: Sind mehrere am Unrecht beteiligt, so liegen Verletzungen von mehreren Anerkennungsverhältnissen vor: Jedes zwischen dem jeweiligen Beteiligten und dem Opfer bestehende wird verletzt.

Diese Verletzungen sind jedoch nicht immer gleich schwer. Oft greift ein Beteiligter stärker in den Selbstverantwortungsbereich des Opfers ein als der andere. Aus diesen unterschiedlich starken Verletzungen ergeben sich sodann unterschiedlich stark ausgeprägte Verantwortungsbereiche hinsichtlich des Erfolges. Da die Abgrenzung von unterschiedlichen Verantwortungsbereichen

---

739) Zaczyk: a.a.O., S.33, 37, 42, 44ff.

740) Zaczyk: a.a.O., S.35

741) Zaczyk: a.a.O., S.64

742) Die genannten Kriterien würden für die Fälle der bewußten Selbstverletzung gelten. Bei anderen Fallkostellationen kämen andere Kriterien zur Anwendung (Zaczyk: a.a.O., S.53ff, 61).

743) Zaczyk: a.a.O., S. 45

in der strafrechtrechtlichen Unrechtsdogmatik gerade innerhalb der Beteiligungsmaterie geschieht, ergibt sich folgende Konsequenz: Das Verhältnis der (unterschiedlichen) strafrechtlichen Verantwortungsbereiche (Verletzungen der Anerkennungsverhältnisse) ergeben die Beteiligungsformen.

Was aber ist das Kriterium für die Schwere einer Verletzung des Anerkennungsverhältnisses? Nach dem oben Gesagten liegt eine solche Verletzung vor, wenn der Beteiligte durch freie Entscheidung einen Zusammenhang von Willen, Handlung und Erfolg (Rechtsgutsverletzung) herstellt und sich damit die Freiheit des anderen zur Selbstbestimmung unterordnet. Ist also die Entscheidung über die Existenz des Erfolges das Kriterium für die Verletzung des Anerkennungsverhältnisses, so richtet sich die Unterscheidung der Schwere der Verletzung nach der Bedeutung, die die jeweilige Entscheidung des Beteiligten für den Erfolg hat.

Wessen Entscheidung eine größere Bedeutung für den Erfolg besaß, der bestimmte in stärkerem Maße über ihn als der andere es tat. Seiner Selbstbestimmung kommt im Hinblick auf den Erfolg ein stärkeres Gewicht zu. Hinsichtlich der Selbstbestimmung und damit hinsichtlich der Verantwortung ist er dem anderen folglich übergeordnet. Dieses aber bedeutet, daß auch das zwischen den Beteiligten bestehende Anerkennungsverhältnis verändert ist. Zwar handelt es sich hier um eine bloße *Veränderung* und keine *Verletzung*: Der untergeordnete Beteiligte geht die Unterordnung seiner Selbstbestimmung freiwillig, aus Freiheit, ein. Dennoch reicht dies aus, um eine Über-/Unterordnung auf der Basis des interpersonalen Grundverhältnisses feststellen zu können.
Die Art der Beteiligungsform kann also sowohl am Verhältnis der Verletzungen der zwischen den Beteiligten und dem Opfer bestehenden Anerkennungsverhältnissen abgelesen werden, als auch an der sich aus diesem Verhältnis ergebenden Veränderung des zwischen den Beteiligten bestehenden Anerkennungsverhältnisses.

c) Die Hinwendung zum oben erarbeiteten Ansatz

Kombiniert man diese für die allgemeine Beteiligungsdogmatik gewonnene Ableitung mit der unter C) III. 2. b) cc) und dd) dargestellten Erkenntnis, daß man von dem Verhältnis der Verletzungen der Anerkennungsleistungen gegenüber dem Opfer und der sich daraus ergebenden Veränderung der

Gleichordnung der Beteiligten ein gültiges, weil auch konstituierendes Verständnis hat, so ist man wieder bei der unter C) III. erarbeiteten Grundlage einer Beteiligungslehre angelangt.

Aber auch das zuvor unter a) gewonnene Ergebnis läßt sich als Bestätigung für den die Verletzung und damit auch die Veränderung auslösenden Faktor einreihen: Die Abgrenzung strafrechtlicher Verantwortungsbereiche richtet sich nach dem *Tragen von Entscheidungen*. Jeder Beteiligte manifestiert nämlich durch sein Verhalten seine Entscheidung für den Erfolg. Das Schwereverhältnis der Bedeutungen der jeweiligen Entscheidungen steckt sodann die Verantwortungsbereiche ab.

Somit kann insgesamt festgehalten werden:
Die aus der Diskussion um die §216-Abgrenzung abgeleiteten Ergebnisse belegen und untermauern den unter C) III. erarbeiteten allgemeinen Abgrenzungsansatz. Die in dieser Diskussion vorgebrachten Argumentationen erweisen sich also für eine Beteiligungslehre als sehr fruchtbar; die Beteiligungslehre kann auf ihnen aufbauen.

- Exkurs:
Nachdem gezeigt wurde, daß sich die Vertreter der Tatherrschaftslehre bei der Frage der Abgrenzung von Tötung auf Verlangen und Beihilfe am Suizid von den Grundsätzen des Tatherrschaftsbegriffs lösen, soll noch angemerkt werden, daß interessanterweise auch der Bundesgerichtshof hier ebenfalls eine Abkehr von seinen bisherigen Ansichten vollzog: Er wendete sich ausdrücklich vom subjektiven Kriterium des Täterwillens[744] zum Tatherrschaftsbegriff. Entscheidend sei hier nämlich, "wer das zum Tode führende Geschehen tatsächlich beherrscht"[745] (Tatherrschaft)[746]: "Gab ... [der Getötete] sich in die Hand des anderen, weil er duldend den Tod von ihm entgegennehmen wollte, dann hatte dieser die Tatherrschaft. Behielt er dagegen bis zuletzt die freie Entscheidung über sein Schicksal, dann tötete er sich selbst, wenn auch mit fremder Hilfe."[747] Dieser zuletzt genannte "Vorbehalt der

744) BGHSt 19, 135 (138)
745) BGHSt 19, 135 (139)
746) BGHSt 19, 135
747) BGHSt 19, 135 (139f)

Entscheidung"[748] sei dabei folgendermaßen zu verstehen: "Soll ... der Beitrag des Beteiligten ... nur die Ursachenreihe so in Gang setzen, daß nach seinem Vollzug dem anderen Beteiligten noch die volle Freiheit verbleibt, sich den Auswirkungen zu entziehen oder sie zu beenden, so liegt nur Beihilfe zu Selbsttötung vor, ..."[749] [750]

Es ist nun für die vorliegende Arbeit interessant, aus welchen Gründen der Bundesgerichtshof hier eine Abkehr vom subjektiven Ansatzpunkt des Täterwillens vornimmt: Er führt an, daß §216 gerade die Unterordnung des Täters unter den fremden Willen (des Opfers) tatbestandlich voraussetze.[751] Das bisherige Kriterium, bei Willensunterordnung des Beteiligten läge Teilnahme vor, müsse somit zwangsläufig versagen.[752]

Das vom Bundesgerichtshof (und auch von der Literatur) angeführte Argument erweist sich jedoch als nicht haltbar: Wer den unmittelbar zum Erfolg führenden Akt durchführt, also die letztendliche Entscheidung trifft, dessen Wille ist grundsätzlich nie dem eines anderen untergeordnet. Eine Ausnahme ist nur möglich, wenn eine den freien Willen ausschließende Abhängigkeit existiert.
Zu einem anderen Ergebnis kann man allenfalls dann kommen, wenn Willensunterordnung mit untergeordnetem Interesse gleichgesetzt wird. Das Interesse der Beteiligten erwies sich jedoch bereits als ein ungenügendes Abgrenzungskriterium.
Die Begründung des Bundesgerichtshofs kann somit nicht überzeugen.

---

748) BGHSt 19, 135 (140)
749) BGHSt 19, 135 (140)
750) Zur Kritik vgl. Roxin: TuT, a.a.O., S.569f; Wessels: BT 1, a.a.O., S.36f; Schönke-Schröder (Eser): a.a.O., Rn 11 zu §216. An die Entscheidung des Bundesgerichtshofs anknüpfend, ähnlich argumentierend und sodann letzten Endes auf das Schwergewicht des Tatbeitrags abstellend LK (Jähnke): a.a.O., Rn 15f zu §216.
751) BGHSt 19, 135 (139)
752) So auch Blei: a.a.O., S.29f; Roxin: Sterbehilfe, a.a.O., S.346; Schönke-Schröder (Eser): a.a.O., Rn 11 zu §216; SK (Horn): a.a.O., Rn 9 zu §216.

E) Der heutige Urheberbegriff

Das unter B) I. Ausgeführte ergab, daß die Urheberlehre der ersten Hälfte des 19.Jahrhunderts in mancher subjektiven Ausprägung die Beachtung des reflexiven Verständnisses des Beteiligten als ein entscheidendes Element der Subjektivität enthielt. Die Erörterungen unter B) II. und D) zeigten zum einen, daß dieses Element den Beteiligungslehren im Laufe der Entwicklung nach 1871 verlorenging. Zum anderen ergaben sie, daß zeitgleich dem Urheberbegriff nur noch die Bedeutung eines Synonyms für die neuentwickelte Kategorie der mittelbaren Täterschaft zugesprochen wurde.
Die Synonymverwendung verblaßte jedoch immer stärker. Sie kann heute als überwunden gelten.

Zwar verlor der Urheberbegriff seine Bedeutung als Synonym. Dies ging jedoch mit einer gegenläufigen Entwicklung einher: Dem Begriff der Urheberschaft wurde seit Beginn des 20.Jahrhunderts eine andere Aufgabe zugewiesen. Er sollte nämlich eine kleine und hinsichtlich ihrer Strafbarkeit höchst streitige Beteiligungsfallgruppe kennzeichnen; eine Beteiligungsfallgruppe, welche irgendwo zwischen Anstiftung und mittelbarer Täterschaft liegt. Dies wurde im Laufe der Zeit - wenngleich unter Abweichungen hinsichtlich der genauen Definition - die gängige Begriffsverwendung. Noch heute kommt dem Urheberbegriff bei vielen Autoren diese Funktion zu.

Wie in der Einleitung der Arbeit gefordert, so soll jetzt untersucht werden, ob dieser heutige Urheberbegriff auf Erkenntnisse der gemeinrechtlichen Urheberlehre hinsichtlich des reflexiven Verständnisses zurückgreift, ob sich also diese Erkenntnisse in ihm konserviert haben, oder ob auch hier lediglich bloße Wortlautidentität besteht.
Die Untersuchung soll folgendermaßen verlaufen:
In einem ersten Teil wird der Urheberbegriff in seinen heutigen Varianten nochmals dargestellt und systematisiert. Zudem werden kurz die allgemeinen dogmatischen Grundlinien aufgezeigt. Sodann wird er in einem zweiten Teil - nach einem geschichtlichen Rückblick auf den Urheberbegriff Karl Bindings - anhand der Lehre Hellmuth Mayers genauer auf das Grundanliegen der Arbeit hin untersucht werden.

I. Darstellung, Systematisierung und allgemeine Grundlinien

1. Die in der Literatur vertretenen Varianten des Urheberbegriffs

Wie bereits in der Einleitung der Arbeit geschehen, so sollen die drei in der heutigen Rechtswissenschaft zu findenden verschiedenen, aber eng beieinander liegenden Urheberbegriffsvarianten nochmals vorgestellt werden:

- Urheberschaft im engeren Sinne:

Die Unvorsätzlichkeit der Haupttat verhindert die Bewertung als Teilnahme (Anstiftung, Beihilfe),[753] die fehlenden begründenden Tätereigenschaften schließen die Charakterisierung als eine mittelbare Täterschaft aus.

- Urheberschaft im weiteren Sinne:

Teilnahme[754] scheitert allgemein an mangelnder geeigneter Haupttat, mittelbare Täterschaft scheitert an fehlenden begründenden Tätereigenschaften.

- Urheberschaft im erweiterten Sinne:

Teilnahme[755] an unvorsätzlicher Haupttat; auch wenn man sie als nicht denkbar bezeichnet.

Die Urheberschaft im engeren Sinne bildet die Schnittmenge von der Urheberschaft im weiteren mit der im erweiterten Sinne.

---

753) Die Problematik beschränkt sich hier grundsätzlich nur auf die Anstiftung.
754) Siehe vorhergehende Fn.
755) Siehe vorhergehende Fn.

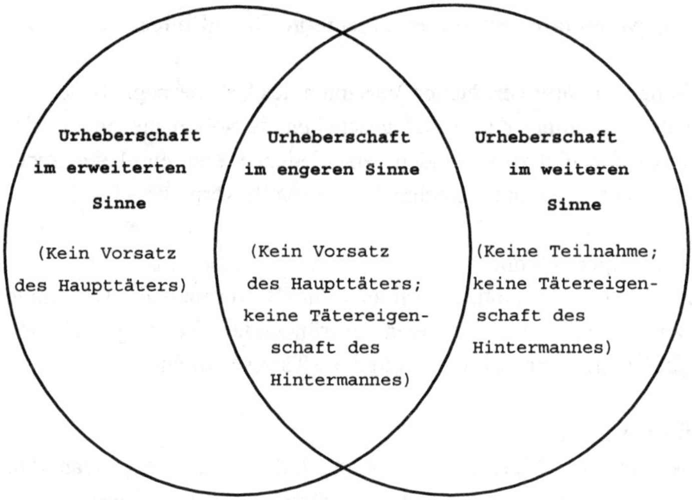

(Schaubild)

Die Verwendung des Begriffs der Urheberschaft im engeren Sinne findet sich bei Schönke-Schröder (Eser),[756] Welzel,[757] SK (Samson),[758] und Stratenwerth.[759] [760]
Im weiteren Sinne verstehen die Urheberschaft Schönke-Schröder,[761] Dahm,[762] Lange[763] und Hellmuth Mayer.[764] Diesen zuletzt genannten Autoren scheint es dabei aber trotzdem hauptsächlich um die Fälle der Urheberschaft im engeren Sinne zu gehen.
Die Verwendung des Begriffs der Urheberschaft generell im Falle vorsatzloser Haupttat, also im erweiterten Sinne, nimmt Lackner vor.[765]

---

756) Schönke-Schröder (Eser): a.a.O:, Rn 33 vor §§25ff
757) Welzel: Lehrbuch, a.a.O:, S.113f
758) SK (Samsom): a.a.O., Rn 1 zu §26
759) Stratenwerth: a.a.O., Rn 805
760) Die Aufzählungen dieser sowie der folgenden Vertreter des Urheberschaftsbegriffs beanspruchen keine Vollständigkeit.
761) Schönke-Schröder: 17.Aufl., a.a.O., Rn 114ff vor §47, Rn 1 zu §48.
762) Dahm: MDR 59, S.509
763) Lange: Teilnahme, a.a.O., S.561
764) H. Mayer: vgl. nur Strafrecht, a.a.O., S.327ff.
765) Lackner: a.a.O., Nr.4a vor §25

Abweichend von diesen gängigen Begriffsverwendungen wird Urheberschaft z.T. auch in noch weitergehenden Bestimmungen verwendet: So benutzt Jescheck diesen Begriff als Synonym für den Einheitstäter[766]. Bockelmann/Weber sehen in ihm einen Begriff, der den der Anstiftung ersetzt, und welcher zudem die Fälle der Urheberschaft im weiteren Sinne mitabdeckt.[767]
In den Urteilen der Rechtsprechung, zumindest in denen des Bundesgerichtshofs, findet sich der Begriff des Urhebers - soweit mir ersichtlich - nicht.

2. Urheberschaft und Unrecht

Zwar verwenden die genannten Autoren eine der jeweiligen Urheberbegriffsvarianten. Damit ist aber nicht geklärt, ob sie die so gekennzeichneten Fallkonstellationen auch für (strafbares) Unrecht halten, und - dieser Frage vorausgehend - wie sie sie dogmatisch einordnen.
Die Antwort hierauf ist von der Lösung einer ganzen Reihe dogmatischer Probleme abhängig, welche ihrerseits miteinander eng verflochten sind. Als solche sind zu nennen: Wesen des Handlungsbegriffs; Wesen der Beteiligungsformen und die damit verbundene Abgrenzung dieser; Verhältnis von Teilnahmehandlung zur Haupttat (Akzessorietät) und - in erster Linie - die Frage nach der Teilnahme an unvorsätzlicher Hauptat. Entsprechend der jeweiligen Lösungskonstellation fällt sodann die Antwort bezüglich der Unrechtszuschreibung aus.

Selbst eine nur knappe Darstellung der jeweiligen Durchführungen der Argumentations- und Begründungsstränge mag eher verwirren als Nützliches ergeben. Es sei jedoch dargelegt, zu welchen *Ergebnissen* man hinsichtlich des Unrechtsgehalts des Urheberbegriffs kommen kann:
Die Urheberschaft kann zum einen als eine Form der Teilnahme, als Anstiftung, und folglich als strafbares Unrecht betrachtet werden. Dies gilt für die Urheberschaft im engeren und erweiterten Sinne dann, wenn man die Frage nach Teilnahme an unvorsätzlicher Haupttat bejaht.[768]

---

766) Jescheck: 4.Aufl.,a.a.O., S.583
767) Bockelmann/Weber: a.a.O., S.557
768) Schönke-Schröder (Cramer): a.a.O., Rn 32f vor §§25ff; Schmidhäuser: a.a.O., 10/22ff; gegen Teilnahme an unvorsätzlicher Haupttat, jedoch mit Verwendung des Urheberbegriffs Lackner: a.a.O., Nr.4a vor §25.

Folgt man aber z.B. der Tatherrschaftslehre und charakterisiert - da dem unvorsätzlich handelnden Vordermann die Tatherrschaft fehlt - Teilnahme an unvorsätzlicher Hauptat als mittelbare Täterschaft,[769] so liegt in den Fällen der Urheberschaft im erweiterten Sinne, welche selbst keine der Urheberschaft im engeren Sinne sind, (strafbare) mittelbare Täterschaft vor.
Urheberschaft kann aber auch - und dies gilt bei Verneinung von Teilnahme an unvorsätzlicher Haupttat[770] für die Urheberschaft im engeren und im weiteren Sinne - als eigenständige Beteiligungsfallgruppe klassifiziert werden. Hierbei besteht sodann zum einen die Möglichkeit einer analogen Anwendung der Teilnahmevorschriften,[771] also der Charakterisierung der Urheberschaft als selbständige Unrechtsform. Sie kann aber auch als Nichtunrecht darstellende Beteiligungsform qualifiziert werden;[772] dieses dann, wenn man der Auffassung ist, daß der Gesetzgeber über das Erfordernis der begründenden Tätereigenschaften gerade diese Fälle von der Strafbarkeit ausschließen will.[773]

Eine solche Darstellung der Urheberschaftscharakterisierung geht u.a. davon aus, daß die Beantwortung der Frage nach Teilnahme an unvorsätzlicher Haupttat der Wissenschaft überlassen bleibt. Während das RStGB/StGB bis 1943 in seinem Anstiftungsparagraphen 48 als Hauptat eine "strafbare", danach eine "mit Strafe bedrohte" Handlung erforderte, verlangt der neue Anstiftungsparagraph 26 jedoch eine vorsätzliche und rechtswidrige Haupttat. Der Gesetzgeber hat also den Streit zugunsten der Vorsätzlichkeit der Handlung des Vordermannes entschieden. Da aber dennoch die Wissenschaft aufgefordert bleibt, die Lösungen des Gesetzgebers zu überprüfen - denn positiv-rechtliche Regelungen lösen nicht immer die ihnen zugrunde liegenden sachlogischen Probleme - kann die Diskussion um die Charakterisierung des Urheberbegriffs im Hinblick auf das Unrecht auch nach der besagten Gesetzesänderung weitergeführt werden. Die oben vorgenommene Darstellung, die sich auch stark auf vor 1975 gemachte Aussagen bezog, verliert somit inhaltlich nicht an Aktualität. Positiv-rechtlich muß sie jedoch dahingehend verändert werden, als

[769] Siehe nur Roxin: TuT, a.a.O., S.365f.
[770] Vgl. vorvorhergehende Fn.
[771] Dahm: MDR 59, S.509; Schönke-Schröder: 17.Aufl., a.a.O.,Rn 87ff, 114ff vor §47, Rn 1 zu §48; ähnlich Lange: Teilnahme, a.a.O., S.561; der die Urheberschaft als Teil einer richtig verstandenden Anstiftung auffaßt.
[772] Welzel: Lehrbuch, a.a.O., S. 113f; SK (Samson): a.a.O., Rn 1 zu §26; Stratenwerth: a.a.O., Rn 805.
[773] So ausdrücklich Welzel: Lehrbuch, a.a.O., S.113f.

daß Urheberschaft nach 1975 grundsätzlich nicht mehr strafbar ist,[774] zumal der numerus clausus der gesetzlich vorgegebenen Beteiligungsformen auch eine zusätzliche, eigenständige Beteiligungsform der Urheberschaft verbietet.

Angemerkt sei noch, daß die Frage nach Teilnahme an unvorsätzlicher Haupttat zu weiteren, mit ihr zusammenhängenden, in der Literatur behandelten Problemfeldern hinführt, welche teilweise ebenfalls mit dem Urheberbegriff in Zusammenhang gebracht werden: Der Hintermann geht irrig davon aus, daß der Vordermann vorsätzlich handelt.[775] Bei der Anstiftung zum Grunddelikt bewirkt der Hintermann, daß der Vordermann fahrlässig die Qualifikation verwirklicht.[776] Der Hintermann veranlaßt bei eigenhändigem Delikt oder Sonderdelikt den Vordermann durch Gewalt oder Drohung zu einer vorsätzlich begangenen Tat oder nutzt den Verbotsirrtum des Vordermannes aus.[777]

Die Diskussion im ganzen betrachtet ergibt sich zusammenfassend zunächst, daß die verschiedenen Urheberschaftsformen - jenachdem - der Teilnahme oder der Täterschaft zugeordnet werden, oder aber sie eine eigenständige Beteiligungsform bilden. Abhängig ist dies von der Beantwortung vieler vorgelagerter dogmatischer Fragen.
Die Frage der Zuordnung innerhalb der Beteiligungsformen kann dann über die des strafbaren Unrechts entscheiden. Kann, muß aber nicht: Sollte die Urheberschaft nämlich als eigenständige Gruppe qualifiziert werden, so ist noch nichts darüber ausgesagt, ob mit ihr auch Unrecht verwirklicht wird.

---

774) Eine Ausnahme bilden lediglich die Fälle der Urheberschaft im erweiterten Sinne, die keine im engeren Sinne sind. Abweichend auch die Ansicht Schmidhäusers (: a.a.O., 10/22ff).

775) Bejahend Bauman: a.a.O., S.132; Jescheck: 2.Aufl., a.a.O., S.499 (jetzt a.A., vgl. 4.Aufl., a.a.O., S.594); Lackner: a.a.O., Nr.4a vor §25; DT: a.a.O., Rn 10 vor §25. Verneinend, z.T. bloß aufgrund der §§26, 27, Schönke-Schröder (Cramer): a.a.O., Rn 33 vor §§25ff; Cramer: Bockelmann-Festschrift, a.a.O., S.399f; Maurach-Gössel-Zipf: a.a.O., Rn 28 zu §48; LK (Roxin): a.a.O., Rn 24 vor §26; Welzel: Lehrbuch, a.a.O., S.123; Roxin: TuT, a.a.O., S.555; SK (Samson): a.a.O., Rn 26f vor §26; Bockelmann: Gallas-Festschrift a.a.O., S.264ff. In den meisten Fällen wird dann jedoch eine Strafbarkeit über §30 I begründet.

776) Vgl. Schönke-Schröder: 17.Aufl., a.a.O., Rn 116a vor §47, welcher hier strafbare Urheberschaf bejaht. Für das neue Recht die Strafbarkeit verneinend: Schönke-Schröder (Cramer): a.a.O., Rn 33 vor §§25ff.

777) Vgl. Schönke-Schröder (Cramer): a.a.O., Rn 34 vor §§25ff, der diese - strafbare - Konstellation mit dem Begriff "Urheberschaft als Anstiftung" belegt.

Die für uns interessanten Fallgruppen sind nun gerade diese, die - je nach Beantwortung der vorgelagerten dogmatischen Fragen - eine eigenständige Beteiligungsform bilden, also nicht als (echte) Teilnahme oder Täterschaft qualifiziert werden. Es sind dies die Fälle der Urheberschaft im engeren, und die der im weiteren Sinne. Interessant sind sie für das Anliegen der Arbeit aber nur dann, wenn sie auch mit Unrechtscharakter belegt werden; sei es über eine analoge Anwendung der Teilnahmevorschriften (alte Gesetzeslage) oder de lege ferenda. Als Nichtunrechtsform sind sie nämlich wie jede andere dieser Art für die strafrechtliche Dogmatik gleichgültig.

Diesen eigenständigen und sodann mit Unrechtscharakter belegten Fallkonstellationen soll sich nun im Hinblick auf das Grundanliegen der Arbeit zugewendet werden.

II. Der Urheberbegriff Bindings

Oben wurde bereits gesagt, daß der Ursprung des Urheberbegriffs in seiner heutigen Bedeutung zu Beginn des 20. Jahrhunderts lag. Der Bedeutungswandel vom Urheber im gemeinrechtlichen Sinne hin zu seiner heutigen Wesensbestimmung läßt sich recht anschaulich an der Beteiligungslehre Bindings und deren Entwicklung aufzeigen. Binding war einer der ersten, der den Begriff des Urhebers zu seiner heutigen Bedeutung hinführte; der Allererste war er, der bezüglich dessen neuer Wesens- und Strafbarkeitsbestimmung einen umfangreichen Begründungsversuch unternahm.[778]

1. Die Beteiligungslehre als solche

Noch in der 6.Auflage seines "Grundrisses des Deutschen Strafrechts, Allgemeiner Teil" von 1902 ging Binding entgegen der gesetzlich

778) Binding: Grundformen, a.a.O.. Von einer noch umfangreicheren und damit seinen Ansprüchen gerechtwerdenden Behandlung der Beteiligungslehre - und damit auch der der Urheberschaft - mußte Binding aus Altersgründen schweren Herzens Abstand nehmen (vgl. Binding: Grundformen, a.a.O., S IV).

vorgegebenen Dreiteilung "Täterschaft, Anstiftung, Beihilfe" de lege ferenda von der gemeinrechtlichen Zweiteilung der Beteiligungsformen in Urheberschaft und Beihilfe aus.[779] Auch wurde ganz im gemeinrechtlichen Sinne die Urheberschaft in physische und intellektuelle aufgeteilt.[780] "Täter" und "Urheber" wurden dabei als synonyme Begriffe verwendet.[781]
Urheber sei, wer "das Verbrechen begehen, also die Ursache ... zum verbrecherischen Erfolg [setzen will]", und dies auch tue.[782] Der Gehilfe hingegen wolle lediglich "einem fremden Verbrechen die unterstützende Hand" leihen und tue dies auch.[783] Urheber und Gehilfe seien also sowohl durch die Verschiedenheit des Willensinhalts, als auch durch die des Tatinhalts zu trennen, zumal die "Tat ja nur die Verwirklichung ihres [- der Beteiligten -] verschiedenen Willens" sei.[784] Binding liegt hier also ganz auf der Linie der Beteiligungslehre Abeggs.

In den folgenden Jahren vollzog sich in Bindings Beteiligungslehre jedoch ein entscheidender Wandel. Getrieben von der Frage, ob der Täterbegriff (Urheberbegriff) auch auf diejenigen Beteiligten ausgedehnt werde könne, "die Andere zur Begehung strafbarer Handlungen bestimmt hätten, welche sie selbst persönlich zu begehen außer Stande gewesen wären",[785] sah er sich letzten Endes dazu veranlaßt, neben den bisherigen Beteiligungsformen der Urheberschaft - jetzt von Binding Täterschaft genannt - und der Beihilfe noch eine dritte einzuführen. Für diese neue Beteiligungsform konnte sodann der Begriff der Urheberschaft die Benennung übernehmen, nachdem Binding vorher diesen durch den der Täterschaft ersetzte, und er somit frei geworden war.

Diese Entwicklung legte Binding in drei verschiedenen Schriften der Jahre 1908 - 1911 nieder, welche dann 1915 in dem monographischen Aufsatz "Die drei Grundformen des verbrecherischen Subjekts: der Täter, der Verursacher (Urheber), der Gehilfe"[786] zusammengeführt und neu bearbeitet wurden. In

779) Binding: Grundriß, 6.Aufl., a.a.O., S.132ff
780) Binding: Grundriß, 6.Aufl., a.a.O., S.133
781) Binding: Grundriß, 6.Aufl., a.a.O., S.132
782) Binding: Grundriß, 6.Aufl., a.a.O., S.134f
783) Binding: Grundriß, 6.Aufl., a.a.O., S.134f
784) Binding: Grundriß, 6.Aufl., a.a.O., S.135
785) Binding: Grundformen, a.a.O., S.IV
786) Binding: Grundformen, a.a.O..

komprimierter Form fand sie zudem Eingang in die 7.Auflage seines "Grundrisses".[787]

Binding postulierte hier - erneut de lege ferenda - folgende drei Beteiligungsformen: Täterschaft, Urheberschaft und Beihilfe. Die Täterschaft bestand aus Alleintäterschaft und Mittäterschaft, wobei die Alleintäterschaft unsere heutigen Formen der Alleintäterschaft, der Nebentäterschaft sowie grundsätzlich auch die der mittelbaren Täterschaft[788] erfassen sollte.[789] Die Beihilfe Bindings deckte sich mit unserer heutigen Form.[790]

Neu hinzu kam die Beteiligungsform der Urheberschaft, welche Binding mit drei Definitionen beschrieb:

Bei einem eigenhändigen Delikt oder einem Sonderdelikt[791]

- bestimmt "ein zur Täterschaft untauglicher Handlungsfähiger den tauglichen Täter zum Verbrechen"[792] (1.Untergruppe), oder
- bestimmt "ein Handlungsfähiger, der nicht Täter werden kann, einen Handlungsunfähigen, der die sonstigen persönlichen Eigenschaften zum Täter besitzt, erfolgreich dazu, ..., den objektiven Tatbestand des Verbrechens zu verwirklichen"[793] (2.Untergruppe).

Ebenfalls sei Urheber, wer "ohne den zur Täterschaft unentbehrlichen konkreten Täterentschluß einen Handlungsfähigen oder -unfähigen zur Begehung eines Verbrechens oder zur Verwirklichung des objektiven Tatbestandes eines solchen bestimmt hat[794] (3. Untergruppe). Binding faßt hierunter die Fälle, in denen dem Hinterman das subjektive Unrechtsmerkmal der Absicht oder der "Tätervorsatz" fehlt.[795]

Zu beachten ist hierbei, daß der Urheber der ersten beiden Definitionen auch immer einer der dritten ist, da derjenige, der nicht die erforderlichen Tätereigenschaften erfülle, nie Täterwillen besitzen könne.[796]

---

787) Mir ist leider nur die 8., aber mit der 7. gleichlautenden Auflage von 1913 zugänglich: Binding: Grundriß: (7.Aufl.), a.a.O..

788) Auf den Begriff der mittelbaren Täterschaft, welchen Binding als "ungenau" bezeichnete (Binding: Grundriß, a.a.O., S.146), ist anschließend nochmals kurz zurückzukommen.

789) Binding: Grundriß, 8.Aufl., a.a.O., S.146

790) Vgl. Binding: Grundriß, 8.Aufl., a.a.O., S.147.

791) Binding spricht grundsätzich nur vom eigenhändigen Delikt. Seine jeweils angeführten Beispiele zeigen jedoch, daß er damit auch Sonderdelikte erfassen will.

792) Binding: Grundriß, 8.Aufl., a.a.O., S.147

793) Binding: Grundriß, 8.Aufl., a.a.O., S.148

794) Binding: Grundriß, 8.Aufl., a.a.O., S.161

795) Binding: Grundriß, 8.Aufl., a.a.O., S.161

796) Vgl. Binding: Grundformen, a.a.O., S.317, 320.

Zusammengefaßt bedeutet diese dreiteilige Urheberdefinition folgendes:
Der Urheber sei Nichttäter:[797] Er entbehre den Täterwillen, bzw. - wie im Falle fehlender begründender Tätereigenschaften - *müsse* ihn entbehren.[798] Er ist also weniger als ein Täter. Da er aber - tätergleich - das Verbrechen *verursache*, ist er mehr als ein Gehilfe.[799]
Der Urheber sei also insgesamt ein *Verursacher fremden* Verbrechens;[800] auf eine solche Verursachung sei sein Wille gerichtet.[801] Dies unterscheide ihn zugleich auch vom Täter, der ein eigenes Verbrechen begehen wolle.[802]

2. *Nähere Betrachtung der Urheberschaft: Strafwürdigkeit, Verhältnis zum heutigen Urheberbegiff und zur gemeinrechtlichen Urheberlehre*

Die Urheberschaft ist für Binding eine selbständige Beteiligungsform.[803] Auch sei sie eine Form krimineller Verantwortlichkeit:[804] Der Urheber habe wie der Täter ein Verbrechen verursacht, habe "schuldhaft bewirkt, daß der Rechtsordnung schwere Wunden geschlagen wurden."[805] Meist sei dabei der Wille des Urhebers auf die Verursachung eines Verbrechens gerichtet, zu welcher der Urheber als Täter selbst außerstande gewesen wäre. Daß außerdem der Urheberwille nicht auf eine konkrete Tat gerichtet zu sein brauche, sondern ganz allgemein gehalten sein könne, sei ein weiteres Indiz für die Gefährlichkeit des Urhebers.[806]
Somit müsse auch der Urheber bestraft werden.

Der Gesetzgeber habe aber nun mit seiner Dreiteilung "Täterschaft, Anstiftung, Beihilfe" die Beteiligungsform des Urhebers nur ungenügend erfaßt. Dies liege an dem "unglückseligen Zwittergeschöpf"[807] der Anstiftung. Dieses decke nämlich nur einen Teil der Urheberschaft - wenngleich den überwiegenden - mit ab; zugleich erfasse sie Fälle einer richtig verstandenen mittelbaren

---

[797]) Binding: Grundriß, 8.Aufl., a.a.O., S.154 Fn 1
[798]) Binding: Grundformen, a.a.O., S.317, 320; vgl. aber auch §3 auf S.400.
[799]) Binding: Grundformen, a.a.O., S.317f
[800]) Binding: Grundformen, a.a.O., S.317, 320
[801]) Binding: Grundformen, a.a.O., S.321
[802]) Binding: Grundformen, a.a.O., S.319, 321
[803]) Binding: Grundformen, a.a.O., S.162; ders.: Grundriß, 8.Aufl., a.a.O., S.162.
[804]) Binding: Grundriß, 8.Aufl., a.a.O., S.162
[805]) Binding: Grundriß, 8.Aufl., a.a.O., S.148
[806]) Binding: Grundformen, a.a.O., S.326f
[807]) Binding: Grundriß, 8.Aufl., a.a.O., S.148

Täterschaft.[808] Der andere Teil der Urheberschaft hingegen bleibe aber straffrei.[809]

Binding hatte hinsichtlich der bemängelten Straffreiheit in erster Linie seine zweite Urheberschaftsuntergruppe (s.o.) im Auge[810]. Bedenkt man nun, daß er mit dieser zweiten Untergruppe gerade die Fälle vor der Straflosigkeit retten wollte, in denen Anstiftung aufgrund fehlender ausreichender Haupttat - hier speziell wegen fehlender Handlungsfähigkeit des Vordermannes -, Täterschaft aber aufgrund fehlender begründender Tätereigenschaften ausscheidet, so kann gerade in ihr der Kern des heutigen Urheberbegriffs im engeren und im weiteren Sinne gesehen werden.
Letzterer selbst - für uns ja ebenfalls eine straflose Beteiligungsform - findet sich sogar vollständig in einer Kombination der zweiten und dritten Bindingschen Urheberdefinition wieder:
Urheber ist, wer aufgrund fehlender persönlicher Tätereigenschaften nicht Täter werden kann, also deshalb den zur Täterschaft unentbehrlichen konkreten Tätervorsatz nicht besitzt, und einen Handlungsfähigen oder -unfähigen zur Verwirklichung des objektiven Tatbestandes eines Verbrechens bestimmt.

Die Gesamtdarstellung der Bindingschen Beteiligungslehre im Hinblick auf den Urheberbegriff zeigt also sehr deutlich den Wechsel in der Begriffsbedeutung, welcher zugleich zum heutigen Urheberbegriff hinführt.
Binding ist sich dabei bewußt, daß es sich tatsächlich um einen Bedeutungs*wandel* handelt: Der Begriff der Urheberschaft werde in einem "neuen Sinne" gebraucht.[811] "Urheber" bezeichne nun nicht mehr den Täter, sondern gerade den "Nichttäter".[812] Er bezeichne *den* Urheber des Verbrechens, der nicht Täter sei. Eine solche Beteiligungsform wäre im Gemeinen Recht aber nicht anerkannt gewesen.[813]

Binding behauptet somit, daß sein Urheberbegriff mit dem gemeinrechtlichen nichts zu tun habe. Dies ist grundsätzlich richtig:

---

808) Binding: Grundriß, 8.Aufl., a.a.O., S.148, 161, 169f; ders.: Grundformen, a.a.O., S.365, 367.
809) Binding: Grundriß, 8.Aufl., a.a.O., S.148, 169f.
810) Binding: Grundriß, 8.Aufl., a.a.O., S.170
811) Binding: Grundriß, 8.Aufl., a.a.O., S.161
812) Binding: Grundriß, 8.Aufl., a.a.O., S.154 Fn1
813) Binding: Grundriß, 8.Aufl., a.a.O., S.161

Die Auswertung der Beteiligungslehren des Gemeinen Rechts im ersten Abschnitt der Arbeit ergaben zum einen, daß Urheberschaft im engeren und im weiteren Sinne grundsätzlich von dem gemeinrechtlichen Urheberschaftsbegriff nicht erfaßt wurden. Ein Strafbedürfnis für diesen "Nichttäter" bestand also tatsächlich nicht. Insoweit hat Binding recht. Auch argumentiert er als Vertreter der dolus-Theorie konsequent, da auch die gemeinrechtlichen dolus-Theorien die Nichterfassung des den die persönlichen Tätereigenschaften nicht besitzenden Hintermannes durch den Urheberbegriff auch vom Wesen her nicht begründen konnten.
Dennoch: Bindings Aussage ist insofern nicht vollständig zutreffend, als daß die objektive (, die Interessen-) und die Abeggsche Theorie vom Wesen ihres Urheberbegriffs her den nicht die persönlichen Tätereigenschften besitzenden Hintermann als Urheber (Täter) anerkennen müßten. Diesem Hintermann wurde lediglich grundsätzlich ein dem Täter gleiches Strafbedürfnis aberkannt.

Gerade zum Wesen des Urheberschaftsbegriffs nach objektiver oder Abeggscher Theorie zeigt der Bindingsche auch inhaltliche Nähe:
Bindings Urheber ist Verursacher des Verbrechenserfolges;[814] sein Wille ist auf Verursachung gerichtet.[815] In beidem gleicht er dem Täter.[816] [817]
Diese Charakterisierungen findet sich jeweils aber auch bei Feuerbach und Abegg: Nach Feuerbach war intellektueller Urheber (Täter), wer - durch Bestimmung des Willens eines anderen - das Verbrechen verursachte; Abeggs intellektueller Urheber (Täter) war derjenige, dessen Willen selbständig auf Hervorbringung eines Verbrechens gerichtet war, durch Einwirken auf den Willen eines anderen, diesen zur unmittelbaren Verbrechensbegehung zu bestimmen.
Bindings Urheberbegriff läßt sich also in das Wesen Feuerbachscher und Abeggscher intellektueller Urheberschaft einfügen.

Die Behauptung Bindings, es handele sich bei der von ihm so bezeichneten Urheberschaft um eine neue, im Gemeinen Recht nicht anerkannte Beteiligungsform, muß insgesamt damit etwas korrigiert werden: Bindings

---

814) Binding: Grundformen, a.a.O., S.318
815) Binding: Grundformen, a.a.O., S.321
816) Binding: Grundformen, a.a.O., S.318, 321
817) Zwar will Binding seinen Urheber dann nicht mit dem Täter gleichsetzen - der Wille beider sei ja ein anderer - doch gründet das Strafbedürfnis bezüglich des Urhebers in dieser Ähnlichkeit.

Urheberschaft scheinen Ansätze zugrunde zu liegen, die, wenn auch vielleicht nur unbewußt, aus objektiver oder Abeggscher Theorie abgeleitet wurden.

III. Der Urheberbegriff Hellmuth Mayers

Als der Autor, der in jüngerer Zeit am nachdrücklichsten einen Urheberbegriff postulierte, kann Hellmuth Mayer gelten;[818] einen Urheberbegriff, welcher zwar die Funktion einer eigenständigen Beteiligungsform übernehmen soll, dennoch nicht de lege ferenda zu bilden sei, sondern von den gesetzlichen Teilnahmeformen miterfaßt werde.

1. Die Beteiligungslehre als solche

Um das Wesen des Mayerschen Urheberbegriffs darzulegen, muß zunächst seine Beteiligungslehre als ganze betrachtet werden:

Nach Mayer ist Täter, wer vollverantwortlich den Tatbestand nach Willens- und Tatseite in eigener Person setzt - sei es mit eigener Hand, sei es mit Hilfe fremder Hände."[819] [820] Bei letzterem handele es sich um mittelbare, besser: fremdhändige Täterschaft.[821]

Teilnehmer hingegen sei, wer entweder als Anstifter "die vorsätzliche Bestimmung eines noch nicht zur Tat entschlossenen Täters zu einer bestimmten vorsätzlichen strafbaren Handlung auf dem Wege geistig-verstehender Beeinflussung[822] vollziehe, oder wer als Gehilfe "die Unterstützung fremder Tat durch eine dazu wenigstens allgemein geeignete Handlung, mit dem Vorsatz die Vollendung wirklich zu fördern,"[823] vornehme.

---

818) H.Mayer: Strafrecht, a.a.O., S. 327ff; ders.: Rittler- Festschrift, a.a.O., S.262ff; ders.: Studienbuch, a.a.O., S.157f.

819) H.Mayer: Strafrecht, a.a.O., S.303f

820) Zu dieser so definierten Alleintäterschaft kommt noch die "Mehrtäterschaft" hinzu, welche sich aus Mittäterschaft und Nebentäterschaft zusammensetze (H.Mayer: Strafrecht a.a.O., S. 311).

821) H.Mayer: Strafrecht, a.a.O., S.305ff

822) H.Mayer: Strafrecht, a.a.O., S.320

823) H.Mayer: Strafrecht, a.a.O., S.323

Im Gegensatz zur Täterschaft erfordern Anstiftung und Beihilfe den fremden vollverantwortlichen Willensentschluß eines anderen, auf welchem die Tat sodann unmittelbar beruhe. Der Täter hingegen setze statt eines solchen allenfalls "fremde Hände" ein.[824] Hierin läge der entscheidende Unterschied zwischen Täterschaft und Teilnahme.

Die Abgrenzung zwischen Täterschaft und Teilnahme ist für Mayer also objektiv vorzunehmen,[825] wobei es aber immer auch auf die Beziehung zwischen Willen und Tat ankomme.[826]

Das Wesen der Teilnahme läge nun nicht in einer der Täterschaft gegenüber andersartigen kausalen Mitwirkung des Teilnehmers[827]; Beteiligungsformen seien keine Formen der Mitverursachung.[828] Vielmehr sei es die Art der Schuld des Teilnehmers, die seine Strafbarkeit begründe: Der Teilnehmer vereinige seinen Willen mit dem schuldhaften Täterwillen;[829] es bestehe Willensübereinstimmung der Beteiligten.[830]
Bei dieser sogenannten Willenseinigungstheorie handele es sich um eine Verallgemeinerung und damit Verbesserung der vom Autor zuvor vertretenen Schuldteilnahmetheorie.[831] Letztere bezog sich nämlich in erster Linie nur auf die Anstiftung, indem sie den Strafgrund der Teilnahme darin erblickte, daß der Teilnehmer den Täter "in Schuld und Strafe verstricke".[832]

Erfordert nun Teilnahme die Vereinigung des Teilnehmerwillens mit dem schuldhaften Willen des Täters, so ergibt sich ferner, daß die Haupttat (des Vordermannes) eine rechtswidrige, *vorsätzliche und schuldhafte* sein müsse. Teilnahme also sei streng akzessorisch.[833]
Dies aber habe zur Konsequenz, daß bestimmte Fallkonstellationen - aufgrund fehlender Willenseinigung - von der Teilnahme und damit der Strafbarkeit ausgegrenzt werden, obwohl sie teilweise doch als strafwürdig zu erachten seien.

---

824) H.Mayer: Strafrecht, a.a.O., S.304
825) H.Mayer: Strafrecht, a.a.O., S.322
826) H.Mayer: Strafrecht, a.a.O., S.300
827) H.Mayer: Strafrecht, a.a.O., S.300f
828) H.Mayer: Strafrecht, a.a.O., S.299
829) H.Mayer: Rittler-Festschrift, a.a.O., S.254; ders.: Studienbuch, a.a.O., S.155.
830) H.Mayer: Studienbuch, a.a.O., S.148
831) H.Mayer: Rittler-Festschrift, a.a.O., S.254f
832) Vgl. H.Mayer: Rittler-Festschrift, a.a.O., S.255.
833) H.Mayer: Strafrecht, a.a.O., S.317ff

Es handele sich hierbei um die Fälle der Urheberschaft.[834] Die Willenseinigungstheorie bedürfe also der Ergänzung durch die Urhebertheorie.[835]

Mayer fordert die Strafbarkeit der Fallkonstellationen einer Urheberschaft aber nicht de lege ferenda, sondern sieht diese sogar von den gesetzlichen Teilnahmevorschriften miterfaßt:
Mit der Änderung der Teilnahmeparagraphen durch die Verordnung vom 29.5.43, die als Haupttat statt einer - wie bis dahin - "strafbaren Handlung" jetzt eine "mit Strafe bedrohten Handlung" vorsehen, wolle der Gesetzgeber - wenngleich sprachlich mißglückt - zum Ausdruck bringen, daß auch die Fallkonstellationen als Teilnahme strafwürdig seien, *bei denen der Vordermann schuldlos oder nur fahrlässig handele,*[836] *und Täterschaft aber ebenfalls nicht möglich sei.* Er wolle damit eine Strafbarkeitslücke schließen.[837]
Nun habe zwar der Gesetzgeber mit der Strafwürdigkeit dieser Fallkonstellationen recht. Unzutreffend sei es jedoch, sie als Teilnahme zu bezeichnen. So könne bei einem schuldlos oder nur fahrlässig handelnden Vordermann nie eine Willenseinigung mit dem Hintermann vorliegen, und damit das Wesen der Teilnahme erfüllt sein.[838] Statt der geplanten Limitierung der Akzessorietät der Teilnahme habe der Gesetzgeber vielmehr ein neues Rechtsinstitut geschaffen und mit diesem die Strafbarkeit erweitert. Es handele sich um die Beteiligungsform der Urheberschaft:[839] Urheber sei, wer "ohne (fremdhändiger) Täter oder Anstifter oder Gehilfe zu sein in strafwürdiger Weise veranlaßt, daß ein Tatmittler den objektiven Tatbestand setzt."[840] [841]

---

834) H.Mayer: Studienbuch, a.a.O., S.148
835) H.Mayer: Studienbuch, a.a.O., S.155
836) H.Mayer: Strafrecht, a.a.O., S.318, 328f.
837) H.Mayer: Strafrecht, a.a.O., S.328
838) H.Mayer: Festschrift, a.a.O., S.254; ders.: Strafrecht, a.a.O., S.328.
839) H.Mayer: Rittler-Festschrift, a.a.O., S.243
840) H.Mayer: Strafrecht, a.a.O., S.327f
841) Eine andere - hier nicht weiter besprochene - Lösung der Schwierigkeiten, die durch die limitierte Akzessorietät geschaffen wurden, liegt darin, das Teilnahmeunrecht zu verselbständigen und sich damit überhaupt von dem Gedanken der Akzessorietät zu lösen. Diesen Weg zeigte auf konsequente und umfassende Weise Lüderssen in seiner Arbeit "Zum Strafgrund der Teilnahme" auf (siehe besonders Lüderssen: a.a.O., S.119ff). Die Urheberschaftsfälle wären dabei dann als Fälle der Teilnahme zu erklären. Die Berechtigung sowohl des Mayerschen als auch des Lüderssenschen Weges kann nur von einer genaueren Ausarbeitung der Teilnahmeproblematik geleistet und nachgewiesen werden. Dies gehört jedoch nicht mehr zum Thema der Arbeit.

2. Nähere Betrachtung der Urheberschaft

Daß bei den Fallkonstellationen des schuldlos oder nur fahrlässig handelnden Vordermannes der Hintermann deshalb keine Teilnahmeschuld trage, weil keine Willenseinigung und folglich keine strenge Akzessorietät vorliege,[842] wurde schon dargelegt. Mayersche Urheberschaft erfordert aber auch - wie zitiert -, daß keine (fremdhändige) Täterschaft gegeben ist. Nun liege bei schuldlosem oder nur fahrlässig handelndem Vordermann jedoch grundsätzlich mittelbare Täterschaft des Hintermannes vor.[843] Doch gäbe es hiervon zwei Ausnahmen. Erstens: Der schuldlose Vordermann hat mit sogenanntem natürlichem Vorsatz gehandelt und war zumindest sittlich für seine Tat verantwortlich - der Vordermann verstand, was er tat.[844] Hier handele es sich um Schuldteilnahme (Willenseinigung) im weiteren Sinne.[845] Während Mayer auch diese Fallkonstellation zunächst als Urheberschaft bezeichnete,[846] ging er jedoch später dazu über, sie nicht mehr als solche, sondern als (wohl unechte) Teilnahme zu charakterisieren.[847]
Zweitens: Bei schuldlosen - und nicht mit natürlichem Vorsatz handelndem - oder nur fahrlässigem Vordermann fehlen dem Hintermann die begründenden Tätereigenschaften.[848] Es läge damit weder Täter- noch Teilnahmeschuld - letztere nicht einmal im weiteren Sinne - vor. Dies ist Mayers eigentliche Form der Urheberschaft.[849] Auf sie kann sich im folgenden beschränkt werden.

Da laut Mayer der Gesetzgeber auch die Urheberschaftsfälle von den Teilnahmevorschriften erfaßt sehen will - Mayer spricht von der "Doppelnatur der Teilnahmevorschriften"[850] - bestünde aber auf der anderen Seite die Gefahr einer Ausuferung: Es seien nämlich nicht alle Fälle der Urheberschaft

842) H.Mayer: Strafrecht, a.a.O., S.329
843) Für den fahrlässigen Vordermann H.Mayer: Strafrecht, a.a.O., S.320; ders.: Rittler-Festschrift, a.a.O., S.270f; ders.: Studienbuch, a.a.O., S.152. Für den schuldlosen Vordermann H.Mayer: Rittler-Festschrift, a.a.O., S.270.
844) H.Mayer: Studienbuch, a.a.O., S.157f
845) H.Mayer: Studienbuch, a.a.O., S.157f
846) H.Mayer: Strafrecht, a.a.O., S.331f
847) H.Mayer: Rittler-Festschrift, a.a.O., S.272; ders.: Studienbuch, a.a.O., S.158.
848) H.Mayer: Strafrecht, a.a.O., S.329f; ders.: Rittler-Festschrift, a.a.O., S.270f; ders.; Studienbuch, a.a.O., s.158.
849) Als Urheber bezeichnete H.Mayer später aber auch die Fälle, bei denen anstelle des Vordermannes der Hintermann die begründenden Tätereigenschaften besitzt (H.Mayer: Rittler-Festschrift, a.a.O., S.273; ders.: Studienbuch, a.a.O., S.158).
850) H.Mayer: Studienbuch, a.a.O., S.157

strafwürdig, welche es sodann auszuschließen gelte.[851] Mayer geht hierbei folgendermaßen vor:
Der Grund einer Erweiterung der Strafbarkeit auf die Urheberschaft könne nur in der Ähnlichkeit strafwürdigen Tuns liegen.[852] Und so sei strafbare Urheberschaft dann gegeben, "wenn die Handlung des Urhebers die Rechtsordnung in gleicher Weise beeinträchtigt, wie die Handlung eines vorsätzlichen Täters".[853] Liege wesentlich dasselbe Unrecht vor, dann sei der Urheber ebenso schuldig wie ein Täter.[854] Wann nun gleiches Unrecht vorläge, ergebe die entsprechende Auslegung der Tatbestände des Besonderen Teils: "Die Auslegung muß kasuistisch bei der Erörterung der einzelnen Tatbestände die Frage stellen und lösen, ob in den Fällen der Urheberschaft annähernd das gleiche Unrecht begangen ist, wie im Fall der vorsätzlichen Täterschaft".[855]
Für diese kasuistische Feststellung der jeweiligen Strafwürdigkeit der Urheberschaft[856] gebe es aber eine allgemeine Regel: Strafbare Urheberschaft sei zu bejahen, wenn die begründenden Tätereigenschaften,[857] "welche normalerweise beim Täter vorliegen sollen, geringere Bedeutung [haben], oder umgekehrt ausgedrückt, *der wesentliche Unrechtsgehalt ... wirklich in dem objektiven Vorgang* [liegt], sofern dieser überhaupt durch einen verantwortlichen Urheber veranlaßt wird."[858] [859] Es seien dies die "Fälle der Miturheberschaft[860], in denen es sich darum handelt, rein zufällige Begrenzungen der Tatbestandsbeschreibungen, sei es in der Täterbeschreibung, oder sei es in anderen Beziehungen, zu bereinigen."[861] So liege z.B. bei der Vergewaltigung das Schwergewicht des Unrechts auf der "Kränkung der Geschlechtsehre der Betroffenen" und nicht auf der "persönlichen Unzucht des Täters".[862]

---

851) H.Mayer: Strafrecht, a.a.O., S.330
852) H.Mayer: Rittler-Festschrift, a.a.O., S.263
853) H.Mayer: Strafrecht, a.a.O., S.330
854) H.Mayer: Rittler-Festschrift, a.a.O., S.271
855) H.Mayer: Strafrecht, a.a.O., S.331
856) H.Mayer: Studienbuch, a.a.O., S.158
857) H.Mayer zählt hier auch die subjektiven Unrechtsmerkmale hinzu (vgl. H.Mayer: Strafrecht, a.a.O., S.331).
858) H.Mayer: Strafrecht, a.a.O., S.331
859) H.Mayer stellt in seinem Lehrbuch noch eine zweite allgemeine Regel auf (Mayer: Strafrecht, a.a.O., S.332). Sie bezieht sich aber auf die Fallkonstellationen, die er dann später - so oben dargestellt - als Schuldteilnahme im weiteren Sinne aus der Urheberschaft herausnimmt.
860) H.Mayer verwendet anstelle des Begriffs der Urheberschaft auch oft den der Miturheberschaft.
861) H.Mayer: Studienbuch, a.a.O., S.158
862) H.Mayer: Strafrecht, a.a.O., S.331; siehe auch ders.: Festschrift, a.a.O., S.271.

3. Urheberschaft und reflexives Verständnis[863]

Urheberschaft ist für Mayer - gleich der mittelbaren Täterschaft - mittelbare Bewirkung des objektiven Tatbestandes.[864] Grundsätzlich liegt eine der mittelbaren Täterschaft gleiche Unrechtsverwirklichung vor. Der einzige Unterschied ist der, daß die das Täterunrecht konstituierenden begründenden Tätereigenschaften vom Urheber nicht verwirklicht werden. Sind letztere aber im Einzelfall für das Unrecht des jeweiligen Tatbestandes nicht so wesentlich, dann steht nichts mehr im Wege, das Unrecht des Urhebers als dem des Täters ähnlich zu bezeichnen.

Ist in einem so verstandenen Urheberbegriff das reflexive Verständnis des Beteiligten - des Urhebers - enthalten, wird das Wesen dieser Beteiligungsform durch ein solches ausgemacht?

a) Das Verständnis des Beteiligten im oben erarbeiteten Sinne

Die zuletzt gestellte Frage ist zu bejahen, wenn über das Verständnis des Beteiligten von Einordnung die Strafwürdigkeit der Urheberschaft begründet werden kann. Der Beweis für die Strafwürdigkeit aber ist geliefert, wenn der Urheber ein ähnliches Verständnis von Einordnung besitzt, wie ein anderer strafbarer Beteiligter. Dies ist der Fall:

Der Urheber hat ein *dem mittelbaren Täter* ähnliches Verständnis von dem Verhältnis zwischen seiner Verletzung des mit dem Rechtsgutsträger bestehenden Anerkennungsverhältnisses und der Verletzung durch den Vordermann. Zwar sind die Verhältnisse der Verletzungen des Urhebers und des mittelbaren Täters zu ihrem jeweiligen Vordermann nicht vollständig gleich: Da der Urheber bestimmte Unrechtsmerkmale nicht erfüllt, ist seine Verletzung schwächer als die des mittelbaren Täters; damit auch sein Verhältnis zur Verletzung durch den Vordermann anders als das des mittelbaren Täters zu

---

[863] Zur allgemeinen Kritik an der Urheberlehre H.Mayers, auf welche hier aber nicht eingegangen zu werden braucht, siehe Bokkelmann: Nochmals über das Verhältnis, a.a.O., S.195ff; Welzel: Lehrbuch, a.a.O., S.113f.

[864] H.Mayer: Strafrecht, a.a.O., S.328f

der durch seinen Vordermann. Jedoch spielen die Unrechtsmerkmale hier keine entscheidende Rolle; dies ist ja Voraussetzung für die strafbare Urheberschaft im Mayerschen Sinne. Und so ist das Verhältnis der Verletzungen von Urheber und Vordermann doch wieder sehr ähnlich dem von mittelbarem Täter und Vordermann.
Zugleich ist damit auch der Urheber seinem Vordermann gegenüber ähnlich eingeordnet, wie es der mittelbare Täter seinem Vordermann gegenüber ist. Als Vernünftige haben Urheber und mittelbarer Täter auch ein ähnliches Verständnis von dieser zu ihrem Vordermann bestehenden Einordnungsbeziehung.

Die Struktur der Beziehung zwischen den Beteiligten - auch im Hinblick auf die Rechtsgutsverletzung - ist also bei der Urheberschaft der der mittelbaren Täterschaft sehr ähnlich. Von der Struktur der Beziehung her gesehen liegt beinahe Täterschaft vor.
Somit kann man den Mayerschen Urheberbegriff über das reflexive Verständnis des Einzelnen erklären: Über das Verständnis von der Beziehung der Beteiligten läßt sich die Ähnlichkeit der Urheberschaft mit der mittelbaren Täterschaft und damit das grundsätzliche Bedürfnis ihrer Strafwürdigkeit dartun.

Auch hinsichtlich der Abgrenzung von Urheberschaft und Teilnahme erweist sich eine Beachtung des reflexiven Verständnisses als mit der Willenseinigungstheorie Mayers kompatibel:
Der Strafgrund der Teilnahme liegt für Mayer in der Vereinigung des Willens des Teilnehmers mit dem schuldhaften des Täters. Da der Teilnehmer einen entsprechenden Entschluß zur Willenseinigung fasse,[865] geschieht diese also bewußt. Teilnehmer ist folglich, wer den Entschluß faßt, seinen Willen mit dem schuldhaften eines anderen zu vereinigen. Dies setzt nun voraus, daß der Teilnehmer ein Verständnis von Willenseinigung hat bzw. haben muß. Der Urheber hingegen hat ein Verständnis von fehlender Willenseinigung.
Einem Verständnis von Willenseinigung oder fehlender Willenseinigung entspricht sodann ein jeweiliges Verständnis von Selbsteinordnung. Der

865) H.Mayer: Rittler-Festschrift, a.a.O., S.254

Urheber nimmt dabei keine Unterordnung vor: Er will gerade, daß der Vordermann keinen freien Willen hinsichtlich des Erfolges hat. Er ordnet sich also nicht dem freien Willen eines anderen unter. Anders der Teilnehmer: Er hängt sich an den freien Willen eines anderen an, von dem er weiß, daß dieser (in wesentlich stärkerem Maße) über die Erfüllung des Tatbestandes entscheidet.

Eine Theorie, die die Beteiligungsformen anhand der Selbsteinordnungsleistung bestimmt, ist also der Mayerschen Theorie der Willenseinigung nahe. Auch gelingt es beiden, Beteiligung an schuldhafter und Beteiligung an schuldloser Tat zu trennen.

b) Rückgriff auf das Element des Verständnisses des Beteiligten im gemeinrechtlichen Sinne

Im heutigen Urheberbegriff in Form des Mayerschen findet sich also das selbstbezügliche Verständnis des Beteiligten wieder.
Dies gilt aber nicht nur für das Verständnis in dem oben erarbeiteten Sinne. Auch besonders aus der Beteiligungslehre Abeggs heraus läßt sich der Mayersche Urheberbegriff gut erklären: Beim Urheber besteht ein der mittelbaren Täterschaft gleiches Verständnis von fehlender Unterordnung, aus welchem sich dann - tätergleich - das selbständige Gerichtetsein des Willens im Hinblick auf die Herbeiführung des Verbrechens folgern läßt. In der Existenz des Mayerschen Urheberbegriffs zeigt sich das grundsätzliche Bedürfnis, jeden strafrechtlich zu kennzeichnen, dessen Willen selbständig auf die Herbeiführung eines Deliktes gerichtet ist, und dabei mittelbar den Erfolg bewirkt, unabhängig vom Vorliegen begründender Tätereigenschaften.

Aber nicht nur auf Abegg, sondern auch auf Köstlin scheint bei der Erklärung des Mayerschen Urheberbegriffs ein Rückgriff möglich:
Köstlin fragte mit seinem Kriterium der Art der Selbstbestimmung nach dem Verständnis des Beteiligten von Einordnung. Hat der Beteiligte ein Verständnis von fehlender Unterordnung, so bestimmt er sich zu nichtüberwiegendem Bestimmtsein. Und genau das ist auch beim Urheber Mayers der Fall.
Eine Einschränkung bezüglich eines Rückgriffs auf Köstlin ist jedoch dann zu machen, wenn man nicht bloß auf die Art der Selbstbestimmung, sondern auf seine Lehre als ganze abstellt: Schloß Köstlin doch den heutigen Urheber im

weiteren Sinne von der Strafbarkeit aufgrund fehlender möglicher Rechtsgutsverletzung aus. Auch mußte er dies schon deshalb tun, wenn er denjenigen als Täter bezeichnete, der die Tat als eigene will.
Für einen möglichen Rückgriff bloß auf das Kriterium der Art der Selbstbestimmung jedoch spricht dann wiederum, daß Mayer die dolus-Theorie als solche ablehnte.[866]

Jenseits der Beachtung des Verständnisses von der interpersonalen Beziehung der Beteiligten ist aber nicht auszuschließen, daß der Mayersche Urheberbegriff auch auf Elementen einer objektiven Lehre im Sinne Feuerbachs beruht, obwohl Mayer seine Lehre ausdrücklich von den reinen Verursachungstheorien abgrenzt.[867] Dem Urheberbegriff Mayers liegt nämlich hinsichtlich der objektiv betrachteten Beziehung der Beteiligten untereinander und zum Erfolg im Hinblick auf ein "Bewirken durch andere" die gleiche Struktur zugrunde wie der mittelbaren Täterschaft. Da letztere vom Urheberbegriff Feuerbachs erfaßt wurde, müßte auch die Urheberschaft Mayers (Urheberschaft im weiteren Sinne) von der Urheberschaft Feuerbachs aufgenommen werden.

Somit ergibt sich bezüglich eines Rückgriffs des Urheberbegriffs Mayers auf Erkenntnisse der Urheberlehre des Gemeinen Rechts zusammenfassend folgendes:
Der Urheberbegriff Hellmuth Mayers kann aus dem dem mittelbaren Täter gleichen reflexiven Verständnis des Beteiligten (Urheber) erklärt werden. Hierbei zeigt sich auch die Wiederverwertung von Erkenntnissen der Beteiligungslehre Abeggs als ganzer und der Köstlins im Hinblick auf dessen Kriterium der Art der Selbstbestimmung.
Ein solcher Rückgriff geschah jedoch nicht bewußt: Weder ausdrücklich noch unterschwellig nahm Mayer auf diese Autoren Bezug.
Der Mayersche Urheberbegriff kann theoretisch aber auch über Elemente einer objektiven Verursachungstheorie im Sinne Feuerbachs erklärt werden. Hier kann jedoch erst recht von keiner diesbezüglichen Absicht Mayers die Rede sein, da er sich ausdrücklich von einer solchen Theorie distanzierte.

---

866) Vgl. nur H.Mayer: Studienbuch, a.a.O., S.159.
867) Vgl. nur H.Mayer: Strafrecht, a.a.O., S.299f.

c) Allgemeiner Rückgriff auf das Gemeine Recht

Der Rückgriff auf konkrete inhaltliche Elemente gemeinrechtlicher Urheberlehren durch Mayer geschah - wie gesagt - unbewußt. Dennoch läßt sich bei der Verwendung des Begriffs der Urheberschaft eine absichtliche Anlehnung an das allgemeine gemeinrechtliche Grundlagenverständnis nicht leugnen: Mayer wollte mit Urheber den Beteiligten kennzeichnen, auf den der Erfolg zurückgeht, der strafrechtlich verantwortlich den Grund für das Verbrechen setzt, auch wenn dieser weder Täter noch Anstifter ist. Dies lag auch allgemein im Wesens des (nahezu allumfassenden) gemeinrechtlichen Urheberbegriffs, nur daß dieser alle den Grund für den Erfolg Setzenden zusammenfaßte.

4. *Grundsätzliche Gültigkeit der zum Mayerschen Urheberbegriff getroffenen Feststellungen hinsichtlich des Urheberbegriffs der anderen Autoren*

Im Gegensatz zu Hellmuth Mayer, welcher die Beteiligungsform der Urheberschaft dogmatisch als eine notwendige begründete, tritt der Urheberbegriff bei den anderen unter 1. genannten Autoren meist ohne jede dogmatische Begründung auf;[868] es findet keine eigentliche substantiierte Begriffsbestimmung statt. So erscheint die Verwendung des Urheberbegriffs hier eher plakativ.

Dennoch kann das, was bezüglich des Mayerschen Urheberbegriffs und sein Verhältnis zum Gemeinen Recht gesagt wurde, ähnlich auch für den Urheberbegriff im weiteren Sinne (inklusive dem im engeren Sinne) der anderen Autoren gelten:

- Die Urheberschaft im weiteren Sinne läßt sich allgemein durch ein (mittelbarer) täterähnliches Verständnis von der Struktur der Beziehung der Beteiligten untereinander und zum Erfolg erklären.[869] Ein bewußter Rückgriff

---

868) Eine Ausnahme bilden hiervon Dahm und Lange (siehe nächste Fußnote).

869) Teilweise wird die Urheberschaft aber auch durch starke Verwandschaft zur Anstiftung (so Dahm: MDR 59, S.509f) begründet, bzw. dadurch, daß man sie als Teil einer richtig verstandenen Anstiftung betrachtet (Lange: Teilnahme, a.a.O., S.560ff). Hier ist jedoch entgegenzuhalten, daß gerade im Hinblick auf den Willen des jeweiligen Beteiligten, besonders den des Vordermannes, größere Nähe zur mittelbaren Täterschaft gegeben ist. Aber auch Lange selbst muß einräumen, daß der Urheber "nur aus Rechtsgründen der

auf das Element des reflexiven Verständnisses lag aber nicht vor. Teilweise war er wahrscheinlich - je nach vertretener Beteiligungstheorie - noch nicht einmal gewollt.

- Zwar wird die Urheberschaft von vielen nicht als strafbar erachtet. Dennoch deutet auch bei diesen Autoren die Tatsache, daß sie eine Begehungsform der Urheberschaft als eine solche erkennen, darauf hin, daß allgemeine Erkenntnisse gemeinrechtlicher Urheberlehren noch in ihren Gedanken vorhanden sind: Man möchte mit diesem Begriff denjenigen bezeichnen, der - auch wenn er hier nicht Täter oder Teilnehmer sein kann - den Grund für den Erfolg gesetzt hat, auf den der Erfolg zurückgeht.

Insgesamt kann festgehalten werden:
Mit der heutigen Verwendung des Begriffs der Urheberschaft wird sich bewußt an gemeinrechtliches Gedankengut angelehnt. Daß dabei auch das konkrete Element des reflexiven Verständnisses mit in unsere heutige Zeit hinüber gerettet wird, blieb aber eher unerkannt.

Täterqualität entbehrt" (Lange: Teilnahme, a.a.O., S.563; Unterstreichung vom Verfasser).

F) Zusammenfassung und Ausblick

I. Die Grundzüge der zu den behandelten Beteiligungslehren getroffenen Feststellungen

- Im Gemeinen Deutschen Strafrecht des 19.Jahrhunderts war Urheberschaft der zentrale Beteiligungsbegriff. Ihm wurde lediglich die Beihilfe gegenübergestellt. Urheber war, auf wen der Erfolg zurückging, wer den Grund zu diesem setzte. Dies wiederum bestimmte sich danach, in wessen Denken und Willen der Erfolg gründete. Selbst in den objektiven Abgrenzungstheorien findet sich aufgrund der Gleichstellung von physischer und intellektueller Urheberschaft ein solch subjektiver Begriffskern; wenngleich in einer dann objektiven Vertypung.

In mancher Ausprägung der gemeinrechtlichen Urheberlehre findet sich bezüglich der Wesensbestimmung der Beteiligungsformen zudem das Element des Verständnisses des Einzelnen von der Beziehung zu den anderen Beteiligten im konkreten Geschehenszusammenhang und der damit verbundenen entsprechenden Selbsteinordnung. Es sind die Abgrenzungskriterien der Art der Selbstbestimmung und der Selbständigkeit/Unselbständigkeit des Willens im Hinblick auf die Tatbestandsverwirklichung, welche nach eben diesem Verständnis des Einzelnen fragen und ihn nicht bloß in seinem faktischen Verhalten erfassen.
Spiegelt dieses beurteilende Verständnis zudem das willens- und handlungsbegründende Verständnis des Beteiligten wieder, so werden die Beteiligungsformen als die Verwirklichungsformen des Inneren begriffen.

- Mit der Einführung des RStGB von 1871 verschwand der Urheberbegriff de lege lata immer mehr aus den strafrechtlichen Erörterungen; mit ihm das Element des reflexiven Verständnisses:
Während letzteres nur noch aus RG 3, 181 und der Beteiligungslehre R.Schmidts herausgelesen werden kann, besaß ersterer in Form des Begriffs der intellektuellen Urheberschaft vorübergehend lediglich die Bedeutung eines Synonyms für die mittelbare Täterschaft. Eine Beziehung zwischen reflexivem Verständnis und dem Begriff der Urheberschaft bestand zudem nicht mehr.

- Der Verlust des Elementes des reflexiven Verständnisses ist für die Beteiligungslehren nach 1871 zu beklagen. Erweist sich doch gerade dieses Element als wesentlich zur vollen Erfassung menschlicher Beteiligungsstrukturen. Eine dieses Element missende Beteiligungslehre ist folglich in ihrer Grundbestimmung als nicht ganz ausreichend zu betrachten. Dies gilt leider auch für die heute herrschenden Theorien der subjektiven Beteiligungstheorie der Rechtsprechung und der Tatherrschatfslehre.

- Im Laufe des 20.Jahrhunderts kristallisierte sich eine neue Verwendung des Urheberbegriffs heraus. Unter den Autoren, die in jüngerer Zeit noch von einer (strafbaren oder straflosen) Urheberschaft sprechen, ist dies nunmehr die fast allgemein anerkannte: Urheber ist, wer aufgrund fehlender Unvorsätzlichkeit der Haupttat oder aus sonstigen Gründen nicht Teilnehmer - meist Anstifter -, aufgrund bei ihm selbst fehlenden begründenden Tätereigenschaften aber auch nicht mittelbarer Täter sein kann (Urheberschaft im engeren und weiteren Sinne).

Die Ähnlichkeit des Wesens dieser Urheberschaft mit der mittelbaren Täterschaft kann über das reflexive Verständnis des Einzelnen von der Struktur der Beziehung der Beteiligten erklärt werden. Diese Ähnlichkeit ist der Grund für die Betrachtung der Urheberschaft als strafwürdig bzw. für das Anerkennen einer solchen, wenn auch dann straflosen Beteiligungsform. Somit greift der heutige Urheberbegriff auf Erkenntnisse gemeinrechtlicher Urheberlehren zurück, bzw. es haben sich diese in ihm konserviert.

Ein solcher Rückgriff geschah jedoch nicht bewußt auf konkrete inhaltliche Elemente. Man wollte lediglich mit "Urheber" denjenigen Beteiligten bezeichnen, auf den - auch wenn er weder Täter noch Anstifter ist - der Erfolg zurückgeht. Insofern findet die Motivation zur Verwendung des Urheberbegriffs in dem genannten Sinne aber doch ihre Legitimation im Gemeinen Recht: Ist er doch Wesensrelikt des seinerzeit allumfassenden, den den Grund des Verbrechens setzenden Beteiligten kennzeichnenden Urheberbegriffs.

II. Der Ansatz für eine Beteiligungslehre

1. Die Grundlage

Wie ich handele und auf welche Art ich mich damit auch im Verhältnis zu anderen beteilige, ist davon abhängig, welches Verständnis ich von dem vorgefundenen Gesamtzusammenhang und damit auch von der einerseits schon bestehenden, andererseits aber auch durch meine Handlung weitergeformten Beziehung zu den anderen Beteiligten habe. Handlung ist Verwirklichung des Inneren, ist Ich-Inszenierung.

Sind Beteiligungsformen Handlungsformen, so sind Beteiligungsformen die Verwirklichungen des Inneren, und damit auch des Verständnisses; diesmal gerade im Hinblick auf die Beziehungen zu anderen am Geschehen beteiligten Personen, im Hinblick auf eine entsprechende Einordnung.

Dieses Verständnis, welches ein reflexives ist, muß eine Beteiligungslehre erfassen. Nur so wird der soziale Sinn menschlichen Verhaltens von ihr begriffen.

Bei der Begutachtung von Beteiligungsverhältnissen geht es um die Beurteilung von Ordnung. Da das reflexive Verständnis sowohl begründend als auch beurteilend ist, ist folglich seine die Selbsteinordnung beurteilende Seite zur Abgrenzung heranzuziehen. Ergibt sich ferner diese beurteilende Seite aus der begründenden, so wird zugleich das reflexive Verständnis als Ganzes erfaßt.

Damit Recht und Rechtsordnung möglich bleiben, darf das reflexive Verständnis nicht in rein subjektivem Sinne, sondern muß auf einer allgemeingültigen Ebene begriffen werden: Es muß beim Beteiligten nach *dem* Verständnis von Selbsteinordnung gefragt werden, das jeder Vernünftige in gleicher Lage gehabt hätte, bzw. welches der Beteiligte als ein Vernünftiger dann verständigerweise auch besaß (reflexives Verständnis der 1.Stufe).

Wann die vom Einzelnen erfaßte Selbsteinordnung eine Unter-, Über- oder Gleichordnung ist, bestimmt sich anhand des für einen Vernünftigen allgemeingültig erkennbaren Maßstabs der Veränderung der Umordnung des zwischen den Beteiligten bestehenden menschlichen Anerkennungs-(Gleichheits-)Verhältnisses. Ist dieses Anerkennungsverhältnis doch auch die Basis des Rechts überhaupt.

Die Veränderung selbst ergibt sich aus dem Verhältnis der Bedeutung der von den Beteiligten getragenen Entscheidungen für den Erfolg und damit aus dem Verhältnis der Bedeutungen der diesbezüglichen Selbstbestimmungen. Auch korrespondiert sie mit dem Verhältnis der unterschiedlichen Verletzungen der zwischen den Beteiligten und dem Opfer bestehenden Anerkennungsverhältnisse.
Das Verhältnis der Selbstbestimmungen der Beteiligten ist zugleich das Verhältnis der strafrechtlich zu tragenden Verantwortungen.

Von der bewirkten Veränderung hat man sodann ein entsprechendes Verständnis; ist das Anerkennungsverhältnis doch sogar durch dieses konstituiert. Dieses Verständnis ist - analog zum oben Gesagten - abhängig vom Verständnis der Bedeutung der Entscheidungen für die Tatbestandsverwirklichung.
Hat man ein Verständnis von Unterordnung, so liegt Teilnahme vor; hat man ein Verständnis von fehlender Unterordnung, so ist Täterschaft zu bejahen.

- Das zuvor Vorgetragene stellt eine Erweiterung der Abeggschen und der Köstlinschen Lehre dar. Es sieht sich aber auch in zur Zeit angeführten Argumentationen hinsichtlich der Abgrenzung von täterschaftlicher Tötung auf Verlangen und Teilnahme am Suizid bestärkt: Das diesbezüglich hinsichtlich des Prinzips der Selbstverantwortung Vorgebrachte kommt auch der Diskussion um die Beteiligungsmaterie zugute.

2. Der Tatherrschaftsgedanke als möglicher Konkretisierungsparameter des eigenen Ansatzes

- Um das reflexive Verständnis in dem oben erarbeiteten Sinne als Grundlage der Beteiligungsabgrenzung kommt eine Beteiligungslehre nicht umhin: Nur dann wird die interpersonale Beziehung der Beteiligten in ihrer für das Recht grundlegenden Weise erfaßt; nur dann wird auch Beteiligung als Verwirklichung des Inneren begriffen.
Der oben erarbeitete Ansatz benötigt jedoch - neben einer insgesamt intensiveren Ausarbeitung seiner Kriterien - teilweise auch des Tatherrschaftsgedankens zur Konkretisierung dieser: Die Bestimmung der Bedeutung einer Entscheidung für einen Erfolg bedarf immer auch der Berücksichtungung des funktionalen Aspektes des Tatherrschaftsgedankens, da

Entscheidungen handelnd verwirklicht werden. Er kann als funktionale Komponente Aufschluß darüber geben, wer welche Entscheidung im Hinblick auf deren Art und Bedeutung und damit welche Verantwortung trägt: Das "Ob" und "Wie" des planvollen Lenkens des Geschehens ist ein Indiz für das "Ob" und, wenn Ja, für die Art und Bedeutung einer Entscheidung für das Gesamtgeschehen; denn lenken bedeutet immer auch entscheiden.[870]

Eine ähnliche Kombination stellt auch die normative Kombinationstheorie des Bundesgerichtshofs dar, wenn sie die Beteiligungsabgrenzung danach vornimmt, ob die Tat maßgeblich vom Willen des Beteiligten abhängt, und dieses wiederum durch die Tatherrschaft beantwortet sieht.
Dennoch bestehen wesentliche Unterschiede zwischen dem hier vorgetragenen Ansatz und der Theorie des Bundesgerichtshofs: Zum einen ist die Tatherrschaft im ersteren nur *ein Indiz* für das Tragen einer wesentlichen Entscheidung, welches selbst das eigentliche Kriterium ist. Zu diesem Ergebnis führte auch schon die oben erörterte Problematik der Abgrenzung von täterschaftlicher Tötung auf Verlangen und strafloser Teilnahme am Suizid hin: Hier stellte das eigenverantwortliche Tragen der Entscheidung über den unmittelbar zum Erfolg führenden Akt die Antwort auf die Frage nach eigentlicher Verantwortung dar. Zum anderen - und dies ist auch der Unterschied zur Tatherrschaftslehre - ist die Kombination aus Tatherrschaft und Entscheidung-Tragen immer in die Frage nach dem reflexiven Verständnis des Beteiligten von Selbsteinordnung im Hinblick auf die anderen einzubetten.

- Ist die Tatherrschaft nur ein Konkretisierungsindiz für Art und Bedeutung der getragenen Entscheidung und damit der getragenen Verantwortung, ist sie also nicht das einzige Kriterium, so können durch den neuen Ansatz auch die auf dem ausschließlichen Abstellen auf Funktionatität beruhenden Mängel der Tatherrschaftslehre beseitigt werden.
Dies sei zum Schluß kurz an der Fallkonstellation des sogenannten Bandenchefs verdeutlicht:

Zwischen den Vertretern der Tatherrschaftslehre ist es streitig, ob auch derjenige (als Mittäter) die Tatherrschaft besitzt, der als Bandenchef den Tat-

---

[870] Die Andeutung eines ähnlichen Kombinationsansatzes findet sich auch bei Maurach-Gössel-Zipf: AT 2, a.a.O., S.247: Tatherrschaft sei die Herrschaft über die Entscheidung zur Tat.

plan und dessen Durchführung entworfen hat, zur Tatzeit sich selbst aber weder am Tatort befindet noch auf irgendeine Weise die Ausführung überwacht oder gar steuert. Einige Autoren fordern zur funtionalen Tatherrschaft des Mittäters konsequenterweise die arbeitsteilige Mitwirkung generell *im Ausführungsstadium* und verneinen folglich die Tatherrschaft des Bandenchefs in der genannten Fallkonstellation.[871] Andere Autoren verlangen jedoch nur *grundsätzlich* eine Mitwirkung im Ausführungsstadium: Eine Mitwirkung lediglich bei der Vorbereitung der Tat solle dann zur Tatherrschaft gereichen, wenn der Tatbeitrag im Ausführungsstadium *weiterwirkte* und so das Minus bezüglich der Ausführungshandlung durch das Plus bezüglich der Vorbereitung ausgeglichen werde.[872]
Die Vertreter der Tatherrschaftslehre müssen also entweder die (Mit-)Täterschaft des oben beschriebenen Bandenchefs verneinen, oder aber über Hilfskonstruktionen ausweichen; Hilfskonstruktionen sind es deshalb, da ein aus der Sicht eigentlicher Tatherrschaft erforderliches echtes In-den-Händen-Halten hier nicht vorliegt.

Der Bandenchef, den das Rechtsgefühl aber unbedingt als (Mit-)Täter charakterisiert sehen will, bereitet der Tatherrschaftslehre somit große Schwierigkeiten.
Unproblematisch ist er jedoch dann der (Mit-)Täterschaft zuzuordnen, wenn man ihn hinsichtlich seines reflexiven Verständnisses betrachtet:
Wer als "Kopf" einer "Bande" den Tatplan und seine Durchführung entworfen hat, ist der spiritus rector der Tat. Der Bandenchef bestimmt kraft seiner Bedeutung als "Kopf" zunächst darüber, *daß* die Ausführungshandlung in Gang gesetzt wird. Dadurch, daß er den Plan zur Ausführungshandlung entworfen hat, bestimmt er zudem, *wie* die Ausführungshandlung durchzuführen ist. Er trägt also wesentlichste Entscheidungen. Auch wenn die anderen Beteiligten dann selbst noch entscheiden müssen, daß sie die Tat auch tatsächlich (so) ausführen, wirkt in ihrer Entscheidung pro Erfolg doch immer die des Bandenchefs mit.
Die Entscheidungen des Bandenchefs, die er a) durch die Erstellung des Tatplans und b) durch den Befehl zur Ausführung verwirklicht, ist damit nie der

---

871) LK (Roxin): a.a.O., Rn 129f zu §25; Herzberg: a.a.O., S.59ff; Rudolphie: a.a.O., S.372ff.

872) Stratenwerth: a.a.O., Rn 824; Jescheck: 3.Aufl., a.a.O., S.554: Maurach-Gössel-Zipf: AT 2, a.a.O., S.293; Welzel: Lehrbuch, a.a.O., S.110f. Ebenso, aber im Grundsatze erst gar nicht auf die Mitwirkung im Ausführungsstadium abstellend Wessels: AT, a.a.O., S.154; Lackner: a.a.O., Nr.2 b) bb) zu §25.

der anderen untergeordnet. Das gleiche gilt sodann auch für seine in der Entscheidung ausgedrückte Selbstbestimmung pro Erfolg.
Von dieser fehlenden Unterordnung aber hat er auch ein Verständnis: Er weiß, daß er nicht in untergeordnetem Maße über die Tatbestandsverwirklichung bestimmt. Auf die fehlende Unterordnung legt er sogar großen Wert. Er hat damit ein zur Täterschaft führendes reflexives Verständnis von entsprechender Einordnung.